# 俄语教学改革研究与实践

贺中辉 著

中国纺织出版社有限公司

## 图书在版编目（CIP）数据

俄语教学改革研究与实践 / 贺中辉著. -- 北京：中国纺织出版社有限公司，2023.11
ISBN 978-7-5229-1239-4

Ⅰ.①俄… Ⅱ.①贺… Ⅲ.①俄语—教学研究 Ⅳ.①H359.3

中国国家版本馆CIP数据核字（2023）第219909号

---

责任编辑：张　宏　　责任校对：高　涵　　责任印制：储志伟

中国纺织出版社有限公司出版发行
地址：北京市朝阳区百子湾东里A407号楼　邮政编码：100124
销售电话：010—67004422　传真：010—87155801
http://www.c-textilep.com
中国纺织出版社天猫旗舰店
官方微博 http://weibo.com/2119887771
三河市宏盛印务有限公司印刷　各地新华书店经销
2023年11月第1版第1次印刷
开本：787×1092　1/16　印张：12.75
字数：270千字　定价：98.00元

凡购本书，如有缺页、倒页、脱页，由本社图书营销中心调换

# 前言

21世纪的来临对我国的俄语教学提出了新的挑战，与此同时，俄语教学也迎来了新的机遇。近年来，俄语专业的招生和就业形势出现了明显的回暖迹象，但同时也遇到一些新情况、新问题，需要我们认真面对，找出对策，只有这样，俄语教学才能与时俱进，培养出符合时代要求的俄语人才。但是，我们在人才培养的各个环节上还存在许多问题，人才培养的质量还不能充分满足国家和社会发展的需要。俄语教学在教学思想、教学形式、教学内容等方面都亟待改进和提高，唯有这样，才能跟上时代的脚步。因此，谋求俄语教学的改革与发展势在必行。

语言不仅是一种交际工具，从更深层次的角度看，它还是一种社会现象，因此，其也会随着社会的发展而发展。从这个层面上来看，与其他学科的教学相比，语言教学就会困难很多，语言多样、复杂的动态变化会对语言教学产生重要影响。一直以来，高校外语教学的主要任务就是培养听、说、读、写、译能力综合发展的人才，大学俄语教学也是如此。但是，俄语不像英语、日语等热门语言，它是一种非通用的小语种，所以俄语教学也无法获得较为不错的教学环境，俄语学习氛围不佳。

基于此，本书主要研究俄语教学改革研究与实践，本书从俄语教学基础介绍入手，针对俄语教学的本质、俄语教学及设计以及俄语教学模式进行了分析研究；另外，对俄语教学改革、俄语教学与大学生心理特点、俄语教学中学生学习兴趣与认知能力培养做了一定的介绍，还对俄语教学中的教师与专业人才素质培养提出了一些建议。因此，这是一本非常好的、有特色的教学法专著，它的出版问世将推动我国俄语教学的改革。

本书结构合理、内容丰富，能为后来研究者提供借鉴。不过，由于时间仓促以及作者水平有限，书中的某些问题作者的探究未必到位，一些观点可能还存在不当之处，恳请各位专家批评指正。

贺中辉
2023年5月

# 目 录

**第一章　俄语教学基础理论** ⋯⋯⋯⋯⋯⋯⋯⋯⋯⋯⋯⋯⋯⋯⋯⋯⋯⋯⋯⋯⋯⋯⋯ 1
　　第一节　不同文化下的语言差异 ⋯⋯⋯⋯⋯⋯⋯⋯⋯⋯⋯⋯⋯⋯⋯⋯⋯⋯⋯⋯⋯ 1
　　第二节　俄罗斯文化探析 ⋯⋯⋯⋯⋯⋯⋯⋯⋯⋯⋯⋯⋯⋯⋯⋯⋯⋯⋯⋯⋯⋯⋯ 11

**第二章　俄语教学的本质** ⋯⋯⋯⋯⋯⋯⋯⋯⋯⋯⋯⋯⋯⋯⋯⋯⋯⋯⋯⋯⋯⋯⋯⋯ 23
　　第一节　俄语教学的性质及特点 ⋯⋯⋯⋯⋯⋯⋯⋯⋯⋯⋯⋯⋯⋯⋯⋯⋯⋯⋯⋯ 23
　　第二节　心理学对俄语教学法的意义 ⋯⋯⋯⋯⋯⋯⋯⋯⋯⋯⋯⋯⋯⋯⋯⋯⋯⋯ 26
　　第三节　俄语教学法的跨学科性与本质 ⋯⋯⋯⋯⋯⋯⋯⋯⋯⋯⋯⋯⋯⋯⋯⋯⋯ 28

**第三章　俄语教学及设计** ⋯⋯⋯⋯⋯⋯⋯⋯⋯⋯⋯⋯⋯⋯⋯⋯⋯⋯⋯⋯⋯⋯⋯⋯ 39
　　第一节　俄语教学理论及方法 ⋯⋯⋯⋯⋯⋯⋯⋯⋯⋯⋯⋯⋯⋯⋯⋯⋯⋯⋯⋯⋯ 39
　　第二节　俄语教学设计 ⋯⋯⋯⋯⋯⋯⋯⋯⋯⋯⋯⋯⋯⋯⋯⋯⋯⋯⋯⋯⋯⋯⋯⋯ 54

**第四章　俄语教学模式** ⋯⋯⋯⋯⋯⋯⋯⋯⋯⋯⋯⋯⋯⋯⋯⋯⋯⋯⋯⋯⋯⋯⋯⋯⋯ 65
　　第一节　教学模式概念 ⋯⋯⋯⋯⋯⋯⋯⋯⋯⋯⋯⋯⋯⋯⋯⋯⋯⋯⋯⋯⋯⋯⋯⋯ 65
　　第二节　俄语教学模式及构建 ⋯⋯⋯⋯⋯⋯⋯⋯⋯⋯⋯⋯⋯⋯⋯⋯⋯⋯⋯⋯⋯ 68
　　第三节　俄语分科教学模式 ⋯⋯⋯⋯⋯⋯⋯⋯⋯⋯⋯⋯⋯⋯⋯⋯⋯⋯⋯⋯⋯⋯ 80

**第五章　俄语教学改革** ⋯⋯⋯⋯⋯⋯⋯⋯⋯⋯⋯⋯⋯⋯⋯⋯⋯⋯⋯⋯⋯⋯⋯⋯⋯ 97
　　第一节　俄语教学改革分析 ⋯⋯⋯⋯⋯⋯⋯⋯⋯⋯⋯⋯⋯⋯⋯⋯⋯⋯⋯⋯⋯⋯ 97
　　第二节　信息时代的现代教育技术与俄语教学 ⋯⋯⋯⋯⋯⋯⋯⋯⋯⋯⋯⋯⋯⋯ 103
　　第三节　基于教学媒体技术的俄语教学 ⋯⋯⋯⋯⋯⋯⋯⋯⋯⋯⋯⋯⋯⋯⋯⋯⋯ 113
　　第四节　互联网下的俄语教学 ⋯⋯⋯⋯⋯⋯⋯⋯⋯⋯⋯⋯⋯⋯⋯⋯⋯⋯⋯⋯⋯ 120

**第六章　俄语教学与大学生心理特点** ⋯⋯⋯⋯⋯⋯⋯⋯⋯⋯⋯⋯⋯⋯⋯⋯⋯⋯⋯ 133
　　第一节　大学生心理发展的特点及教育、教学对策 ⋯⋯⋯⋯⋯⋯⋯⋯⋯⋯⋯⋯ 133
　　第二节　俄语专业各年级学生的心理特点及教学针对性 ⋯⋯⋯⋯⋯⋯⋯⋯⋯⋯ 140

# 第七章 俄语教学中学生学习兴趣与认知能力培养 ·············· 153
## 第一节 大学生俄语学习动机、兴趣的培养 ·············· 153
## 第二节 俄语教学过程中认知能力的培养 ·············· 163

# 第八章 俄语教学中的教师与专业人才素质培养 ·············· 179
## 第一节 高校俄语教师身势语分析 ·············· 179
## 第二节 俄语教师职业心理素质 ·············· 184
## 第三节 高校俄语专业应用型及"俄语+机电"专业人才培养 ·············· 190

# 参考文献 ·············· 195

# 第一章　俄语教学基础理论

## 第一节　不同文化下的语言差异

### 一、语言与文化之间的关系

#### （一）语言是一个本身具有文化价值的符号系统

众所周知，语言本身是一个承载着文化价值的符号系统。它不仅是传递信息的工具，更是文化认同、价值观念和身份认同的重要载体。深入理解语言的文化价值可以帮助我们更好地理解和尊重不同文化，促进跨文化交流和文化多样性的保护。

语言作为一个具有文化价值的符号系统，通过词汇、语法、语用等方式构建和传播文化的意义和符号系统。语言中的词汇和表达方式与特定文化的经验、价值观和观念相对应。同时，语言也通过其在社会交往中的使用来塑造社会关系、表达身份认同及构建文化的认知和思维方式。

然而，需要明确指出，语言和文化并不等同。文化是一个更广泛的概念，包括人类社会生活中的各个方面，如艺术、习俗、宗教等。语言只是文化中的一种交际系统，用于沟通和表达。除了语言之外，文化还包括非语言交际系统、价值观念、行为规范等多个层次。

因此，语言可以被视为文化的一个具体表现形式和重要组成部分，但它们之间并不完全等同。语言是文化的一个层次，它与其他文化成分共同构成了文化的丰富多样性和复杂性。我们可以理解为语言本身是一个具有文化价值的符号系统，通过语言的研究和理解，可以更好地把握和探索人类文化的多样性和深度。

#### （二）语言反映文化

语言是一种文化符号，它记录、表达人们的认知、思维和交际。语言作为文化的载体和容器，可以描述和储存人们的知识与经验。通过语言，人们可以描述和分析他们的生活习俗、行为模式，甚至视觉艺术如绘画、雕塑、舞蹈，以及听觉艺术如音乐、歌曲，也可以用语言来描述和评价。

语言是人们共同经历的参照系，人们通过语言来相互理解。语言是人们共享的知识库，人们通过语言的使用来传递、分享和构建文化的集体记忆。同时，语言也反映了人们的态度、信仰、观点等。

因此，语言不仅是文化的记录者，记录着人类的知识和经验，还是文化的创造者。通过语言的使用和创造，人们不断演绎和塑造着自己的文化，表达和传递着文化的核心价值观和观念。语言的力量和多样性使文化得以传承、创新和发展。

但这些物质的生产与使用都离不开语言作为交际媒介。合作和劳动的过程需要语言来进行沟通和协调，而物质产品的使用也需要语言的指导，如产品说明书等。语言的特性使其成为文化的载体和容器。语言是文化中的一个特殊成分，它可以描绘、叙述、说明、分析、评价文化的任一成分，包括语言本身。同一团体或社群的成员不仅交流他们的经历，也通过语言创造经历。他们选择一些物质媒介（比如电话、写信或发邮件等方式），通过语气、表情、手势等语言或非语言的手段赋予所创造的经历以意义，从而使之能够被其群体接受。从这个意义上说，语言是文化的镜子。

语言是我们从事社会活动要借助的主要方式，置于交际背景之中，它以各种方式与文化紧密地联系在一起。语言的文化反映主要表现在以下几点。

1. 语言反映生存环境

语言是人类文化和生活的一面镜子，通过语言我们可以窥见一个社区或民族的生存环境。以北极地区的因纽特人为例，他们的语言拥有丰富的词汇来描述雪的不同状态，因为在寒冷的天气中，雪是他们生活的重要组成部分。而在热带雨林的原住民语言中，我们会发现大量用于描述植物和动物的词汇，因为这些生物是他们生活的基础。此外，在以海洋为生的岛屿文化中，人们的语言往往包含与海洋和渔业相关的丰富词汇。这些例子揭示了语言如何深受其生存环境的影响，并为我们提供了一种理解和感知不同文化背景下人类生活的方式。

2. 语言反映风俗习惯

语言不仅揭示了人们的生存环境，还深刻地反映了社区的风俗习惯。以中国为例，中文里充满了体现中国传统文化和礼仪的词汇和成语。如"孝顺"是个很常见的词，这个词强调了对父母长辈的尊敬和照顾，而这种对家庭的尊重是中国文化的核心之一。另外，节日名称如"春节""中秋节"也体现出人们的生活节奏和重要庆祝活动。在西方，像"please"和"thank you"这样的礼貌用语在日常交流中频繁使用，反映了西方社会强调礼貌和个人空间的风俗。总的来说，通过深入研究语言，我们能够窥见一个文化的风俗习惯，理解人们如何通过言语表达自己的价值观和生活方式。

3. 语言反映民族心理

语言是民族文化的载体，体现民族心理、伦理道德观念和价值观念。中国文化基于农业文明，赋予了亲属关系和家庭伦理观念以重要地位，注重亲属关系的称谓、长幼尊卑的区分以及长兄长嫂的角色。这些特点在中国人的语言和行为中得到反映，体现了对家族、亲属关系和家庭伦理的重视和传承。

### （三）语言影响文化

在语言与文化的关系中，语言不仅是被动地接受文化的影响与制约，它也对文化施加影响。除了了解语言的符号和规则，如果我们想使用另一种语言进行交流，我们还需要了解使用这些符号的特性。然而，这两个方面仍然不足以完全理解语言的作用，因为语言同时也影响着个人对自然环境和社会环境的认知过程。

### （四）语言受文化的影响和制约

1. 社会文化在一定程度上制约着语言使用者的思维方式和表达能力

例如，爱斯基摩人因雪的重要性对不同类型的雪进行区分和讨论。在寒冷的北极圈生活的爱斯基摩人，雪对于他们来说至关重要，雪关系到他们的生存。因此，在爱斯基摩人的语言中，存在20多个词来区分不同形状和环境的雪，如地上的雪、石上的雪、堆积的雪、飘着的雪、蓬松的雪等。在英语国家中，雪并不像爱斯基摩人那样重要。因此，英语中只有一个词snow来表示雪，没有对不同类型的雪进行具体区分的词汇。这并不是因为英语缺乏表达不同类型雪的能力，而是因为在英语国家的社会文化中，没有对不同类型雪进行细致区分的需求。

影响语言的绝不只是文化所处的地理环境，还有很多其他的因素，如家族关系。在中国传统文化中，家族关系非常重要，因此汉语中存在大量亲属关系词，比英语中的亲属关系词更多，这种差异反映了中国文化中对家族关系的重视和细致区分。在英语中，一个词"cousin"可以用来指称众多的亲属成员，表示与自己同辈的关系。父亲一方的堂哥、堂弟、堂姐、堂妹以及（姑）表哥、表弟、表姐、表妹都可以用一个词来表示。同样地，母亲一方的（舅）表哥、表弟、表姐、表妹以及（姨）表哥、表弟、表姐、表妹也都可以用一个词来表示。这表明在英语社会中，某个成员与这些分布在不同亲属地位中的同辈人都保持相同的关系，对他们的社会行为也是一样的。然而，在汉语中，对众多亲属成员使用众多称谓，说明了某个成员与每一个人都保持着一种独特的关系。在中国传统文化观念中，父系的姑表关系被认为其比母系的姨表关系更加亲近。

2. 文化的动态特征导致语法和词汇意义的变化

例如：古代汉语文言文与现代汉语之间存在显著的语法结构差异。在古代汉语中，定语往往放在被修饰词之后，而状语则经常出现在句子的前面。然而，随着社会的发展和时代的变迁，汉语经历了白话文运动、汉语拼音方案、简化字和标准普通话等重要变革，从而发生了巨大的变化。例如，"小姐"一词原本是对古代贵族家庭中女儿的尊称，后来泛化为对女子的尊称。然而，由于词义的变化（即贬义化），现在对女子的尊称更多使用"女士"。类似地，在英语中，也有许多词汇用于描述新文化现象、文化潮流和时代特征。例如，"hippy"（嬉皮士）和"yuppie"（雅皮士）等词汇用于描绘特定的文化群体和生活方式，而"Watergate"（水门事件）则泛指政治丑闻。这些词汇不仅是文化的创造物，同时也记录了当时的文化，并反映了那个时代的特征。

词汇只是语言与文化关系的一个方面，除此之外，还有其他语言项目如语法、语言使用、习语和谚语等，它们也在不同程度上反映了语言受文化影响和制约的事实。然而，我们不能走向极端，认为语言完全由文化决定，或者认为所有语言项目都是某一文化项目的产物。实际上，任何语言都是一个系统，其中许多语言项目可能反映的是语言作为一个系统的特征，在文化中并不一定能找到答案，这意味着不同语言项目的文化含量是不同的。有些语言项目可能具有较高的文化含量，而其他一些则可能较低。因此，在研究和讨论语言与文化的关系时，我们应首先找出语言中文化含量较高的语言项目作为研究对象。因此，词汇只是语言与文化关系的一部分，还有其他语言项目同样反映了语言受文化影响和制约的现实。我们应该理解任何语言都是一个系统，并在研究中注意语言项目的文化含量的差异。

尽管语言和文化存在差异，人类在生理和文化上有许多共同点。这些共同点与语言共同性紧密相关，并在不同语言间的词汇和概念上有所体现。这种共性可能源于人类大脑的生理特征和语言能力的共同基础，同时也受到人类共同面对的生理需求和社会交往的影响。可能所有的人类语言中都有名词、动词及各种功能词。在不同语言间，但一些科技语（例如，英语中的"laser"对应汉语中的"激光"，"electron"对应"电子"）以及一些词的概念意义或基本词义（例如，"book"对应"书"，"read"对应"读"）在不同语言间存在相互对应的情况。

文化通过语言代代相传，这意味着文化存储在语言之中。每一代新人通过学习语言，同时也学习并接受了所属文化，成为文化的一员。语言学习与文化学习是密不可分的过程，这体现了语言与文化之间密切的关系。

## 二、中西文化及其语言的差异

### （一）中西文化差异的原因

1. 自然环境的不同

某个民族在特定区域内居住、劳动和生活时，创造了相应的文化。这个民族和相关的文化与特定的自然地理条件紧密联系在一起，这就是我们所说的自然环境。自然环境是中西文化差异的决定性横向因素，对人类社会和民族的存在与发展至关重要，它是必不可少的物质前提。自然环境在历史的特定时期起着巨大作用，但随着时间的推移，其影响力在逐渐减弱。这些因素主要包括文化所在地区的自然环境情况，如气候、地形、资源等，它们对文化的最初形成具有基础性的作用，直接决定了文化的最初形态和未来的发展方向。

自然环境，特别是地理环境对人类文化发展的影响问题，长期以来引发了激烈的争论。环境决定论者认为，自然环境条件决定了人类的体质特征、心理特征、民族特性、文化发展和社会进程等。这种观点可以追溯到古希腊时代，但在工业革命之后，随着人类改造自然能力的增强，这种否定人类主观能动性、带有宿命论色彩的观点受到了批判。

实际上，自然环境对人类文化的影响是复杂而多样的。地理环境可以塑造人类的生活方式、经济活动和社会组织，影响着文化的形成和发展。然而，人类也具有自主性和创造性，能够通过适应和创新来应对环境的挑战。人类的主观能动性在文化的演变和发展中起着重要的作用，不应被简单地否定。

2.社会环境的不同

中西文化差异的一个核心原因是各自不同的社会环境。在中国，古代的中央集权和封建制度铸就了一个高度重视社会和谐与秩序的文化。这种文化在儒家思想中找到支持，儒教强调家庭价值、社会责任和道德修养。相应地，中国在社会传统上较为注重集体利益，家庭和社群在个人生活中占据核心地位。在西方，特别是欧洲，封建制度的衰落和文艺复兴的兴起，导致权力分散和个人主义的增强，商业和科学的崛起创造了一个更加注重竞争、创新和个人自由的环境。基督教的教义，特别是强调个人与神的关系，也为个人主义提供了精神支持。在这样的背景下，西方文化发展出对个人成就和自由的强调。这些因素共同作用，使中西方的社会环境在很多方面形成了对比，从而导致两种截然不同的文化传统。

## （二）中西文化差异的主要表现

1.思维方式方面的差异

不同的民族具有各自独特的思维方式和特征，这种差异在语言中得到体现。东方文化，尤其是中国文化，倾向于整体性思维，强调事物间的关系和和谐。在沟通上，通常更加委婉和间接，以维护社会和谐和面子。另外，东方文化常常持有循环的时间观，看待时间如同自然界的周期。

西方文化则更偏向分析性思维，注重逻辑和分类。在沟通中，西方文化通常更直接，以清晰地表达观点。此外，西方文化往往具有线性的时间观，强调效率和目标的达成。

这些思维方式的差异根植于各自的历史、社会和文化背景，并在日常生活和交流中发挥作用。

2.哲学思想方面的差异

中国传统哲学和西方哲学展现了不同的文化特征。中国传统哲学在集体本位、谦逊和和谐的价值观念上具有显著特点，而西方哲学则强调个人主义、自信和追求功利的价值观念。这种差异源于各自的生存环境、社会状况、历史背景和文化传承。

中国传统文化强调集体意识和谦逊，重视集体利益和团体合作。相比之下，西方文化更加注重个人自主和个体成就，崇尚个人奋斗和自信。西方人通常会公开展示自己的自豪感和荣誉感，而中国文化鼓励谦虚和谨慎。中国人普遍反对炫耀个人成就，不喜欢自吹自擂的行为，而他们的自我谦虚或自我否定常让西方人感到困惑和不满。这种差异也反映了中西方在价值观和个人与集体关系上的不同取向。

中西方文化在性格和社会价值取向上存在明显差异。中国文化注重节制、和谐与平稳，倡导人们追求内在的平衡和社会的稳定。中国人常强调克制和自我控制，尊重他人和维护社会和谐。相比之下，西方文化鼓励竞争、功利和进取，重视个人成就和权力的追求。西方社会注重个体表现和竞争力的发展，追求个人目标和成功。

中国文化从自己的群体价值目标出发，必然把协调人际关系放在首位。而要达到这一目的，就必须将实现社会平衡的要求作为调整个人言行的尺度，做到"允执其中"。这便是儒家所说的"修身"，并由此而衍生出"中庸""中和"的价值原则和人格标准。而以个体的商业活动为经济基础的西方文化，始终把"利"与"力"看作健康的价值，它鼓励人们积极地追求现实功利，并在平等的基础上展开竞争，击败对手，努力获取个人的最大利益和幸福。它主要表现在三个方面：①功利主义的道德原则；②强烈的竞争意识和冒险精神；③对力量和实力的崇拜。

3. 日常生活方面的差异

（1）行为规范的不同

行为规范是社会共同接受的道德标准和行为准则，它告诉人们应该做什么和不应该做什么。在跨文化交流中，不同文化背景的人们经常会根据自己所在社会的行为规范来评判对方行为的合理性。然而，由于行为规范存在差异，这可能导致误解、不愉快甚至更严重的后果。例如，古代中国女子常常送男子手绢表达思念和倾慕之情，但在俄罗斯文化中，送手绢可能被视为会有不好的事情发生。因此，在跨文化交流中，正确识别和运用行为规范是确保交流顺利进行的重要因素。为了确保顺利地跨文化交际，我们必须理解对方的行为规范，尤其是对方禁止的行为，并尽量遵循对方的行为准则，这样能更好地适应当地文化环境。

（2）语言交流的不同

在中西方语言交流的不同中，我们可以发现一系列的文化差异和交流风格。西方语言交流往往以直接性和明确性为特点，重视信息的清晰传达和任务的有效完成。而中方的交流更为含蓄和委婉，很多时候会通过暗示或者非言语手段来表达意图。此外，中方在交流中常常注重礼节，尤其是对长者和上级的尊重，而西方则更倾向于平等和坦诚。身体语言在西方交流中较为活跃，而中方则通常更加内敛。这些差异源于深厚的文化背景和价值观，理解和适应这些差异有助于建立有效的跨文化沟通。

（3）人际关系的不同

西方国家受自由思想的影响，在对待人际关系上有两条原则：一是女士优先；二是人人平等。西方国家可以说把"女士优先"这一原则落实得无微不至，大到国家礼节，小到日常生活的每一个极小的细节。"人人平等"的观念在西方国家也是深入人心，无论男女老幼，一律平等，晚辈对长辈，下属对上司，都可直呼其名，平民跟总统也都是完全平等的关系。在中国，由于受传统思想的影响，男尊女卑的意识特别是在广大农村仍然有相当的比例存在。家族和家长制度仍根深蒂固地留在人们的头脑中。尊老爱幼是中国的传统美德，对长辈、对领导要心存敬畏，所以在一些场合中很少直呼其名。

### （三）中俄文化差异下的语言表现

在不同的社会文化环境中，语言在不同的社会价值观和文化意识形态的影响下逐渐形成并发展。这种差异反映了各自文化的主流意识形态，并且常常导致语言之间的差异、隔阂和沟通的困难。中文和俄文的形成受到了各自社会、自然、历史和文化因素的影响。两种语言的表达方式和思维方式有所不同，他们的语义描述也因为对经验和认知的差异而有所区别。

1. 语系的归属不同

19世纪，欧洲的比较学派研究了世界上近100种语言，发现有些语言的某些语音、词汇、语法规则之间有对应关系和相似之处，便归为一类，称为同族语言。而一些族群之间又存在一定的对应关系，因此被归类为同系语言，这就是语言的谱系关系。

世界主要语系有：汉藏语系、印欧语系、阿尔泰语系、闪含语系、乌拉尔语系、伊比利亚—高加索语系、达罗毗荼语系、马来—波利尼西亚语系、南亚语系9种。其中，汉藏语系和印欧语系是使用人数最广泛的语系，在全球范围内有广泛的分布。

汉语属于汉藏语系，拥有400多种语言和方言，是世界上形成最早、流通最广、使用人数最多的语系。作为世界上最古老的语言之一，汉语有着悠久的历史，并经历了多次演变和变迁。俄语属于印欧语系中的斯拉夫语族，斯拉夫语族可以分为东斯拉夫语支、南斯拉夫语支和西斯拉夫语支。俄语、乌克兰语和白俄罗斯语一起构成了东斯拉夫语支。

2. 语言思维方式的差异

言语是思维的具体呈现形式，表达方式是思维方式的反映。思维方式是指思维活动进行的方式，涵盖了思维结构和思维功能的统一。中西方语言在思维方式上有差异，包括逻辑推理和分析能力的强调、整体性和直觉的重视、细节分析和整体综合的倾向，以及抽象思维和形象思维的偏好中俄语言在思维方式上的差异主要有以下几点。

（1）俄语重形合，汉语重意合

形合和意合是汉语和俄语在组词造句和表达方式上的重要特点。形合强调外在的语法结构和形式上的对应，是一种显性的语法组织形式。意合则强调内在的认知事理和意义的流动，是一种隐性的语法组织形式。汉语倾向于以意合为主，注重语言形式上的对应，使意义能够更加流畅地表达。相反地，俄语倾向于以形合为主，注重行文意义上的连贯性，通过使用关联词语、词性变化和虚词等手段来确保句子的严密结构和清晰关系。然而，汉语并非完全意合，俄语也不是纯粹形合，两种语言中均存在意合和形合的现象。汉语更加灵活，句子结构相对松散，各部分关系不太明确；而俄语更加注重形式的准确性，句子结构更加严密，各部分关系清晰明了。

（2）俄语客体意识强，汉语主体意识强

俄语和汉语在语言表达上反映了不同的文化特点。俄语中的客体意识较强，这意味着它更倾向于强调事物、环境和客观因素对事件的影响。而汉语中的主体意识较强，表现为更多地强调个人的意愿、情感和行为在事件中的作用。例如，在描述同一事件时，俄语可能会详细描述环境和情境，而汉语可能更侧重于描述个人的感受和行为，这种差异反映了两种语言背后的文化价值观和思维方式的不同。

3. 语言文字的差异

语言是表达观念的抽象符号系统，言语是人们日常的交际工具，文字产生的根本目标是记录言语。文字具有丰富多样的表现形式，从不同角度可以看到文字的不同特征，从而将文字区分为不同类型。传统意义上，一般将文字分为表形文字、表意文字和表音文字三大类型。从文字记录语言的原则来看，文字的发展是从表意走向表音的。汉字起源于象形文字，它是直接从原始图画发展而来的；而西方字母文字，包括希腊语、拉丁语、斯拉夫语的文字所使用的字母都是从腓尼基字母的基础上发展而来的。

汉语是一种表意文字语言，具有广泛的适应性。每个汉字通常表示一个词或语素，汉字的书写与语音并没有直接的联系。不同方言区域的人可以根据自己的方言读出相同的汉字材料。汉字被视为音、形、义的统一体，具有强烈的表意特性。然而，作为单音节文字，每个汉字通常只代表一个事物，这是表意文字的一个局限性。汉字的发展经历了数千年的演变，从象形文字到简化字，逐渐向双音节词的发展方向转变，汉字的基本特征没有发生太大变化，仍然是世界上最古老且发达的文字之一。

俄语属于斯拉夫语族，斯拉夫人最早使用象形文字，并受到希腊和拉丁字符的直接影响。他们简化了希腊字母并创造了西里尔字母。斯拉夫民族所使用的文字分为拉丁字母和西里尔字母两类。在斯拉夫语族中，塞族使用西里尔字母，而克族使用拉丁字母。然而，由于传统和情感因素，亲俄的人使用西里尔字母，而亲西方的人使用拉丁字母。当无法使用西里尔字母输入时，俄罗斯人也会使用拉丁字母，如在电报和不支持西里尔字母的通信软件中。

俄语是一种表音文字语言。表音文字通过字母来表示语词的读音，其书写单位是语言的音节或音位，相同的音节或音位用相同的符号来书写。表音文字与语言的音节或音位之间有直接的联系。俄语字形由其读音决定，字形与读音形成一定程度上的统一。通过书面符号所代表的语音单位，人们能够识别出所代表的词或语素的意义。俄语的发展经历了从概念到语音再到文字的过程。文字形式与词义的联系主要通过语音形式间接建立，语音是第一性的，文字是符号的符号。相比之下，作为表意文字的汉字走了另一条路径，其字形与词义之间不但通过语音形式间接联系，而且直接联系，汉字与词的联系也更为直观和环状。

4. 词的音律节奏差异

语言的发音模式可以分为节奏和语调。节奏与时间长度和速度有关，通过胸律动或重音律的时间排列形成。音节拍语言，如汉语和法语，以音节为节拍，展现了音节长度上的规律性。重音拍语言，如英语和德语，以重音为拍节，重复出现的重音形成了节奏模式。语调是指说话人音高变化所造成的旋律模式。音高的起伏能够表达情感，如惊讶、愤怒、犹豫和委婉等，同时也承担不同语言模式的功能，如询问、陈述、命令和疑问。语调可以与句子结合形成语调，也可以与词结构结合形成声调。基于节奏和语调的差异，世界上的语言可以分为两大类：语调语言和声调语言。

汉语是一种声调语言，声调是指音节在高低升降上的变化。普通话语音系统中包含四个声调，分别称为阴平、阳平、上声和去声。声调在汉语中不仅是重要的语音表达手段，还能帮助区分词义。在很多情况下，相同的字形但不同的声调读音可以表示不同的意义。俄语则是一种语调语言，它包含33个字母（包括印刷体和手写体的区别），分为元音和辅音两种。辅音又可细分为清辅音（声带不振动）和浊辅音（声带振动），类似于美式音标。此外，俄语的辅音还可分为软辅音和硬辅音，它们在发音动作上基本相同，唯一区别是发软辅音时需要舌头中部抬起接触上颚。俄语有五个元音，根据前面的辅音是否带有颚音特点而使用不同的字母表示。典型的辅音会成对出现，传统上称为硬辅音和软辅音。标准俄语基于圣彼得堡方言，具有明显的重音和适度的音调变化。重音元音会稍微延长一点，而非重音元音则倾向于变为闭音或模糊音。俄语中一个音节可以包含最多四个辅音，因此音节结构相对复杂。

5.词义与语法差异

语言是思维的载体，通过语言，思维得以表达和传达。没有语言，思维活动中对现实世界的认知和分析无法被保存和传达；反之，如果语言失去了思维作为内容，它就失去了存在的意义。因此，语言和思维是互为条件的关系，相辅相成的。由于社会现实和思维的差异，每个国家的语言世界图景也不同。在语言学中，"世界图景"包含现实世界图景、语言世界图景和文化世界图景。语言世界图景是指通过文化世界图景来反映现实世界图景。这种差异体现在对现实的范畴化原则上，以及在词汇和语法等物质层面上。由此可见，语言、思维和现实世界之间是相互作用、相互影响的关系，它们共同构成了一个民族或国家的语言体系和文化特征。通过语言的运用和思维的表达，人们能够理解和交流，同时也能够更深入地认识和体验不同的文化世界。

在不同的语言中，词汇的意义构成和使用规范是不同的。词汇的意义本身是一个动态的概念，在不同的语境中会有不同的含义。

词汇的意义可以按照不同的标准进行划分，其中最重要的是概念意义和内涵意义。概念意义是指词语在字面上的基本意义，比较稳定。因此，在词典和语言学习中，人们通常使用概念意义来注释词语。内涵意义是指词语由于指称而具有的附加意义或交际价值，它是概念意义以外的意义，也是词汇意义的延伸。词汇的内涵意义相对稳定。

在不同民族、历史和文化背景中，使用不同语言的人在理解词汇时会联想到不同词汇的文化内涵意义。这是由于语言的使用者受到自身文化背景和语言环境的影响，词汇的意义在不同文化中可能会有一些差异。

俄语的词汇很广，有历史最久的、从原始印欧语继承下来的词，还有原始斯拉夫语时期和东斯拉夫语时期产生的词，还有14世纪俄语独立发展以来产生的词。此外，俄语在各个历史时期借入许多外来词。俄语科技领域中的外来词，18世纪初多借自德语，19世纪多借自法语，20世纪中叶以后多借自英语，主要是美国英语。20世纪50年代以后，俄语在国际上的使用范围明显地扩大了。

俄语的语法结构具有词与词之间的语法关系、词在句中的语法功能主要通过词形变化来表示的特点。俄语是印欧语系中保留古代词形变化较多的语言之一。在俄语中，名词通常有12个形式，包括单数和复数各有6个格，这些格表示名词在句子中的不同语法功能。形容词则有20多个甚至30多个形式，包括单数阳性、中性、阴性和复数各有6个格，还有短尾和比较级形式。动词的形式可能有一两百个，包括体、时、态、式、形动词和副动词等，这些形式表示动词的时态、语态、式样等语法信息。

在俄语中，实词一般可以分解为词干和词尾两部分。词干表示词的词汇意义，而词尾则表示语法意义。通常，一个词尾包含多个语法意义，它们通过与词干的组合来构成不同的词形变化形式。

### （四）中西文化差异对语言学习的影响

中西方文化差异对语言学习有很大的影响，主要表现在以下几个方面。

首先，在交际风格上，西方文化通常更为直接和开放，而东方文化，特别是中文文化，通常更为含蓄和委婉。这种差异可能导致语言学习者在使用新语言时，不适应对方的交流方式，可能会觉得西方语言过于直接或者中文过于模糊。

其次，礼貌的表达和习惯在不同文化中有很大差异。例如，在中文中，常常使用"请"和"谢谢"来表示礼貌，而在一些西方语言中，这些词可能没有频繁地使用。同时，不同的语言有不同的礼节和习惯，了解和遵循这些习惯在语言学习中是很重要的。

再次，思维方式也会影响语言学习。中文通常偏向于整体和关系性的思维，而西方语言则更加倾向于逻辑和分析性的思维。这种差异可能会影响句子结构和表达方式，以及对语境的理解。

在语法上，西方语言通常有更复杂的时态和语态系统，而中文的语法相对简单。对于中文为母语的学习者来说，适应西方语言的时态和语态可能是一个挑战。而对于西方语言为母语的学习者来说，中文的声调和书写系统可能是难点。文化参考和背景知识在语言学习中也起着重要作用，很多语言中的成语、典故和笑话都与该文化的历史和社会背景紧密相关，了解这些背景知识可以帮助学习者更准确地理解和使用语言。

最后，学习习惯和教育背景也会影响语言学习。例如，东方教育通常强调记忆和重复，而西方教育可能更注重批判性思维和讨论。

1. 词汇与语义空缺

当学习中西方文化时，词汇和语义的空缺是一个重要的问题。这是因为语言不仅是一种沟通工具，还是文化的反映。每种语言都有一些与其文化和历史紧密相关的词汇和表达方式，这些在其他语言中可能没有直接的对应词汇或概念。

首先，一些文化特定的词汇在翻译时很难找到等价的词汇。例如，中文中的"关系"和"面子"是两个非常重要的概念，涉及社会互动和个人名誉，但在英语或其他西方语言中没有直接相当的词汇。同样，西方语言中的"privacy"（隐私）在中文中没有完全等价的概念，因为对个人空间和信息的看法在文化上有所不同。

其次，即使存在表面上的翻译，词汇的深层含义和语境使用也可能不同。例如，"尊重"在中文中通常涉及对长辈和权威的尊敬，而在西方文化中，这个词更可能是指对个人选择和差异的尊重。另一个例子是"自由"这个词，在西方文化中通常与个人权利和自主选择相关，而在中文语境中，它可能更多地与社会和谐和责任联系在一起。

最后，一些表达方式和成语在不同的语言和文化中具有不同的语义。例如，中文的成语"画蛇添足"用来描述多此一举的行为，而英语中的"gilding the lily"具有类似的意义，但字面上的翻译是不同的。在这些情况下，理解这些表达的文化背景和含义是至关重要的。

这种词汇和语义的空缺不仅在语言翻译中是一个问题，还影响到跨文化交流和理解。在学习不同的文化时，了解这些差异和深入探究其背后的含义和历史背景是非常重要的，这可以通过阅读文化相关的书籍、与来自不同文化背景的人交流和参与文化活动来实现。

2. 翻译中的文化自恋

在翻译中，文化自恋是指倾向于根据自己的文化背景和价值观来解释和评价另一种文化的现象。这种倾向通常导致文化偏见和误解，因为它限制了对其他文化深入理解的能力。

当涉及中西方文化的翻译时，文化自恋可能表现为过分强调自己文化的优越性或者通过自己文化的镜头来解释另一种文化。例如，一个以西方文化为背景的翻译者可能会倾向于用西方的价值观和标准来评价中文文本的含义，而忽视中文文本在其文化背景中的真正意义；反之亦然。以中文文化为背景的翻译者则可能会过分强调中文的表达方式和价值观，而不充分考虑西方读者的文化背景和理解。

举一个具体的例子，当翻译一部描述中国家庭生活的小说时，西方的翻译者可能会过分强调个人自由和独立的重要性，而忽视了在中国文化中，家庭和社群对个人的重要性。同样地，当翻译一部关于美国青少年的故事时，中文的翻译者可能会倾向于从孝顺和家庭责任的角度来解释角色的行为，而不是从个人成长和探索的角度。

这种文化自恋不仅限于文字的翻译，还包括文化元素和符号的翻译。例如，西方的龙通常与邪恶和破坏相联系，而在中国文化中，龙是一种吉祥的生物，代表力量和财富。如果在翻译中不考虑这些文化差异，可能会导致误解和刻板印象。

# 第二节　俄罗斯文化探析

## 一、俄罗斯民族性格

### （一）俄罗斯民族性格的复杂性

长期以来，自然地理环境和社会历史因素对各个民族产生了深远的影响，形成了各民族的独特性格。虽然每个民族都展现出自己独特的精神特质，但是没有任何一个民族的历史像俄罗斯历史那样特殊，也没有任何一个民族的精神像俄罗斯民族精神那样复杂。

俄罗斯是一个多民族国家，拥有130多个民族，其中俄罗斯族约占总人口的82%。其他民族有鞑靼人、巴什基尔人、楚瓦什人、达吉斯坦人、印古什人、奥赛梯人、日耳曼人、犹太人、乌德穆尔特人、图瓦人、卡尔梅克人、爱斯基摩人、涅涅茨人、楚克奇人、吉卜赛人和朝鲜人等。俄罗斯主要少数民族都有自己的语言，大约共有130种语言。在俄罗斯，俄语是官方语言，约89%的居民使用俄语进行交流。此外，还有一些语系，如阿尔泰语系约占6.8%的居民，高加索语系约占2.4%的居民，乌拉尔语系约占1.8%的居民。由此可以看出，俄罗斯政权面临的最大难题之一便是其错综复杂的民族关系。

### （二）俄罗斯民族性格复杂性的主要表现

1. 集体主义与协作精神

俄罗斯的民族集体主义和协作精神有深远的历史根源，并在该国的文化和社会生活中扮演着重要角色。

首先，历史上俄罗斯经常面临外部威胁和严寒的自然环境，这促使人们团结一致，共同努力以应对挑战。在这种环境下，个人的生存和成功往往依赖于与他人的合作和社区的支持。这种情况在俄罗斯的农村社区中尤为明显，那里的生活需要大家共同协作，以克服严酷的自然条件和保障生计。

其次，苏联时代的共产主义理念也强调集体主义和协作精神。在这个时期，政府通过宣传和教育，倡导集体利益高于个人利益的理念。社会主义的理念是共同工作，共享收益，而不是个人竞争和私人财富积累。

再次，在俄罗斯的文化中，集体主义和协作精神也体现在人际关系和社交活动中。家庭和朋友的关系通常非常紧密，人们在困难时期经常相互提供支持和帮助。在工作场所，团队合作和共同解决问题通常被看作成功的关键。

最后，俄罗斯的历史经常以民族英雄和集体努力为主题。"二战"时期，整个国家的人民为抵抗纳粹入侵而团结起来，这成为俄罗斯人民的骄傲和身份认同的一部分。许多故事和歌曲强调了人们在战争中的英勇和牺牲，以及他们为保卫祖国而付出的努力。

然而，值得注意的是，自苏联解体以来，俄罗斯社会在一定程度上发生了变化，市场经济和个人主义的价值观开始影响着人们的生活。尽管如此，集体主义和协作精神仍然是俄罗斯文化和社会结构的核心组成部分。

总的来说，俄罗斯的民族集体主义和协作精神是由历史、环境和文化共同塑造的，它在俄罗斯人的日常生活、工作和社交活动中发挥着重要作用。人们通常愿意为了家庭、朋友和社区的福祉付出个人的时间和精力。

在文化表达中，无论是文学、音乐还是艺术，俄罗斯的集体主义和协作精神也经常被强调和颂扬。例如，俄罗斯的民间故事和歌曲通常描绘人们在困难时刻团结一致、共同努力的主题。

在教育上，俄罗斯的学校和大学往往也强调团队合作和集体责任。通常学生们被鼓励参与团体项目和活动，以培养他们的合作和协调能力。

然而，正如先前提到的，随着市场经济的引入和全球化的影响，个人主义和竞争精神在俄罗斯的一些领域变得更加普遍。这在年青一代中尤为明显，他们可能更加关注个人职业发展和个人成就。

尽管有这些变化，集体主义和协作精神仍然对俄罗斯社会具有深远的影响。这些价值观在国家的历史和文化中根深蒂固，继续塑造着人们的行为和信念。

2.极端矛盾性

俄罗斯作为一个国家具有许多矛盾特征，这些特征在历史、政治、社会和文化方面都有体现。

首先，在历史上，俄罗斯展示了巨大的变革性和持续的保守主义之间的矛盾。例如，彼得大帝试图将俄罗斯转向西方，引入现代化和欧洲化的改革，而在其他时期，如尼古拉斯一世时代，俄罗斯则倾向于保守和传统主义。

在政治上，俄罗斯也展示了极端的矛盾。在20世纪初，俄罗斯经历了从沙皇制度到苏维埃社会主义的剧变。苏联时代的共产主义强调平等和集体主义，而在苏联解体后的20世纪90年代，俄罗斯迅速转向市场经济，出现了巨大的贫富差距和社会不平等。

在社会价值观上，俄罗斯人以其强烈的民族自豪感和爱国主义而闻名，但同时也以对国家政府的怀疑和不信任而闻名。这种矛盾体现在人们对国家的忠诚与对政府效率和公正的持续质疑之间。

在文化和心理方面，俄罗斯的矛盾性也很明显。例如，俄罗斯人通常以深情和慷慨著称，但在公共场合，他们往往显得冷淡和严肃。此外，俄罗斯的文学和艺术常常以其深刻的悲观主义和对生活的深刻反思而闻名，但与此同时，俄罗斯的社交活动和庆祝活动通常是充满活力和热情的。

在宗教上，东正教在俄罗斯具有深远的影响，强调传统价值和精神价值。然而，在苏联时代，政府强烈反对宗教，并推广无神论。这种对立在苏联解体后仍然存在，当宗教在社会生活中重新占据一席之地时。

这些矛盾可能是由于俄罗斯的地理位置、历史和文化的多样性造成的。作为一个横跨欧洲和亚洲的国家，俄罗斯自古以来就承受着不同文化、民族和宗教的影响。这些影响的碰撞和交织导致了俄罗斯民族性格和文化中的矛盾性。

其次，俄罗斯作为一个庞大的多民族国家，其内部的民族和地区之间也存在着差异和矛盾。不同民族和地区的历史、语言和文化传统之间存在着各种差异和冲突。这种多样性和矛盾性使俄罗斯面临着巨大的统一和一体化的挑战。

尽管俄罗斯存在这些矛盾，但这些矛盾也形成了俄罗斯独特的文化和民族特质。这种矛盾性为俄罗斯的文学、音乐和艺术带来了丰富多样的表现形式。俄罗斯文学中经常描绘人类存在的悲剧和矛盾，表达着对生活和人性的深刻思考。

再次，矛盾性也激发了俄罗斯人民的坚韧和适应能力。俄罗斯的历史充满了战争、政治动荡和经济挑战，但人们通常能够从中崛起并保持自己的民族骄傲和自尊。

最后，这种矛盾性也推动了俄罗斯社会的发展和变革。在不同的历史时期，人们对矛盾和不平等的认识加深，激发了社会变革和追求更公正、平等的社会秩序的努力。

这种极端矛盾的性格特点使很多俄罗斯人心理上的承受能力较差。他们往往在面对挫折时容易产生心理问题，这也是俄罗斯人患心理疾病较多的原因之一。需要注意的是，尽管存在这些极端主义和矛盾性的特点，这并不代表所有俄罗斯人都具备这样的性格。个人的性格特征受到多种因素的影响，包括家庭教育、个人经历和环境等。此外，随着社会的变迁和世代更替，一些观念和行为方式也不断演变和调整。因此，在描述俄罗斯人性格特点时需要注意到个体差异和多样性的存在。

3. 服从与忍耐

俄罗斯人善于忍耐。沙皇俄国时期，数以千万计的农民过着牛马不如的生活，他们没有任何权利，像物品一样被贵族地主们随意买卖，像牲畜一样被任意虐待，甚至杀害。即使是这样，在混乱的俄国历史上，只发生过两次大规模的农民起义。但农民却不是这次农民起义的主体，他们只是哥萨克的附庸。农奴制改革后，面对着极不平等的赎买政策，广大农民依然忍气吞声，并且还对那些宣扬民粹主义的知识分子嗤之以鼻。

苏联解体后，俄罗斯政府实施了一系列"休克疗法"经济政策，导致普通俄罗斯人民的生活水平急剧下降。多次的货币改革使人民财产几乎一夜间化为乌有，普通人遭受了数次经济洗劫的打击。大约80%的人口生活在贫困线以下。尽管人们对于不成功的经济政策感到愤慨和不满，但整体上缺乏有组织的抗议和运动。然而，令人注目的是，俄罗斯人民展现了超常的服从与忍耐，默默忍受着生活的困苦。他们在困境中默默努力，努力维持生计。这种服从与忍耐的表现展示了俄罗斯人的坚韧和适应能力。

4. 惰性

惰性指的是行为上的懒惰和精神心理上的消极。它可能源于对困难和挑战的回避，对舒适和安逸的追求，以及对未知和风险的恐惧，也与现代社会强调的竞争和进取精神形成鲜明对比。

5. 谨慎保守

俄罗斯民族在信仰基督教的历史中经历了许多动荡和变革。从苏联的解体到俄罗斯的改革，这些变革给俄罗斯人带来了不安感。他们经历了许多天灾和人祸，深刻地感受到了变革和求新所带来的痛苦。

俄罗斯人重视稳定，不喜欢尝试新的事物，因此，在同俄罗斯人的商务谈判当中经常很难对某些新的问题在短时间内达成一致，俄罗斯人担心变化太大，会带来某些未知的损失。

俄罗斯人的谨慎保守性格在一定程度上影响了他们的思维模式和价值观念。他们倾向于持谨慎态度，思考问题和做决定时可能相对较慢。这种保守性格使俄罗斯社会文化的各个方面，包括政治、经济、文学、哲学以及自然科学等，长期以来显得较为僵化和停滞。

懒惰也是俄罗斯人的一种特点，但这种懒惰并非消极的意义，而是与他们的谨慎保守性格相对应。俄罗斯人可能更倾向于避免冒险和尝试新事物，更注重维持现状和稳定。这种懒惰反映了他们对风险和不确定性的警惕，以及对个体和社会利益的保护。

6. 情感胜于理智

俄罗斯作为一个文学艺术大国，以其发达的文学艺术闻名于世。文学的繁荣往往与民族的感情丰富度有关。在19世纪的欧洲文学黄金时代，英国、法国和俄罗斯这三个文学大国中，就理想追求的高尚、批判的激情和情感的纯洁而言，俄罗斯显然胜过前两者。

此外，需要注意的是俄罗斯人的性格中存在意志和思维缺乏秩序和条理的一面。这种特点常常与那些多愁善感的人相关。然而，对于经商和实业而言，这种性格特点无疑是一种心理上的缺陷。因此，有学者认为，俄罗斯人必须努力使意志和思维更加有秩序，因为如果缺乏秩序，他们容易变成平庸的幻想家、无政府主义者、冒险家或放荡的生活者，尽管与此同时仍保留着一份善良。

7. 乐天知命

俄罗斯民族在其文化中普遍存在一种乐天知命的态度，这种态度体现了对生活的接受和对命运的随和态度。

首先，俄罗斯的地理环境对这种乐天知命的态度产生了影响。俄罗斯是一个辽阔而多样的国家，其大部分地区经历了严寒的冬季和艰难的自然条件。这样的环境教会了俄罗斯人要面对困境，接受现实，并以一种坚韧的方式生活下去。

其次，俄罗斯的历史经历了许多困难和挑战，如战争、政治动荡和经济危机。这些艰难的时期塑造了俄罗斯人的心态，使他们学会在逆境中坚持和适应。他们相信生活中的困难是不可避免的，因此，他们更倾向于以乐观和淡然的态度来面对。

在俄罗斯文化中，有许多谚语和俗语表达了这种乐天知命的态度。例如，有一句谚语说："习惯了冰冷的冬天，不再期待温暖的春天。"这句话传达了人们接受困难和逆境的态度，并且对未来的希望持谨慎的态度。

乐天知命的态度还反映在俄罗斯的文学和音乐中。许多俄罗斯作家和音乐家在他们的作品中表达了对生活的深刻思考和对人类存在的理解。他们描绘了生活中的苦难和不确定性，同时也呈现了人们面对这些困难时的勇气和坚持。

8. 强烈的孤独感

俄罗斯民族在其文化和社会中普遍存在一种孤独感。这种孤独感涉及个人的内心体验以及与他人的关系。

首先，俄罗斯的地理环境可能在一定程度上导致了人们的孤独感。俄罗斯是一个广袤而人口稀少的国家，尤其是在辽阔的乡村地区，人们可能与其他社区和城市相隔甚远。这种地理上的分散可能导致人们感到与他人的联系有限，增加了孤独感的可能性。

其次，俄罗斯的历史和政治背景也对孤独感产生了影响。苏联时期的集体主义和共产主义理念强调了集体的重要性，但也可能在某种程度上削弱了个人的存在感和独立性。在苏联解体后的转型期，社会经历了巨大的变革和不确定性，许多人感到失去了他们曾经的社会支持网络，导致孤独感加深。

最后，俄罗斯文化中的某些特征也可能导致孤独感。俄罗斯文化强调内省和深思熟虑，人们倾向于保持个人空间和保持距离，这种个人主义的倾向有时可能导致人们感到与他人的隔阂和孤立。

在现代社会中，科技的发展也可能加剧了孤独感。社交媒体和虚拟交流工具的普及使人们更容易与他人保持联系，但同时也可能导致虚拟社交替代了真实的面对面交流，增加了孤独感的可能性。

这种孤独感在俄罗斯文学、音乐和艺术中经常得到表达。俄罗斯作家和艺术家常常通过他们的作品探索和表达内心的孤独、失落和寂寞，这些作品反映了个人在一个庞大而复杂的社会中感到的孤独和无助。

然而，值得强调的是，孤独感并不是俄罗斯民族特有的问题，而是全球范围内许多人都会经历的情感。孤独感是人类存在的一部分，无论文化和背景如何，每个人都将可能面对这种情感。

## 二、俄语词汇的文化伴随意义

在俄语词汇的语义中，除了本身词汇意义之外，那些反映俄罗斯文化的语义，称为词汇的文化伴随意义。词语的文化伴随意义是语言研究的主要内容之一，也就是说，离开了特定的民族文化背景，词语的象征就无法理解。

### （一）俄语文化伴随意义词汇的分类

俄罗斯词汇包括词、熟语和格言。学习俄语实际上主要是通过学习其词汇来完成。俄语词汇最能反映俄罗斯民族文化的特点。注意词义中的文化因素，对词汇教学乃至一种语言的学习和运用会有很大帮助。因此，在学习俄语词汇的过程中，我们必须同时学习和掌握除语言形式（语音、语法）之外的语言内涵，即俄语词汇的文化伴随意义。

具有文化伴随意义的词汇，通常是指两种或两种以上语言中指称意义相同的中性词，但在一定的民族文化领域又具有特殊的感情评价意义和文化历史联想。根据俄语词汇在民族文化上的近似和差异程度，从俄汉词汇对比的角度出发，将俄语中反映民族文化特点、具有文化伴随意义的词汇分成三类。

第一类：文化伴随意义基本等值的词汇。这一类词汇在俄语语言国情学中称为对应词汇，它们在两种语言中可作等值互译，文化伴随意义上的差异不明显。

第二类：仅在一种语言中具有文化伴随意义的词汇。这类词应引起我们的特别关注。在语言交际、阅读俄罗斯文学作品时，我们常会碰到一些理解上的障碍，甚至引起概念上的模糊，究其原因是对所学语言国的民族文化了解不够。

第三类：文化伴随意义不同或截然相反的词汇。这类词汇，在俄汉两种文化中，字面上完全等值，但含义不同，各自能引起不同的联想。概念相同的词语在一种文化中会引起形象生动的联想，而在另一种文化里会引起完全相反的联想。

在跨文化交际中，语言和文化之间存在相互依存的关系。跨文化交际者不仅需要掌握两种语言，还要熟悉这两种语言所包含的社会文化。只有具备这样的知识和能力，他们才能在跨文化交际环境中具备"社会语言学上的敏感性"，能够迅速从词语的字面意义中获取其文化伴随意义。

实际上，词汇的文化伴随意义的获取主要取决于交际者是否熟练地掌握所使用的语言，并了解该语言所属族群共享的社会文化知识。

### （二）俄语词汇文化伴随意义的来源

1. 来源于联想

联想是指人在思维活动中，由一个事物或概念想到另一个事物或概念的心理过程。这种联想在词汇的文化伴随意义产生和使用中起着重要的心理学作用。实际上，许多词汇的文化伴随意义源于对某一事物特征的联想和引申。

在现实生活中，人们在思维和交流过程中常常进行比较和联想。他们会通过观察事物的具体形态、习性等特征，进而产生联想，并赋予这些联想特定的文化意义，这成为词汇意义结构的一部分。由于思维模式、生活习惯和社会文化心理等方面的差异，汉族和俄罗斯民族在联想思维方面都具有独特的特点，因此也导致了词汇的文化伴随意义具有明显的民族特色。从思维模式的角度来看，汉族的思维模式以观物取象为基本特点。他们倾向于通过观察物体的形态和特征来表达虚拟的概念。他们喜欢用具体的形象来表达抽象的内容，注重横向联系和整体把握。而俄罗斯民族的思维模式则更偏向于机械的、微观分解的方式。他们倾向于进行纵向深入和定性分析。他们更注重对事物的细节和组成部分进行研究，以便更好地理解整体。

在俄汉两种不同的语言中，有时字面上是完全等值的词汇，由于思维模式的差异，产生联想的基础不同，进而赋予的文化伴随意义也往往不一样。同一事物在一种语言里会引起生动形象的联想而在另一种语言里却不会产生同样的效果，甚至会引起相反的联想，但也存在某些方面的不谋而合。

从生活习俗和社会文化心理的角度来看，俄汉民族存在差异，这也会影响词汇在民族文化观念中的地位以及被赋予的文化伴随意义。以下是从俄汉对比的角度来看这种差异的两个方面。

一方面，不同的事物在两种民族中可能因为相同的使用目的而具有相同或相似的文化伴随意义。例如，在汉族的农耕文化中，"牛"一直被视为主要的农耕工具，因此，人们对牛往往产生一系列的联想并赋予其多种文化伴随意义，如健壮、力大、踏实肯干、能吃等。而在俄罗斯文化中，由于俄罗斯民族重视畜牧业和游牧生活方式，"马"成为主要的使役工具，因此，在俄语中，"马"被赋予了与牛类似的文化伴随意义。

另一方面，同一事物在不同语言中可能只有一种语言具有文化伴随意义。例如，俄罗斯文化长期以来受到古希腊、罗马神话和基督教文化的影响，这些文化给俄语提供了许多容易引起联想并赋予文化伴随意义的词汇。例如，在俄语中，"山羊"具有两个文化伴随意义：一是指劣等的人或物质；二是指坏人、色魔或淫荡的人。而对于汉族来说，山羊只是一种动物，不会引起类似的联想。

2. 来源于语言的指示意义

语言的指示意义是指词汇所指对象的理解完全依赖于说话的语境。说话人和听话人所处的社会文化背景及语境都会影响对词语的理解。因此，为了正确理解词语的意义，需要借助适当的语境和了解相关的社会文化背景。

联想赋予了词汇文化伴随意义，使词语的信息量增加，语义得到加强。通过联想，人们能够将词语与特定的文化背景、情感评价和历史联想联系起来。然而，文化伴随意义的使用也使实际的语言和文化交际变得复杂。一旦文化伴随意义融入句子中，它就会与其他语言成分发生联系，进一步影响对句子的解读和理解。

从俄汉对比的角度来看，俄语的词汇文化伴随意义较之汉语的来说，对上下文的依赖性较强，独立性较差。这是因为俄语是一种适应性、可塑性较强的语言，词义比较灵活，词义的含义范围比较宽、比较丰富，必须依赖上下文才能正确理解。而汉语用词讲求词义精确、规范、严谨，词义比较精确固定，词义的伸缩性和对上下文的依赖性较小，独立性较大。

3. 来源于词义的演变和发展

在俄汉词汇中，许多词义的演变和发展引起了文化伴随意义的变化。当这些文化伴随意义被广泛使用并逐渐为社会所接受时，它们就成为约定俗成的词义。然而，由于文化传统的差异，俄汉词汇的文化伴随意义产生方式也存在差异，这些意义常通过引申、比喻、夸大等手段将新的意义融入旧词之中。

总而言之，俄汉词汇的文化伴随意义有异同。在学习俄语词汇时，我们应注重词汇的社会文化背景，并进行深入和动态的分析，不能仅停留在表面和静态的分析上。只有这样，我们才能揭示俄语的特点，深入牢固地掌握俄语词汇。

### （三）俄语词汇中动物的文化伴随意义

俄汉两族人民由于生活习惯、思想观念、社会风俗的不同，因此在各自的动物身上赋予了不同程度、色彩的文化伴随意义。

1. 俄汉语中文化伴随意义相似的动物

狗在俄汉语中具有相同的双重文化伴随意义。一方面，狗代表忠诚、忠贞不渝，俄语中有"狗是人的不变心的朋友"。汉语中也有类似的说法，如"狗是人类忠实的朋友""狗通人性"。另一方面，狗常用来比喻供人奴役、卑躬屈膝，帮人做坏事的奴才。在汉语中有"狗仗人势""人模狗样""狗腿子"等说法，俄语中的"狗、公狗""母狗"具有负面意义。

2. 俄汉语中文化伴随意义不同的动物

猫是大多数俄罗斯人十分喜欢的宠物，也可以说"猫"几乎就成了其家庭的一员，享受着家庭成员的待遇。"猫"是俄罗斯文化中的"宠物"。正如中国的"龙文化"一样象着吉祥或者王权，猫在俄罗斯人民中是家庭幸福的象征。因此，俄罗斯人常常把猫的行为与他们的日常生活联系起来，并以此来预言将来的事情。

熊在俄汉语中有共同的象征——"头脑简单、笨拙的人"。除此之外，"熊"在俄罗斯具有"体态笨重、心地善良、嗜好甜食"的文化伴随意义，象征着"心地善良的主人""未婚夫"。同时熊也是力量的象征，代表"力大无比"。古俄时，人们认为熊原为人，有人的特征，如可直立，眼似人，喜食蜜和酒等，因而对熊特别敬畏。俄罗斯的民族图腾就是熊，一方面，它象征着力量、勇敢、俄罗斯汉子、俄罗斯森林的主人；另一方面，指笨拙和懒惰等。熊在俄语中还常常泛指"俄罗斯人"。而汉语中的熊主要指"愚笨"。

喜鹊在俄罗斯人的心目中引起的联想是"搬弄是非、爱嚼舌，传播小道消息，贼"，而在汉语中喜鹊有"喜庆、吉祥"的文化伴随意义，提起"喜鹊"在中国人心目中引起的联想就是"喜事临门"。

此外，鹤对俄罗斯人来讲，是忠诚祖国的象征，他们认为每年秋天鹤成群结队地飞走，啼叫声悲切，流露出对家乡的依恋、对祖国的思念，也常常象征着春天。而汉语中"鹤"在中国人的观念中都是延年益寿的象征。猫头鹰在俄语中是智慧的象征，在汉语中却是黑暗势力的象征，等等。

3.仅在一种语言中具有文化伴随意义的动物

只在俄语中有文化伴随意义的动物如：甲虫，除了基本词义外，还表示孤僻的人；鹅指不讲信用的人；鲸指主要人物、台柱子；燕子在俄语中是吉祥鸟，有时是对女人和女孩的称呼等。汉语中则没有这些文化伴随意义。

只在汉语中有文化伴随意义的动物如：虎在汉语中，一方面形容"勇猛威武"，例如有"虎将""虎劲""虎威"等；另一方面又表示"凶狠残暴"，如有"虎口脱险""虎口拔牙"等。而在俄罗斯文化中，"虎"不含这种文化伴随意义，与汉语中"虎"的文化伴随意义相似的为"熊"。

还有一些动物的名词只在汉语中有文化伴随意义，汉语中"黄牛"常常是被比喻为任劳任怨、勤勤恳恳为人民服务的人；"井底青蛙"被比喻为见识浅薄、目光短浅的人；"绵羊"指顺从听话、无主见的人；"蚕"指忠心耿耿、勇于献身的人；"刺猬"指自高自大、碰不得的人；"臭虫"指令人生厌的人。俄语中却没有这一意义。

### （四）俄语词汇中植物的文化伴随意义

每个国家、每个民族都有自己喜欢的花草树木。牡丹是中国的国花，梅、兰、竹、菊深得中国文人墨客的喜欢。俄罗斯也有自己钟爱的花木。人们通过文学创作倾注对花木的情感、表达自己的愿望，随着文化和历史的积淀，这些花木便被打上了鲜明的民族文化烙印。

1.菊花的文化伴随意义

菊花在东西方人眼里所象征的意义截然不同。中国人用菊花象征不畏严寒、晚节高标的品格，如唐朝白居易在其诗中写道："一夜新霜著瓦轻，芭蕉新折败荷倾，耐寒唯有东篱菊，金粟初开晓更清。"但俄罗斯人却用菊花来象征人生苦短和死亡。菊花以黄色居多，黄色在俄罗斯人看来是背叛、分手的象征。因此，人们很少在居室中使用菊花来装饰或赠送给亲朋好友，而更多地将其使用在丧礼或祭掉亡灵的场合中。

2. 丁香的文化伴随意义

丁香在俄罗斯被广泛认为是一种优雅、高贵和浪漫的花卉。丁香的花朵形态独特，散发着淡雅的香气，因此常被用于装饰和庆祝场合。在俄罗斯文学和诗歌中，丁香经常被用来表达浪漫情感和内心的渴望。它被赞美为爱情和纯洁的象征，代表着优雅和高贵的品质。此外，丁香还在俄罗斯的传统节日和庆祝活动中扮演重要角色。例如，在"国际妇女节"（国际妇女日）庆祝活动中，丁香花被视为象征女性美和坚韧的象征。总之，丁香在俄罗斯文化中被赋予了一种美丽、高贵和浪漫的意义。它在文学、诗歌和庆祝活动中广泛使用，代表着人们对爱情、纯洁和优雅的追求和赞美。

3. 铃兰的文化伴随意义

在俄罗斯文化中，铃兰被视为一种特殊的花卉，具有深厚的意义和象征。铃兰在俄罗斯被广泛认为是一种纯洁、美丽和高雅的花卉。它的花朵形态优美、芬芳怡人，常被用于装饰和庆祝场合。在俄罗斯文学、诗歌和音乐中，铃兰经常被用来表达纯洁、清新和美的意象。它被赞美为纯洁和高尚的象征，代表着纯洁的爱、无私的情感和清雅的氛围。此外，铃兰还在一些俄罗斯的传统节日和庆祝活动中扮演重要角色。例如，在俄罗斯的"白夜之夜"庆祝活动中，人们常常佩戴铃兰花环，庆祝夏至和长夜的结束。简言之，铃兰在俄罗斯文化中被视为一种美丽、纯洁和高雅的象征。它在文学、诗歌和庆祝活动中广泛使用，代表着人们对美的追求、纯洁和高尚的情感。

4. 矢车菊的文化伴随意义

矢车菊所蕴含的意义相当丰富。矢车菊含有不幸的爱情、依恋母亲和故土的文化伴随意义。传说瓦西里是一个勤劳英俊的少年，美人鱼爱上了他，希望他去海里，而他惦念年老体弱的母亲，希望美人鱼上岸来住，后来美人鱼施展魔法，将瓦西里变成蓝色的小花，打算在春水泛滥时，将他带到海里，而矢车菊的根牢牢抓住大地，不愿离开母亲。矢车菊还有感恩的含义。

5. 白桦的文化伴随意义

白桦是俄罗斯人民热爱的一种树木，它能激发他们美好的情感。白桦在俄罗斯文化中具有多重象征意义。

首先，白桦被视为吉祥和幸福的象征。在民间悼亡节这一天，人们习惯将刚发芽的白桦树苗种植在家门口和田地里，姑娘们戴着白桦枝编成的树冠，举行一系列仪式来祈求消灾辟邪、幸福安康和丰收兴旺。

其次，白桦被视为春天和爱情的使者。它象征着纯洁和苗条的少女形象，常常比喻为少妇或年轻的母亲。白桦树也被认为是爱情的象征，它与春天和新生命联系在一起，象征着爱情的美好和纯洁。

最后，白桦还被视为俄罗斯祖国和故土的象征。白桦与俄罗斯人的日常生活紧密相连。古时人们在白桦树皮上记录信息，这有助于保留俄罗斯悠久的文化遗产。白桦树也是洗蒸汽浴时最常用的洗澡工具，它在俄罗斯人的传统浴疗中具有重要地位。此外，在春天，人们喜欢采集白桦树汁作为饮料。白桦树下也是情侣们约会的地方，见证着他们的爱情。

6. 花楸树的文化伴随意义

花楸树在广阔的俄罗斯土地上遍布。据统计，全世界有80个品种的花楸树，其中在俄罗斯约34种。俄罗斯人将花楸树称为俄罗斯的树，视为故乡和祖国的象征。花楸树在俄罗斯民间传说中具有神奇的力量。由于花楸果的鲜红色与闪电相似，人们将花楸树枝视为雷神之锤的象征，用于驱邪避祟。同时，雷电之夜也被称为花楸之夜。

7. 稠李的文化伴随意义

稠李在俄罗斯文化中象征着美丽和爱情。诗人们常常将稠李形容为蓬松的白云和妙不可言的树木。稠李树下是情侣们约会的浪漫场所，稠李所代表的爱情是柔情绵绵的。例如，叶赛宁在他的诗歌《请吻我吧……》中写道："在稠李的柔声中，响起了一个甜蜜的声音：'我是你的'。"没有稠李的爱情是缺少柔情和甜蜜的爱情。因此，当年轻男性向心爱的姑娘表达爱意时，常常会向她投掷一把稠李的枝条。

8. 樱桃的文化伴随意义

樱桃花美果美，深受俄罗斯人的青睐，俄罗斯人把它看作美的化身，用樱红的颜色来比喻美人的红唇、面颊上的红晕，用圆圆透亮的樱桃比喻美人明亮的眼睛。诗人们在诗中把盛开的洁白的樱桃花比作白云、比作天鹅的绒毛和轻盈的雪花。由于樱桃树难栽，一般只有贵族庄园才有樱桃园。

# 第二章　俄语教学的本质

## 第一节　俄语教学的性质及特点

### 一、俄语的特点

#### （一）俄语是国际重要语言之一

现在世界上有 5000 多种语言。使用汉语的人占世界人口的 1/5，使用英语的人有 3 亿多，使用俄语、西班牙语和印地语的人数次之。俄语无论从使用的人数来看，还是从其使用的地区来看，都堪称国际重要语言之一（除以上语言外，还包括德、日、阿、葡、法、意大利语等）。俄语按其来源属印欧语系中的斯拉夫语族中的东斯拉夫语支。俄语和任何一种民族语言一样，也分为标准语和方言。俄罗斯标准语形成于十五六世纪，现代俄罗斯标准语指 19 世纪以来的俄语。俄语就其结构是屈折语或综合语，靠内部屈折（词根中音位替换）和外部屈折（词尾变化）形成语法形式。按照语法关系的方式俄语也称为综合语，因为词与词的关系以词本身的形态变化来表现。然而，俄语也使用分析方法（用虚词和词序表示语法意义）。有着上述特征的俄语是世界上十大语系中有代表性的主要语种之一，在当今国际交往中的作用不可低估。仅就科投资料为例，俄文科技资料占世界科技信息总量的 80% 以上。尽管苏联已经解体，俄语在东欧、蒙古及前各加盟共和国的地位有所改变，但是，俄语作为世界通用语的地位是暂时不会改变的。

#### （二）俄语是一种富于形态变化的语言

俄语是世界上优美而丰富的语言之一（词汇 10 余万），是一种富于形态变化的语言，掌握俄语对于以汉语为母语的人来说是比较困难的。汉语在语言谱系上属汉藏语系，与俄语所属的印欧语系是两种完全不同的语系。俄语是屈折语，形态变化发达，汉语基本上无形态变化，是根词语，用词根构词。我国大学生学习俄语时（对零起点学生来说）已经完成了两个阶段的汉语学习：第一阶段是从出生到上小学以前的学龄前时期，学习口语；第二阶段是从进小学到中学毕业，主要是发展笔语，口语训练在于促进语言规范化。一个大学生习惯于母语（汉语）思维已经 18～19 年，即使在中学学过俄语的学生，俄语思维能力也是很微弱的，所以，学习俄语要建立第二语言系统。

学生学习俄语的经历表明，自身的汉语水平与自身的外语水平呈正相关。著名捷克教育家、教育科学的创始人、语言教学法的奠基者夸美纽斯（Komchckhm）在1638年曾写道："……想教那些还没有掌握本民族语言的人学习一门外语，就如同有人想教一个不会走路的人骑马一样……我们的教学法认为教那些还不懂自己民族语言的人学拉丁语是不合适的，因为我们的教学法确定本民族语言有助于学习另一种语言，并起向导作用。"不过，由于语系的巨大差异，汉语对学生学习俄语有很大的干扰性，使学生的"汉化"毛病严重，不容易在口语、笔语方面接近"地道"，当然，这和学生的学习条件有很大关系。

## 二、我国学生俄语学习的特点

### （一）难以掌握俄语句子结构

众所周知，俄语中变格、变位、动词时体、形、副动词是我国学生学习中的"拦路虎"，句法结构的运用，组织基本句式的能力是我国人学习俄语水平的总的标志。辞藻简单贫乏远不及句子结构的混乱，不符合俄语语法规则所造成的危害大，教师所指出的在相当多的情况下是句式上的问题，学生会在一段时间不能按照俄罗斯人的语言习惯去组织句子。

俄语句法结构有四种类型：①并列结构；②主从结构；③确切结构；④接续结构。主从结构包括一致关系、支配关系和依附关系。一致关系是指从属词与主导词在性、数、格、人称上的一致，汉语中没有此种句法关系。我国学生在口、笔语表达时瞻前顾后，一不小心，就会出现失误，正确的"一致关系"要求自动化技巧。支配关系是指从属词受主导词的支配具有间接格的形式，也是俄语词汇用法特点之一。汉语中没有此种句法关系，"支配关系"造成了我国学生学习俄语很大的困难。

### （二）需要积极地排除汉语句子结构的干扰

我国学生已经习惯了的汉语表达方式，常常沿用到俄语学习中，造成汉化式的俄语错误。汉语有五种句法结构关系：代表了汉语词组、短语、句子及复合词构成的方式：①联合结构（如"愉快而幸福"）；②偏正结构（如"伟大的祖国"）；③动宾结构（如"学俄语"）；④补充结构（如"听清楚"）；⑤主谓结构（如"红旗飘扬"）。在汉语句子结构中有许多结构是俄语中少见的，如，汉语中广泛使用的动词谓语句中的连动句、兼语句在俄语中只能用主从复合句表示，如果按照汉语的习惯去组织俄语的句子，就会产生错误。

连动句指两个动词或动词短语共用一个主语，有些句式对俄语表达不造成影响，如"下午我们去商店买东西。"有些则不然，如"大家听了这个消息都非常高兴。""书放在宿舍没带来。"兼语句指谓语由一个动宾结构和一个主谓结构套在一起构成，前一个结构中的宾语兼做后一个结构中的主语。如"你请他来。"汉语中一些兼语句在俄语中有相应的表达方式。如"这个消息使我很高兴。""请他跳个舞。""先让大伙提提意见。""大家都嫌他说话啰唆。""同事们喜欢他办事公道。"……学生不易出错。另一些兼语句要用俄语自身的表达方式，不能套用，这非常值得我国学生注意。俄语中广泛使用连接词、联系用语、指示词作为区分句间联系的表达手段，相应的手段在汉语中用得少些，所以学生容易在这方面出错。

## 三、我国俄语教学的特点

### （一）语言形式的教学时间长，并且贯彻全部教学阶段始终

我国俄语教学将语言形式的教学视为根本，理由有二：其一，俄语语言体系复杂，需要系统地教授才能使学生获得完整的知识和基本技巧。俄语言语表达完全呈现在纷繁的形式变化之中，不掌握变化规则，口、笔语交际寸步难行。其二，在中国进行俄语教学有一些不够理想的主、客观条件，我国学生学习俄语的困难较多。如果语言形式的教学分散进行，口语为主，句型为主，采用归纳法等便不足以保证我国学生打好语言基础。

1984年苏联出版的教材《Старт》共18课，供初学者（100学时）使用，教材生动有趣，称得上是好教材。但是，语言规则的安排是不系统的，名词变格按一、四、六、二、三、五的先后次序，动词变位以句型的形式出现，在适当的时候介绍代词的变格、基本数词及时间的表示法，并将其融合在交际性的对话之中。分两次进行的语法归纳仍避免不了许多语法规则的问题的出现，如在学习关于第一格用法的交际对话时很难不涉及其他语法现象，因此，不如系统教授语言规则。需要说明的是，语言形式的训练不是为训练而训练，它一开始就与功能模拟交际结合起来，只有使语言形式的训练尽可能在情景中进行才有生命力。我国俄语教学的第一个特点涉及语言形式和功能、语言知识和技能、理论和实践、语言和言语种种矛盾的对立统一，应当指出，对一种语言形式的理解和掌握反映人的文化修养。

### （二）交际能力的培养有侧重

与学习其他外语的学生相比，学习俄语的学生开口晚、开口难，口头表达虽然比较准确但是结结巴巴，虽比较流畅但错误很多，要达到阅读能力强、书写水平高、听力反应快而准、说话流利而无误绝非一日之功。而真正达标者廖若星辰，俄语水平高的人初到俄罗斯最大的感受是少一双"俄语耳朵"。从全国俄语教学来看，"五会"能力的培养要根据教学目的和教学时间而有所侧重，公共俄语应当以培养阅读能力为主，其他兼顾；实用性很强的训练班应以其培养目标（如经贸翻译、导游等）为主，其他兼而有之。专业俄语培养胜任口、笔语工作的应用型人才，则应"五会"并重，但是要求应当符合实际。对于零起点的俄语专业学生来说，只学4年时间要达到很高的水平是不现实的。

### （三）采用灵活的教学法

俄语教学不可能有统一的主导的教学法，这是由以下因素决定的：①俄语和汉语差异大；②俄语教学缺乏自然语言环境；③教学目的多种多样；④师资力量参差不齐；⑤学习

者人数众多，但是水平不一；⑥教学手段落后。俄语教学将根据不同的教学目的、教学对象、教学条件采用灵活而合理的教学方法，吸取世界上各种教学法的长处，博采众长，取长补短，探索出符合自身教学实际，从而产生良好教学效果的教学法。

## 第二节　心理学对俄语教学法的意义

　　心理学是语言教学法理论基础之一，和哲学、语言学、教育学、美学同为语言教学法的相关科学。但是，心理学与语言教学法的关系最直接，心理学对语言教学法最具有指导意义，心理学对俄语教学法的意义在于它揭示了教学的心理机制、教与学的心理因素，推动优化教学的实施。

### 一、心理学与俄语教学规律

　　心理学能够科学地解释俄语教学的规律，通晓心理学基本原理的教师可以科学地组织俄语教学全过程。他们将由盲目走向自觉，由一般零散经验走向科学创造，由刻板走向自由，能逐渐从宏观上认识教学本质，从微观上驾驭自己的教学行为。

　　心理学是研究人在实践领域中心理活动规律的科学，教与学的活动都是复杂的心理活动（受许多因素的制约，本身是不断变化、发展着的）。俄语教学法是研究俄语教学规律的科学，对俄语教学规律的认识、掌握和正确运用的任务很大一部分落在心理学上。心理学可以对我们从事的教学工作做本质上的解释。根据心理学原理，俄语教学有以下几个规律。

#### （一）学习动机和学习兴趣的规律

　　动机和兴趣等心理现象是任何一种学习活动的前提和活动效能的保证。人们的各种活动都是由一定的动机引起的，没有动机也就没有活动，或者正在进行着的活动也因缺少动机而中止。动机除了引发功能，还有维持和加强认识活动的功能，直到达到活动的目的，而人的动机取决于人的需要。心理学告诉我们，俄语学习的认知过程也是由需要、动机引起的。学生想学与不想学，乐意学与不乐意学不是个人情绪的问题，与学生的学习动机有关。据心理学家统计，大学生学习动机有40多种，指向未来前途的可以称"远景动机"。如俄语专业学生有志成为合格的俄语人才。指向毕业找工作的可称"中景动机"。前些年有些俄语专业毕业生分配有困难，因专业不对口。当时一些学生在学习期间便十分忧虑，学习劲头不足。近年国家需要俄语人才，俄语专业毕业生就业乐观，学生学习有积极性，专业思想问题不多，社会需要将和个人需要完美结合。指向眼前目标为"近景动机"，为了取得好成绩，掌握某些语言材料是出于好奇，或是为了学会动听的朗读、美丽的书写等都属于近景动机。有些枯燥的语言材料由于教师讲明意义，师生取得认同，学生发现了学习的需要，这也是动机问题。需要、动机、兴趣有积极与消极之分，是可以相互转化的。

### （二）认知过程的规律

根据心理学原理我们知道俄语学习的认知过程是通过感觉、知觉、记忆、思维、想象等心理活动来实现的。俄语专业的学生通过上述心理过程学习语言知识，学习言语交际能力，实现着对俄语由浅入深、由感性到理性的认知过程，学习俄语的最终目的是用俄语思维交流信息、思想感情。在学生的认知过程中思维是主要环节，学生的积极思维活动是有效学习语言的关键。理解语言需要积极思维，言语表达更需要积极思维。教学实践表明，平淡的、只是重复已知的、不能促进思考的练习对语言学习的价值有限，能够开掘学生思维潜力、施展思维和想象力的言语活动的价值是无限的，何况俄语教师的重要任务是使学生过渡到用俄语思维。马克思曾说："一个刚学会外国语的人总是要在心里把外国语言译成本国语言……只有当他不必在心里把外国语言译成本国语言，当他能够忘掉本国语言来运用新语言的时候，他才算领会了新的语言精神，才算运用自如。"

### （三）情感、意志过程的规律

根据心理学观点，学习语言的认知过程并不总是自觉地进行的，往往需要情感、意志参与刺激。心理学家认为，激励是人的一个基本需要，它对学习和认知的发展有促进作用，甚至能够使大脑皮质增厚。俄语难学，俄语学习过程中十分需要各种积极的情感、意志因素的推动，可将它们称为学习的非智力因素（认知活动本身称"智力因素"）。曾经有过这样一个心理学实验：将学生分为三组，使用三种不同的评语。第一组，只评定等级，没有评语；第二组，除了评定等级，还给予一定的好评（顺应评语）；第三组，评语分为优、良，让优者保持，让良者继续努力。结果第二组完成作业的成绩最好。这就是为什么经常受到教师具体鼓励性评语（发现学生的微小进步）的班级完成作业的积极性和质量要大大高于只得到教师批一个"阅"字的班级。

## 二、心理学论教学的主体

当个体自觉地、有目的地从事一定的活动时（脑力的或体力的，理论的或实战的），并且在这一活动过程中认识客观世界、改造客观世界时，他就是主体。我们注意到，参加某种活动的个体并不一定就是这一活动的主体。例如，儿童摆弄玩具的时候，他还不是这项活动的主体，因为他并不是有意识地、有目的地去实现自己的活动。当一个学生只靠外部动机去完成教师布置的任务时，他也不是这一学习活动的真正的主体，只是教师施加教学、教育工作影响的客体，而教师则是这一活动的真正的主体。所以，学生只有认识到真正的学习目的，并且目的明确地去完成对个人说来是重要的学习任务时，才可能成为自己学习活动的主体。

这段话通俗又精辟地阐明了心理学关于主体的理论，说明了主体是积极性的载体，主体在现实世界中具有极大的能动性。任何一个教学活动中都有两个角色：教师和学生，他们必须同时发挥主体的作用，同时发挥积极性，教学才能正常进行，才能取得好的效果。

对于教师的主体作用、主导作用我们比较熟悉，而对于学生的主体作用在理论上比较陌生。长期以来，学生只被看成教学的客体，处于被动地位。在教学法的研究中，对"教"的研究，多于对"学"的研究，同时，存在不正确的学习观。例如，学生在直接教学法和语法翻译法中不是教学的主体。在直接法中学生处在刺激反应之中，在机械模仿之中的学生只是学习说话的"机器"，自己很少动脑筋，没有自主性，十分被动。在语法翻译法中的学生只是按照教师的安排分析语法现象进行翻译，处处被牵着走，学习的主动性没有得到真正的发挥。

近年来，"学生主体的作用"越来越受到关注，以学生为主体的教学被看成当代教学法的一个十分重要的思想。在以学生为主体的教学中学生是主角，学生是学习的主人。以学生为主体的教学重视学生的需要、学生的学习动机和兴趣、学生认知活动的主动性及学生情感、意志对学习活动的积极参与，除此之外，在外语教学中还要创造条件使学生有较多的言语交际的机会，要有表现自己、自我实现的可能性。

近年来，在俄语教学中满堂灌的局面已经得到扭转，但是在发挥学生主体作用方面还有待提高认识，要积极实践，而且要具体改进教学的组织。例如，在课堂练习方面为学生提供下列可能性以强化学生主体作用。①传达自己新的信息（补充所学内容）；②表达个人看法；③发表不同意见（辩论）；④提出问题（有权刨根问底）；⑤寻找多种答案；⑥标新立异，提出超常主张；⑦发挥想象力；⑧向教师提出意见、建议。

# 第三节 俄语教学法的跨学科性与本质

## 一、俄语教学与哲学

哲学是人们对于整个世界的根本观点的体系，指的是辩证唯物主义和历史唯物主义，哲学可以指导任何一门学科的研究。这里我们将俄语教学工作与哲学联系起来，进行俄语教学法的哲学思考，看来是很有必要的。

### （一）思考之一

俄语教学法应当符合辩证唯物论，摒弃主观唯心主义。辩证唯物论是马克思主义对世界看法的理论，它是唯物主义的，不是唯心主义的，也不是机械唯物主义的。按照辩证唯物论的原理，俄语教学要尊重客观实际，也就是尊重世界发展的实际，世界外语教学的实际；尊重我国实际，尊重俄语教学自身的实际。教学中的主观主义表现为保守主义、经验主义、盲目乐观、安于现状。例如，①对国内外外语教学（俄语教学）中的新事物、新进展不感兴趣，对于教学改革持消极态度。②"既不做鸡中鹤，也不做鹤中鸡。"不求有功，但求无过，主观能动性没有得到发挥。本来可以做到的事情，也因为看不到教学实际中的潜力而没有去做。③对教学中存在的问题视而不见，比上不足，比下有余，心安理得，盲目乐观。④唯条件论。夸大自身教学实际的特殊性，强调条件不具备而不去改进教学。

作为俄语教师我们应当尊重的客观实际是：①世界发展的实际。当代科学发展越来越走向微观（微粒子世界）。科学理论越来越抽象化、符号化、教学化，需要借助理想实验、模拟方法、纯逻辑方法。20世纪40年代诞生的系统论、信息论、控制论都是以教学作为基础理论和研究方法的。我们应当进一步认识到外语教学（俄语教学）对科学发展的依赖性，时代向我们提出了教学内容的更新，教师知识结构的更新，师生知识结构的转化的要求，以适应社会高度发展的需要。②世界外语教学的实际。关于这一点我们在第一章做过介绍。人类交往的内容和过去不同，语言使交际工具这一概念有了深层的新的含义。世界外语教学为造就21世纪优秀的外语人才而优化教学思想，改造教材，改革教学组织、教学方法，如果我们总"以不变应万变"，将会被时代所淘汰。③中国实际和中国俄语教学实际。中国俄语教学要立足于中国实际的问题。我们反对不顾中国国情的主观主义态度，也反对只强调自身特殊性的唯条件论。

（二）思考之二

俄语教学法应当符合唯物辩证法，摒弃形而上学。唯物辩证法是认识世界的方法，是辩证的，不是形而上学的。辩证唯物主义既是世界观，又是方法论。俄语教学要尊重辩证法则是指：将俄语教学看成一个多种矛盾的统一体。俄语教师要运用对立统一的规律把握俄语教学中的主要矛盾，推动其他矛盾的解决，使俄语教学在矛盾的运动之中提高水平。唯物辩证法注重联系的法则，运动的法则，质、量互变的法则，对立统一的法则。

在我们的教学工作中形而上学的现象是存在的。例如，①孤立地看待教学中的各种矛盾，或排斥、或依赖，因而产生悲观失望情绪；或者因分不清主、次、内、外、偶然与必然，在解决矛盾时眉毛胡子一把抓，结果事倍功半。②习惯教学中的静态，不习惯教学中的动态。按照唯物辩证法的观点，俄语教学不可能静止不动，不可能多少年如一日，静是相对的、暂时的，教学的变革是绝对的、长久的。俄语教学中存在如下矛盾：①教学目的和教学时间、教学条件的矛盾；②教师和学生的矛盾；③俄语和汉语的矛盾；④语言和言语的矛盾（语言知识和言语技能的矛盾、理论与实践的矛盾、语言形式与语言功能的矛盾、机械练习与言语交际练习的矛盾等）；⑤基本功与交际能力的矛盾，基本功与知识面的矛盾（精与泛的矛盾、基础与提高的矛盾）；⑥口语与笔语的矛盾（听、说与读、写的矛盾）；⑦理解与表达的矛盾（听、读与说、写的矛盾）。我们不应当惧怕矛盾，而应当正视矛盾，看到它们是联系密切的、变化的、转化的、统一的。

## 二、俄语教学法与语言学

语言学是俄语教学法直接的科学基础。语言学是研究语言的本质、语言的结构（语音、语法、词汇）、语言的起源和发展、语言的分类的科学。语言学帮助我们认识不同语言的共和，认识语言的一般规律。关于语言的本质是争论了很久的问题，辩证唯物主义认为，语言是一种特殊的社会现象，是人类思维的工具和最重要的交际工具，是一种音义综合的符号系统。"思维工具""交际工具"是语言的功能特征，"符号系统"是语言的结构特征。

俄语教学法与语言学的相关性在于以下几个方面。

### （一）"语言是最重要的交际工具"，阐明了语言教学的最终目的

列宁指出："语言是人类最重要的交际工具。"这句话揭示了语言的本质特征及其在交际工具中的地位。

人类的交际工具有语言、文字、棋谱、红绿灯、电报代码、教学符号、化学公式、伴随语言手段等，其中语言是人类最重要的交际工具。语言已有几十万年的历史，文字是在语言基础上产生的，它从属于语言的发展、变化。上述其他形式的交际工具服务领域很窄，离开语言与文字不能独立生存。

中国俄语教学法过去和现在都是以"语言是最重要的交际工具"为指导思想的，只是对"交际工具"内涵的认识有不同、有变化。在这个问题上认识的渐进在苏联俄语界也是如此。过去大家认为掌握了语音、语法、词汇规则就是掌握了俄语这一交际工具，这样，将学生的言语交际能力的培养放到了学生走出校门以后。近些年，我们在俄语教学中贯彻了交际性原则，对语言是最重要的交际工具的理解逐渐深刻，重视了课堂教学的交际化，以培养学生基本的、未来工作所需要的交际本领。将交际作为手段去达到掌握俄语这一交际工具的目的，使学生通过听、说、读、写、译获得言语交际能力是大家的共识。

### （二）"语言是思维的工具"，阐明了语言训练和思维的关系

语言是物质的，思维是观念的，各民族语言不相同，而思维是共同的。语言结构和思维结构不相等，语言发展规律和思维发展规律也不相同。

语言是思维的工具，语言形成思维、表达思维，使交际对象产生共同思维活动的工具。思维不能脱离语言，没有语言，思维活动不能进行。但是语言也离不开思维，没有思维活动，语言也就没有存在的必要。

以上简明的原理告诉我们，在俄语教学中应当遵循的是：①人类思维有共性。如果学生学习俄语时只知道它和自己母语的巨大差异，而不知道人类思维的共性，就会增加学习的困难。而如果使思维的共性为我服务，就可以增加学习中的积极因素。②用俄语思维才能自如地用俄语进行交际，而要做到这点是一个漫长的过程。教师认识到思维对俄语交际的制约作用后则需要有计划地、积极地帮助学生了解俄罗斯人表达思想的语言特点，并且从模仿入手（背诵有关语言材料十分有益）到自由运用。③在俄语交际中学习用俄语思维。要培养俄语思维能力，只掌握语音、语法、词汇规则是不够的，俄语思维能力的培养必须在听、说、读、写的言语实践活动中进行，必须和接近真实的交际练习综合起来，才有亲临其境的感受。所以，自然俄语环境是培养俄语思维的最好条件。当我们能够纯正地、流利地用俄语交际之时，也是我们能用俄语思维之日。

## （三）"语言是一个符号系统"，阐明了语言的内部规律

语言符号系统是语言结构上的本质特征。符号是一种标记，用来传递信息，语言也是一种符号，它具备了符号的全部特点：代替性（音义结合）、任意性（约定俗成）、统一性（语言是一个规则系统）、规定性（不能随意更改）。语言又是一种特殊的符号系统，一般的符号系统长期不变，语言这一符号系要随着社会的变化而变化，随着社会的发展而发展。语言作为符号的几种特性使我们认识到，学习一种语言就要尊重这一语言的自身特点，将"约定俗成"看成自然的事情，细心观察这一语言的特色，培养对这一语言的语感。

语言学的分支"应用语言学""心理语言学""社会语言学"都和外语教学法有关。"应用语言学研究语言学习、语言教学、言语病理、口语翻译、笔语翻译、计算机语言、词典学等。"心理语言学"研究儿童母语习得的过程、语言学习和使用的心理过程、母语教学和外语教学等。社会语言学研究语言的社会性、语言的社会功能、语言和文化、社会交际中使用语言的特点等，以上这些新学科均从不同的层面为俄语教学法研究提供了科学依据。

## 三、俄语教学法与教育学

### （一）教育学研究的对象

俄语中教育学这个术语起源于古希腊，它的含义就是关于教育的科学。古希腊曾有一批奴隶，专门陪伴贵族的孩子上学和服侍他们，当时称他们是"带领儿童的人"。后来，对儿童进行教育和教学的人就称为"педагог"，进行教育的专门科学称"教育学"。

然而，教育学的故乡在中国，外国人写教育思想史把中国放在第一位，孔子之后才是苏格拉底、柏拉图等。2000多年前，孔子就提出启发式教学，因材施教，"学"的概念源于孔子，"教育"二字出于孟子。当然，不能据此否定近代中国的教育和教育理论的滞后，这与我国过去的社会发展、文化、经济、科学、技术的发展有关。

教育学的研究对象可以分为四个方面：①教育的一般理论；②教学理论；③教育理论（德、智、体、美育）；④管理科学等。下面，着重谈谈与本书命题关系密切的教学论。

### （二）教学论是俄语教学法的科学基础

教学论是俄语教学法的科学基础之一，因为教学论而提出的教学总论是任何教学活动都应当遵循的普遍规律。我们应当首先是一个合格的教师，其次才是一个合格的俄语教师，我们使课堂教学符合俄语教学规律之前先要符合一般的教学规律。俄语教学法首先要符合一般教学论的原理。

教学论是专门研究教学规律的一门教育科学。科学教育学的创始人、语言教学法奠基人、著名的捷克教育家夸美纽斯拉把自己论述学校教育的著作称为《大教学论》，教学论在很长时期内是指导各科教学的唯一科学。后来，在它基础上产生了各种课程的教学法，俄语教学法是其中之一。这样，教学论就成了分科教学法的基础。

### (三）俄语教学法应当遵循的教学论的基本原理

"教学是一个特殊的认知过程"，这是教学论的一个最重要的基本原理。教学工作的实质是教师通过自己的努力把一定的人类社会历史经验转化为学生个体的精神财富。

教学的认知过程有自身的特点：①学生通过教科书学习人类长期积累的经验，通过书本学习的知识有间接性，学生认识世界与人类千百年认识世界是不同的，他们可以在很短时间内学到前人经过漫长的岁月才获得的知识。马克思曾说"再生产科学同最初生产科学所需要的劳动时间是无法相比的"。例如，学生在一小时内就能学会二项式定理。②教师指导学生的认知过程。学生有教师引路，而科学家、实际工作者是自己去探索科学的。③学生在认知过程中得到全面发展，学习知识，发展能力，培养良好的个性品质。而一般人的认知过程则以认识事物特征、完成一定的工作为最终目的。但是实现上述目标不可一蹴而就。

综上所述，进行俄语教学，一方面，要认识到教学过程的特殊性，既要重视书本，重视知识，又要重视实践，培养能力，同时将思想教育融入教学之中；另一方面，正由于学生知识的间接性所固有的消极因素容易使教学过程简单化，语言规则满堂灌，老师不去注意学生的特点，收不到教学应有的效果。

### （四）俄语教学法中的教学论原则

俄语教学法应当包括以下教学论的基本原则（传统的教学论基本原则）。

1. 系统性原则

教学应当是循序渐进的、系统的、连贯的。宋代朱熹说，读书要"循序而渐进，熟读而精思"。这一原则的确定是由于知识本身是系统的，教学认知活动是有顺序的。

教学实践证明，杂乱无章、断断续续地传授知识不利于学生牢固地掌握知识，不利于获得解决问题的能力。教学中出现了违反这一原则的现象时往往要设法补救，恢复教学的系统性。在贯彻系统性原则时应当突出重点和注意灵活性。系统性不是一成不变的，不是形而上学的。俄语教学中知识的传授应当具有相对的系统性。

2. 直观性原则

直观教学也称为实物教学，形象化教学，直接观察教学。夸美纽斯说："可以为教师们定下一则金科玉律。在可能范围内，一切事物都应该尽量地放到感官的跟前。"这一原则的确定是由于教材是人类间接经验的结晶，较为抽象、空洞。同时，学习者是青少年，他们的思维是由形象思维占优势过渡到抽象思维占优势。

俄语教学中（特别是在基础阶段）实物、板书、形象化的语言、比喻等能激发兴趣，可以优化理解和巩固知识，促进思维的发展。直观性原则为教学带来生机。神经生理学家认为，手势、图画、生动的实物对于沟通学生的非语言方面的联系是十分有效的。直观性原则是现代教育、教学原则。

3. 巩固性原则

我国几千年传统教学实践均强调知识的熟记。在西方，夸美纽斯说，没有巩固知识就等于"把水泼到一个筛子上去"。确立这一原则是因为记忆能够巩固学生所学的知识。而巩固知识,形成技能又需要实践。俄语教学中学生言语技能是在大量的机械性的、交际性的练习中形成的。定期使用不同的形式复习所学知识、定期测试是巩固性原则的充分体现。

4. 量力性原则

量力性原则又称为可接受性原则。这一原则的确立是因为教学内容和教学组织要符合学习者的生理、心理特点和知识水平。我国古代墨子说:"夫智者必量其力所能至而从事焉。"俄语教学中要防止两种倾向:一是学生负担过重,疲于奔命,最终还是没有能掌握好言语交际本领;二是对学生的潜力估计偏低,教学没有难度,学生得不到探索、创造的乐趣。这些都是忽视可接受原则的结果。

## 四、俄语教学法与美学

通过前面的讨论,我们会意识到教师在某种意义上是一名心理学家、哲学家、语言学家、教育家,通过俄语教学法与美学的讨论我们的结论是:教师是一名艺术家。

过去我们作为外语教师对外语教学与美学的关系了解很少,因此也就谈不上用美学原则来指导教学。如果我们按照美的规律组织外语教学,就能够使教学成为美的教学,使教学给人以美感,使教学具有审美价值。美的教学是教学优化的集中体现,是外语教学的最高水平、最高境界。这里我们打算用较多的文字描述外语教学与美学的关系,因为这是我们外语(俄语)教学的美的理想,我们是要实现这一理想的。

美学是哲学的一个分支。顾名思义,美学是研究美的科学,它的研究对象主要是美的本质、美感、美的形式、美的创造、美育等。世界上对美的探讨有两三千年的悠久历史,是从希腊和中国先秦开始的。但是美学作为一门科学只有两百多年的历史。德国哲学家和美学家鲍姆加登于18世纪50年代正式发表了《美学》一书。最早的美学是研究感性认识的科学,与当代美学概念不完全相同,自从康德、黑格尔的美学著作问世以来,美学的科学体系才得到确立。马克思主义美学认为美的本质特征是:①美是人类社会的产物,在人类社会以前不存在美。②美在人的创造性实践中产生。不是人的所有的实践活动都是美的,人们的美感也是在改造主客观世界的创造性活动中形成的。凡能引起美感的事物一般具有审美价值。③美是实在的、人能感觉到的。

美的形式有很多种,包括自然美、社会美和艺术美。自然美指的是自然界中的美,如大自然的景色、动物和植物的美。社会美则是指社会生活中的美,包括社会产品的美和人与人之间的美好关系,而艺术美则是艺术家通过创造性劳动所创作出来的作品所体现的美。

美的事物常常具有和谐之特点,各个组成部分在最佳位置上相互协调、平衡、统一。以我国故宫的建筑风格为例,展示了和谐之美。美的实践活动具有自由和愉悦的特点。它给予人们驾驭实践活动的自由,体现了人的实践技艺的娴熟和自觉需要的满足。同时,美的实践活动也带来了美感的享受和乐趣，如艺术家创作绘画时的愉悦感。

在教学中，成功的教学是美的、和谐的，教师和学生作为教学的主体能够自由地驾驭教学过程中的各种因素和矛盾，并使它们统一起来。相反地，不成功的教学则是不美的、不和谐的，因为其中的矛盾和冲突无法得到解决，从而影响了教学效果的实现。

### （一）俄语教学与美学的相关性

**1. 俄语教学与美学有相通之处，美学原则能够指导俄语教学美的创造**

俄语教学与其他外语教学一样，既需要科学的方法和技巧，也需要艺术的才能和创造力。教授俄语是一门高度复杂的教学实践，需要教师具备深厚的俄语知识和对其基本规律的掌握，同时还需要科学地研究和应用俄语教学的技巧和方法。教师被称为艺术家，是因为教学本身就是一种创造性的实践。教师需要运用自己的才能和智慧，创造出适合学生的教学方式和方法，激发学生的学习兴趣和能力。不但将一门学生陌生的语言在一定时间内变成他们比较了解的，而且能够用它进行基本的口、笔语现实交际的语言，唯师生的创造性劳动才能解释。美学的中心课题是艺术美的创造，艺术的三大特征是形象性、情感性、创造性。外语教学也很重视情感价值，教师和学生的积极性是健康情感的集中体现。教与学的成功使师生获得满意、愉快的情绪体验，师生在成功的教学中得到的美感相互影响、相互补充，强化他们进一步教学实践。

美学原则在俄语教学中发挥着重要的指导作用，它要求我们在教学实践中创造出符合教学规律的美。实现这样的创造并不容易，它要求在教学中各种关系的均衡、对称、完整和和谐，追求教学的完美和高境界。当教学达到这种境界时，它就成为一门艺术。

**2. 俄语教学和其他外语的教学一样，是特殊的艺术**

外语教学的艺术化是美的规律作用的结果，但是，教学美是一种特殊的艺术美：①教师的高智力、高的外语水平和高超教学技艺相综合（两者缺一则不美）。②教师的创造与学生的积极参与创造相结合。学生是教师创作的对象，但是学生不是画家手中的画板，他们是活生生的个体，教学的主体。他们不是被动地接受塑造的，发挥学生的主动性、创造性的教学才是美的教学。③教学计划性和应变性相结合。艺术创作有很大的自由性，而教学艺术是在控制系统中进行的，教学艺术表现在规定中的灵活、复杂中的单纯。外语教学在师生频繁的言语交往中进行，教学效果随时得到反馈，教师常常不能超前预想。即兴组织好练习是教学艺术的特点之一。④教师个人教学风格的形成与它的不断充实相结合。外语教学的感染力还在于教师有独特美的教学风格。美的教学有不可模仿性，就像生活中的艺术品不完全相同一样。然而，个人风格一旦形成模式就会产生惰性，如果不进行充实和进步，就会失去教学艺术的魅力。

### （二）俄语教学法的美学原则

**1. 外在美原则**

创造俄语教学的外在美旨在为教师和学生提供一个美好的教学环境。暗示教学法是一种诞生于保加利亚的教学方法，特别强调创造教学环境的重要性。该方法通过在特定的音乐声中进行外语学习，创造出美的学习环境。这种美的环境可以陶冶学生的心境，消除学生不必要的心理障碍，使学生在愉快的氛围中自然而然地掌握教学内容。然而，教学外在美的含义不仅于此，它有以下四个因素。

（1）教师自身的外在美

教师的外在美指的是教师在教学过程中展现的外在形象、仪态和表达方式。这包括教师的仪表整洁、身体语言和姿态、语言表达和声音美，以及教学资源和装饰等方面。教师的外在美不仅是外貌的呈现，更重要的是以积极、专业和有吸引力的方式与学习者进行互动和交流。通过展现良好的外在美，教师能够增强学习者的学习动力和参与度，提升教学效果，为他们提供积极的学习经验和启示。

（2）教学手段运用美

教师在授课时，应运用富有活力和创意的语言，以生动且形象的方式阐述，同时简明易懂地深入讲解。在进行言语练习时，教师需采取多种形式，并注入新颖元素，以保持学生的兴趣和参与度。在听、说、读、写、译五个方面的言语活动上，教师应制定明确的目标，合理分配时间和精力，确保各个环节恰如其分地协调一致。教师在组织学生进行这些活动时，应注意其连贯性和协调性，使之融为一体。这种精心组织和协调的教学活动，堪称一种艺术，展现了教育的美学。

（3）教学集体人际关系美

教学环境就像一个微型的社会，其中教师与学生在课堂上的互动，以及学生之间的相互关系，对教学成果具有至关重要的作用。可以理解，在一个人际关系紧张和不和谐的环境中，高效的外语教学是难以实现的。在外语课堂上，当教师和学生在言语练习中配合无间，仿佛是一曲精心编排的乐章，这种默契和流畅性就像一幅美丽的画卷。在言语练习中，如果教师和学生能够相互支持、互帮互助，并在愉快的情感交流中学习，这无疑是人际关系之美的完美体现。教师对每一个学生（而非仅仅是部分学生）的深情关怀和爱心，是形成外语课堂内良好人际关系的基石和保障。

（4）教学物质条件美

物质条件之美在于教室的合适大小、充足的光线、清新的空气及优良的技术设备等因素。环境对人的所有活动都具有重要影响，而对于以言语交际为核心的外语课堂教学，环境的重要性则更为突出。这是因为一个良好的环境可以增强学习体验，有助于提高教学效果。

2.内在美原则

外语教学的内在之美主要体现在教师和学生的积极参与以及他们内在潜能的充分发挥上。当学生在课堂上得以无拘无束地展示自己的思维、想象和创造力，并将这些能力融入到外语的口头和书面表达中时，教学的美便显现出来。这里的"充分"意味着没有限制、障碍或压力，强调精神上的轻松和和谐，正如黑格尔所说，审美具有解放的特质。

儿童的游戏是美学原则的典型体现。尽管在日常生活中，儿童需要依赖父母和他人，但在游戏中，他们是自己的主人，可以自由发挥想象和创造力。在游戏中，他们与玩具等客体的关系极为和谐，没有来自外部或内部的压力或强制，他们体验到的是自由。

然而，成年人的实践活动往往受到诸多强制性因素的制约，外语教学中的师生也面临众多客观限制。例如，成年大学生的母语思维已经成形，这会对学习外语的思维能力产生干扰。又如，一种外语在语音、语法和词汇方面都有其特点，中国学生要想掌握外语的听、说、读、写、译能力，往往需要付出长时间的持续努力。学生的愿望和可能性、理解和表达之间的脱节（如想说的说不出来，想写的写不出来）会导致精神紧张。再如，为了精准表达，学生必须接受教师的纠正，但过多的错误和不当的纠正方式可能会导致一些学生失去信心。

外语教学内在美的基本特征是"自由"，是教师与学生完美地自我实现，这是人的最高层次的需要。教师的自由是：能够自由地把握住教学的全过程，有高超的教学机制。学生的自由是没有任何心理压力、自由地获取知识，有足够的时间与空间锻炼自己的言语能力。外语教学内在美的因素有以下几个方面。

（1）教师教学情感的升华是教学内在美

当教师将自己的全部热爱倾注到教学中时，他们的上课不仅是出于职业的需要，更是一种精神上的献身和追求。在这个状态下，教师似乎进入了一种超然的境界，他们的全心全意只在于把教学做到最好，没有其他的追求或杂念。这可以与斯坦尼斯拉夫斯基的观点相类比，他认为当演员进入剧院时，应该把个人的不快和痛苦留在剧院门外，因为在那里，他们的整个人是为艺术而生。同样地，当教师站在讲台上，他们是完全为教学而存在的。这种全身心投入教学，不受外界干扰的专注和献身，无疑是一种美的境界，是教育的艺术在教师身上的生动体现。

（2）教师轻松地把握教学进程是教学内在美

妥善掌控教学进程意味着教师需要细致地观察教学过程中出现的各种矛盾，深入了解它们的本质和特点，并找到有效的解决方案。这要求教师投入时间和精力去认真学习相关的教学理论，严谨地对待教学工作，积极地进行探索和实验，并从中总结外语教学的规律。通过这样的努力，教师可以逐步将不利因素转变为有利条件，并把这些转变作为教学成功的契机。值得注意的是，"轻松"这个状态并非轻而易得，它是教师多年自觉实践和不断努力的结果，代表了教师在教学领域的成熟和精进。

（3）学生能自信地、主动地、独立地学习，是教学内在美的另一侧面

为了促进学生的学习和自信，需要创造条件让每个学生有充足的时间参与口头和书面的语言实践。通过不断的实践和见证自己的进步，学生的自信心会增强。值得注意的是，充满自信的学习才是美的学习。此外，学生应有更多的机会独立地、有想象力地和创造性地表达观点、提出并解决问题。由于想象力和创造力具有强烈的个性特点，学生在这些活动中更容易发现自己的价值。外语教学是一种具有其独特性的创造活动，教师和学生相互

影响并塑造彼此。教师的美学品质塑造学生，而学生的美学发展同样塑造教师。

以上三方面既是理想的，也是现实的。每一方面都可以有不同水平的体现，最高的水平是最美的，也就是教师与学生的自我实现。

## 五、对俄语教学法本质的认识

俄语教学法作为科学还很年轻，正在不断地发展与完善。经过上面几节的讨论我们可以得到以下的认识。

### （一）俄语教学法是一门独立的科学

独立科学的确立是由专门的研究对象决定的。俄语教学法的研究对象是俄语教学的规律以及研究如何运用规律搞好教学的方法。

一方面，俄语教学法有许多相关科学，这些相关科学的基本原理有助于揭示和解释俄语教学过程的本质，这些科学原理能够深化俄语教学原则，丰富俄语教学原则。这样，俄语教学法就不仅是单纯地研究语音、语法、词汇的教学，听、说、读、写、译的教学，更是通过研究教学两个主体（学生、教师）的教与学的心理过程，研究完成上述任务过程中的重要心理现象：动机、兴趣、感知、记忆、思维、想象、情感、意志、注意及个性差异（气质、性格、能力）等，以此来研究俄语教学。俄语教学属于语言教学，俄语教学是教育实践，因此，语言学和教育学直接指导俄语教学法。哲学是任何科学研究的基础，是指示万物规律的。美学则指导我们将俄语教学推向美。俄语教学法的相关科学不但是在介绍俄语教学法的时候被提及其重要意义，而且它们在俄语教学实践过程中是无所不在的。

另一方面，相关科学对于俄语教学法来说，是精神，是原则，它们替代不了俄语教学本身，也解决不了俄语教学的全部问题。所以，在这本书里要专门探讨诸如基本功训练问题、交际能力培养问题等。

### （二）俄语教学法既研究理论，又研究实践

目前，教学法的研究成果在书刊中广为介绍，但是在教学过程中应用很少。在研究方面还存在一般化的弱点，没有区分出规律性的东西。在实践方面，教师个人的成功经验在试图成为大家都适用的做法时，就没有多大效果了。

俄语教学法必须研究理论，没有理论，行动就无章可循，好像航行见不到灯塔。俄语教学法必须研究应用，但是它不是教学个别经验的堆砌，不是局部的、不是偶然的，是俄语教学经验的升华，可以仿效，但又给予个人创造的余地。

总之，俄语教学法不是纯理论的，是具体化了的理论；俄语教学法不是纯应用性的，是抽象化了的实践。

# 第三章　俄语教学及设计

## 第一节　俄语教学理论及方法

### 一、俄语教学理论基础

#### （一）建构主义理论

虽然不同的建构主义理论在具体观点上有很大的差异，但是它们在有关知识、学生、学习和教学等基本问题上还是存在一些共识的。下面，我们就来探讨建构主义学习理论中形成的共识与基本观点。

1. 建构主义知识观

建构主义在知识观上持一种相对激进的立场，它在很大程度上对知识的客观性和确定性提出质疑，并强调知识的动态本质。这主要体现在以下三个方面：

第一，建构主义认为知识不是对现实的绝对客观反映，也不是真实的终极表征。它是人们基于自己的视角和理解对客观世界的一种解释和假设。随着人类对世界的认识的深入，知识会不断变革、提升，并出现新的解释和假设。

第二，知识并不是一种可以简单应用来精确描述世界规律的工具。它不能直接拿来使用，而是需要根据具体情境进行调整和再创造。

第三，知识不是以固定形式存在于个体之外的实体。尽管人们通过语言和符号赋予知识一种外在形式，并可能得到广泛认可，但这并不意味着不同的学习者会以相同的方式理解这些知识。学习者的理解是基于他们自己的经验和背景，在特定情境下建构出来的。

虽然建构主义的这种观点较为激进，但是它对传统教学和课程理论提出了挑战，并值得深入思考。根据建构主义的观点，课本中的知识只是对各种现象的一种相对可靠的假设，而非现实的绝对解释。因此，教育过程中不应该将知识作为预设的内容强加给学生，也不应该仅凭权威压制学生。学生的学习过程不仅包括对新知识的理解，还包括对新知识的分析、验证和批判。

2. 建构主义学生观

建构主义对学生的看法主要有以下三点。

第一，建构主义认为，学生并非空白的画布。在日常生活和之前的学习中，学生已经积累了一定的知识和经验。当面临问题时，学生会根据这些先前的经验，并利用他们的认知能力来解释问题和提出假设。

第二，在教学过程中，教师不能忽略学生已有的知识和经验，也不能简单地将新知识灌输给学生。相反地，教师应该把学生的现有知识经验视为新知识发展的基础，引导学生在现有的知识基础上探索和建立新的知识。

第三，建构主义还强调，教学过程应该是互动的。教师和学生及学生之间应该针对共同的问题进行探索。在这个过程中，他们应该相互交流，质疑彼此的观点，并了解对方的想法。

3.建构主义学习观

建构主义者坚决反对"心智是一块空白画板"的观点，而是强调学生在生活和之前的学习中已经积累了丰富多彩和独特的经验。他们认为，学生进入教室时已经带着一系列的知识和经验。因此，教师在教学时不能忽视学生已有的经验，也不能把新知识当作从外部强加的信息。相反地，教师应当以学生现有的知识为起点，引导他们在这个基础上发展和构建新的知识。简言之，建构主义主张利用学生的先前经验作为种子，引导他们在这个基础上孕育和发展新的知识。

（1）主动建构性

学习不仅是教师将知识单向传递给学生的过程，而是学生通过自己的努力和参与来构建知识的过程。在这个过程中，学生不是被动地吸收信息，而是积极地参与，通过自己的方式理解和解释信息，这种知识构建是无法由其他人替代的。

学习是一个动态的过程，学生在其中发挥着积极的角色。他们不仅是接收外部信息的容器，而是以他们的先前经验为基础，对新信息进行筛选、处理和整合的个体。这个过程不仅包括信息的吸收，还包括因新旧经验之间的碰撞而产生的观念变化和知识结构的重新组织。

值得注意的是，学习是一个双向的交互过程，其中新信息和已有经验互相影响，共同塑造学习者的知识体系。学生根据自己的经验背景，对新信息进行主动选择和处理，通过这种方式，他们不仅积累信息，而且发展和深化自己的理解，从而实现个人的成长和提升。

总之，学习是一个学生主动参与、基于先前经验与新信息互动，进行知识构建和个人发展的过程。

（2）社会互动性

传统的观点把学习看作是每个学生单独在头脑中进行的活动，往往忽视学习活动的社会情境，或者将它仅仅看作一种背景，而非实际学习过程的一部分。建构主义者强调，学习是通过某种社会文化的参与而内化相关的知识和技能，掌握有关的工具的过程，这一过程常常要通过一个学习共同体的合作互助来完成。

（3）同化和顺应

同化和顺应是两种关键的方式，通过这两种方式，学习者的认知结构得以变化和发展。同化是指将新信息融入现有的认知结构，而不改变该结构的本质，这可以被视为认知结构的量的增加。而顺应则是当新信息无法容纳于现有认知结构时，学习者改变其认知结构以适应新信息，这是认知结构的质的变化。这两种过程是动态的，并且相互关联。在学习过程中，同化和顺应循环进行。学习者通过同化将新信息整合到现有的认知结构中。然而，随着时间的推移，新信息可能与现有的认知结构产生冲突，这时学习者需要通过顺应来调整其认知结构，这种调整使认知结构重新达到一种平衡状态。这个过程也可以描述为一种平衡和不平衡的循环。当学习者的认知结构与新信息相容时，他们处于平衡状态。然而，当新信息无法适应现有的认知结构时，不平衡出现，促使学习者通过顺应来重新调整其认知结构。值得注意的是，学习不仅是新旧知识经验之间的双向相互作用，还是学习者与其学习环境之间的交互过程。学习者在与环境中的信息和经验互动时，通过同化和顺应的循环来发展和深化其认知结构。

（4）情境性

传统的教学理念倾向于"去情境化"的学习方式，将知识抽象化并强调概括性知识的学习。它认为学生可以在与实际环境无关的情况下学习，而概括的知识可以适应并应用于各种情境。然而，这种方法忽略了情境的具体性和多样性，导致学生很难将学校里学到的知识灵活地应用于解决现实问题和参与社会实践。作为一种反应，建构主义提出了情境认知的观点，强调学习应该在具体的情境中进行，以更好地适应和应用知识。

总的来说，建构主义看待学习为一个学习者主动建立内在心理表示的过程，而不仅是从外界接收知识。学习者依靠自己的先前经验，并通过与外部环境的互动来形成新的理解。这个建构过程不仅包括为新信息赋予意义，而且包括对现有经验的调整和重构。

4.建构主义教学观

鉴于知识的变化性和相对性以及学习作为一个建构过程的本质，教学不应再仅仅视为传递固定和客观的知识。相反地，教学应该聚焦于激活学生的先前知识和经验，促进知识的发展，并支持学生在建构知识的过程中重新组织、转变和改造他们的经验。因此，在教学活动中，为学生创造一个基于真实案例的学习环境变得至关重要，因为这样的环境可以更好地促进学生的知识建构和深化理解。

建构主义认为，意义学习是以经历情景的形式为标志的，因而案例形式教学要比抽象的规则教学好得多。在规则教学体系中，知识被看成是简单的、固定不变的，而现实生活中，这种固定不变的知识是一种假设，它使我们脱离了实际生活。建构主义理论强调创设有利于学生对所学内容的深入理解，使学生产生身临其境的逼真效果的情境。因而，课堂教学要为学生创造条件，以便他们经常有机会表现和检验自己的知识和能力，有利于学生产生内在的学习动力。课堂教学还应考虑到学生用外语进行交际的需求，因为这正是他们学习外语的目的。这就要求课堂教学要尽可能地接近真实场景，尤其是场景的内容要尽可能地体现大学生的智力因素和成长需要，同时也要有时代特征。能最大限度地做到这一点，就能最大限度地激发学生学习的积极性和主动性，在深度和广度上提高他们听、说、读、写、译的能力。

建构主义理论强调学生作为学习的中心，要求学生由外部刺激的被动接受者和知识的灌输对象转变为信息加工的主体、知识意义的主动建构者。为此，建构主义理念下的教学活动要求教师不再是简单地传授知识和灌输信息，而是成为学生主动构建意义的帮助者和促进者。在建构主义学习环境下，教师和学生的地位与作用和传统教学相比发生了很大变化。建构主义理念下的教学原则可以概括为以下几个方面的内容：①把所有的学习任务都置于能够更有效地适应世界的学习中。②教学目标应该与学生的学习环境中的目标相符合，教师确定的问题应该使学生感到那就是他们本人的问题。③精心设计支持和激发学生学习的情境和学习环境，使学生在学习结束后能解决相似的环境下出现的问题。④给予学生解决问题的自主权，教师的作用是激发学生的思维，培养他们独立解决问题的能力。⑤设计真实的任务。真实的活动是学习环境的重要特征，就是应该在课堂教学中使用真实的任务和日常的活动，或实践整合多重的内容或技能，设计能够反映学生在学习结束后就从事有效行动的复杂环境。⑥支持学生对学习内容与学习过程进行反思，培养怀疑和批判的能力，鼓励学生在社会背景中检测自己的观点，发展学生自我管理的能力，促使学生成为自主的学习者。⑦鼓励学生在社会背景中检测自己的观点。⑧支持学生对所学内容与学习过程进行反思，发展学生的自我控制技能，使其成为独立的学习者。

5. 建构主义教学理论在俄语教学中的运用

（1）支架式教学

在俄语教学中，技能性（听、说、读、写、译）知识、语法、语音规则，以及课文尤其是说明文、议论文等篇章结构适用于支架式教学。我们以学习语法规则中名词各性为例：①搭脚手架——先复习名词性的规则，然后导入带有名词各性的句子．呈现学习目标。②进入情境——听一段名词各性的录音，将学生引入名词各性到底有哪些规则的问题情境。③独立探索——让学生独立探索。此阶段开始时教师可以启发引导，如提示他们这些名词的词性有什么特点，然后让学生听录音去分析、探索名词各性的规则。当然在学生探索过程中教师可以适当提示，帮助学生提升对象范围。④协作学习——进行小组协商、讨论。在共享小组成员成果的基础上达到对名词各性规则有个比较全面、正确的理解，完成意义建构。⑤效果评价——进行相关巩固性或知识迁移性操练，让学生自己评价学习效果，不断完善对所学知识的意义建构。

（2）抛锚式教学

抛锚式教学，也称为情境教学，是一种强调在类似于现实情境中进行教学的方法，目标是解决学生在实际生活中遇到的问题。在抛锚式教学中，"抛锚"一词形象地表示确定教学的核心主题或问题。当这个"锚"或主题被确定时，整个教学的内容和进程就像被锚稳固地固定一样。由于这种教学方法要求以具有吸引力的真实事件或问题为基础，它有时也被称为"基于问题的教学"。

在教授如俄语的口语对话、段落或短文的听力理解、阅读文章的主题或进行专题写作等，特别是当涉及多媒体辅助或特定场景定义时，采用抛锚式教学是非常合适的。通过这种方式，学生能够在接近实际情境的环境中学习，从而更有效地理解和应用所学知识。

告诉学生可以选择不同的话题分组进行研讨，并要求学生根据课文内容，结合平时收集的信息资料来研讨。这可以引起学生的兴趣，从而使其积极主动地投入准备中去。

（3）随机进入教学

随机进入教学是指学生可以随意通过不同途径、不同方式进入同样教学内容的学习，它是针对发展和促进学生的理解能力知识迁移能力而提出的，所以比较适合于俄语的词汇、语法规则和翻译技巧等有一定规律可循的内容的教学。

以限定从属句为例：①呈现基本情境——向学生呈现一组限定从属句。②随机进入学习——让学生"随机进入"不同的限定从属句，借助于已有的限定从属句的知识，观察总结它的特征，使学生逐步完成对限定从属句知识点的建构。③小组协作学习——围绕限定从属句呈现的不同侧面所获得的认识展开小组讨论，在协作中完成意义建构。④学习效果评价——与支架式教学相同。

（4）应用式教学

对于教材中难以理解的知识点，传统的教学模式是让学生就知识论知识，进行反复无休止的练习，这不利于培养学生的思维能力和创新精神。建构主义教学模式是，如果出现学生难以理解的知识，就要改变学生原有的知识结构、创设新的情境，让学生在新创设的情境中逐渐完善知识结构，达到消化所学知识的目的。俄语中的语法知识尤其适用于应用式教学。

（5）亲历式教学

传统的教学模式一般是将知识点直接传给学生，对直观感受知识的形成过程不太重视。建构主义教学模式是教师的主要任务不是直接传授，而是组织和引导学生，让学生亲历知识的建构过程。这种教学特别适合于俄语的口语。

## （二）错误分析理论

1. 错误分析理论基本观点阐释

错误分析理论是20世纪中后叶盛行的对第二语言和外语学习者错误的研究，通过比较学习者的母语和目标语这两种语言来探求他们之间的异同。英国应用语言学家科德在1967年提出了错误分析理论，对学习者在学习过程中的错误进行系统性分析研究，从而确定其错误的来源，为教学与学习过程中进一步消除这些错误提供依据。

错误分析理论认为，外语学习者在学习一种新语言时，也像儿童学习母语一样，对目标语做出各种假设，并不断在语言接触和交际使用的过程中检验假设。在这个学习过程中，错误不仅是不可避免的而且还是必要的，因为它反映了学习者对目标语所作的假设与目标语体系不符时出现的偏差。通过观察、分析这些错误，教师可以了解学习者如何建立假设并检验它,了解外语学习者学习的方法和对目的语的熟悉程度。

错误分析理论改变了人们对语言学习错误的看法,将其从被视为需要避免和纠正的问题,提升到作为揭示语言学习内部过程的有价值的信息源。随着语言学的进步,错误分析理论也将不断发展和完善,其在外语教学指导中的重要性也将逐渐增强。

2.错误分析理论对俄语教学的启示

"语言迁移"是指一个人在外语学习过程中,将其在母语环境中习得的知识应用到外语学习上。对于儿童在学习母语时,由于他们没有受到其他语言的影响,并且是在模仿成人的语言环境下学习,因此不存在语言迁移的现象。然而,当一个人在青少年或成年时开始学习外语时,他们已经掌握了第一语言,这时已经掌握的语言会不断地影响外语的学习,这种影响被称为"语言迁移"。根据迁移的影响,语言迁移可分为正向迁移和负向迁移。

正向迁移是指母语中的某些特点或习惯有助于外语学习,因此它是有益的。这种正向迁移通常出现在母语和外语有相同形式的情况下,可以帮助学习者更轻松地掌握新语言。"负向迁移"也叫"干扰",它是由于套用母语模式或规则而产生的不符合外语规则的用法而带来的副作用,会干扰新语言的学习。母语负迁移的情况在外语学习中有很多。例如:汉语拼音经常影响俄语音标的发音,进而影响单词的发音;还有人经常把汉语的语言规则用到俄语学习中。

有的教师认为任何错误都是不可接受的,提倡要把学生的一切错误都扼杀在萌芽状态。然而,根据错误分析的观点,这种观点是不正确的,因为学生的错误分为"系统错误"与"行为错误"或"整体错误"与"局部错误"。那些"行为错误"和"局部错误"有时候是不需要纠正的,因为它们不会对交际产生影响。如果每一个细小的错误教师都要纠正,会使学生产生畏难情绪,打击学生的学习积极性和自信心。因此,教师应该允许学生出现错误。俄语教师应该根据不同的教学目标强调不同的重点,如果是训练流利的程度,那么教师应该集中精力识别整体错误,而不是局部错误,然后针对整体错误做有控制的练习。

### (三)互动理论

1.互动理论基本观点阐释

克拉申的输入假说主张,为了有效地学习第二语言,学习者需要接收大量易于理解的语言输入。然而,迈克尔·朗(Michael Long)在这一理念的基础上进一步探讨了"如何使语言输入变得可理解",并提出了"交互假说"。交互假说看重学习者在交流过程中对语言进行调整,以实现有效沟通和理解。这一假说被视为输入假说的进一步深化和扩展。

交互假说强调交流中的互动在语言学习中的重要性。在交互式的教学环境中,教师和学生以及学生之间可以进行双向或多向的信息交流。这种互动不仅让学习者接收易于理解的语言输入和反馈,还促进他们的语言输出。

更具体地说,当交流过程中出现理解上的困难时,参与者需要根据对方的反馈进行调整,如通过重复、解释、或改变说话速度等方式来实现意义的协商,使得语言输入变得可理解,并有助于语言的习得。

交互理论着重强调在语言学习中对意义协商的重要性,以及学习者在语言发展中输出的作用,为教学过程中的交流提供了理论支持。然而,当前的课堂教学往往缺乏有效的意义协商,这主要是因为教学过程往往是教师单向向学生传递信息的形式。因此,改变这种单向信息流,促进双向或多向的交流和学生间的互动,在语言学习中发挥作用,已经成为教学研究的新方向。

2.互动理论对俄语教学的启示

(1)采用讨论式教学法进行教学

讨论式教学法是交谈、讨论以及对话合为一体的交互式教学法。交谈的目的是力图保持一种均等,即交谈的双方轮流讲和听,但所谈的事情并不会因采用了这种方法而取得多少进展。

在对话过程中,参与者为了快速解决他们共同面临的问题,往往将彼此视为合作者来共同研究、探讨问题,一种观点常常会引发相反的观点,而后一种观点可能会推翻前一种观点,也可能被前一种观点推翻。由于讨论会对参与者扩展知识面、增强理解力和判断力方面产生作用,因而讨论不同于交谈或其他小组谈话的形式。

讨论是一个涉及两个或更多参与者的活动,他们在此过程中交换意见,并以适当的认真和活跃的态度对彼此的观点进行评估。讨论不仅是人们相互协作、提升情感和技能的关键手段,还在满足这些条件的基础上,它对民主参与是至关重要的。对于俄语课堂中的讨论,教师和学生需要提前做好功课,以对讨论的各种要素有深入了解。在教室里,应该激励学生主动去识别和理解讨论的各种特性,并在讨论过程中体会这些特性。

(2)教师注意提问技巧

在以教师为主的互动课堂上,教师提问要注意技巧,多提开放性问题,少提封闭式问题。开放性的问题没有固定的答案,比较有利于学生发挥想象力,给出多样性的答案,让学生有话可说,使课堂气氛变得活跃。另外,针对不同学习水平的学生,教师提的问题的难易程度也应该不同。对于学习程度比较好的学生,教师提的问题如果比较简单,可能会使他们慢慢失去学习的动力。

(3)重视课堂交际活动

交互假设的一个显著成果是强调学习过程中,交流双方之间的互动性修正的重要性。基于此,支持交互假设的人士提倡了一种以交际为核心的外语教学方法,这种方法着重于通过学生与教师、学生与学生之间的互动交流来生成和接收可理解的输入,并认为只有在特定的交际环境中,具有意义的输入才能被学生有效吸收。当教师组织学生参与使用俄语进行交流的活动时,他们不能袖手旁观,而应该积极参与,在活动进行中或结束后,对学生在互动过程中出现的错误及时进行纠正和解释。

（4）丰富多样的小组活动

小组活动互动对学生习得语言有益，使他们有更多创造性地产出语言的机会，进行意义与内容协商，协同构建语篇。另外，没有教师参与的小组活动互动可以减轻学生的心理压力，营造轻松自然的课堂气氛。多组织小组活动是个较好的选择。在组织小组活动时，教师还要注意任务的设计。任务难度是一个首先要考虑的问题，难度适中的问题有可能激发学生的学习动机，学生更有可能感到自己有能力完成任务，从而促进注意力的集中，达到习得语言的目的。除此之外，还要考虑小组构成、话题的可行性，要事先进行周密的设计，以保证在活动中有最多的意义协商。

（5）重视教师话语的得体性

根据交互假设，不可理解的输入对学习者无用，只是一种噪声。对初学者来说，听那些不理解的语言等于浪费时间。因此，教师应根据学生的特点和俄语水平逐步调控教师话语。

一方面，教师对学生的话语输入句法要简单，尤其是对水平较低的学生，教师话语在词汇方面应尽量用词义更宽泛的词来替代词义更狭窄的词。另一方面，在教师话语中要尽量出现一些类似于母亲对小孩的话语交互调整，如重复、即时问题、刺激及扩展等。

## 二、俄语教学常用方法

### （一）情境教学法

1. 情境与情境教学

（1）情境

情境原本是中国古代美学的一个重要概念。从社会学的角度看，"情境"是指一个人进行某种行为时所处的社会环境，是人们社会行为产生的条件。从心理学角度看，"情境"表现为多种刺激模式、事件和对象等。而教育学中的情境概念一般认为始于美国教育家杜威。杜威认为，传统教育失败的根本原因是未能在教育教学过程中给学生设置引起思维的直接经验的情境。

教育中的"情境"实际上就是一种以情感调节为手段，以学生的生活实际为基础，以促进学生主动参与、整体发展为目的的优化了的学科教学与生活环境。情境不仅能激发问题的提出，而且能为问题解决提供相应的信息和依据。

至于学生学习的情境，可以理解为学生从事学习活动、产生学习行为的一种环境或背景。它提供给学生思考空间的智力背景，产生某种情感体验，进而诱发学生提出问题、解决问题的一种刺激事件或信息材料，同时也是传递信息的载体。

（2）情境教学

知识只有在它们产生及应用的情境中才能产生意义，知识决不能从它本身所处的环境中孤立出来，学习知识的最好方法就是在情境中进行。关于情境教学则有各种不同的表述。

①情境教学就是运用具体生动的场景，激起学生主动的学习兴趣，提高学习效率的一种教学方法。

②情境教学是指创设含有真实事件或真实问题的情境，学生在探究事件或解决问题的过程中自主地理解知识、建构意义。

③情境教学是从教学的需要出发，教师根据教材创设以形象为主体，富有感情色彩的具体场景或氛围，吸引学生主动学习，从而达到最佳教学效果的一种教学方法。

④情境教学就是创设典型场景，激起儿童热烈的情绪，把情感活动和认知活动结合起来的一种教学模式。

⑤情境教学就是从"情"与"境"、"情"与"辞"、"情"与"理"、"情"与"全面发展"的辩证关系出发，创设典型的场景，激起儿童热烈的情绪，把情感活动和认知活动结合起来所创建的一种教学模式。简言之，情境教学就是指在教师人为"创设"的"情境"中所进行的教学。

综上所述，我们认为，"情境教学"就是在教学实际实施过程中，教师以学生的实际情况为基础，创设能调动学生情绪、激活学生神经的适宜情境，使教学效果在生动、有趣的环境中达到最佳化的教学方法。

2.情境教学法的优势

情境教学法为学生提供了一个形象、生动并具有一定真实性的场景，给他们营造一个集视、听、说于一体的语言环境，因此，在情境教学法指导下的教学模式具有许多优点。

（1）创设问题、具体地点、身份等各种情境，吸引学生的注意力，激发他们的学习兴趣

情境教学法利用语言、各种教学辅助工具（包括视频、音乐、图片等）以及各种活动（包括游戏、角色扮演等）有目的地引入或设定一个形象、生动并具有一定真实性的场景，其形式多样，可以激发学生的兴趣和想象力，使他们更加主动地说俄语、用俄语。

（2）可以为学生学习俄语提供一个良好的语言环境

情境教学法利用各种手段为学生营造一个集视、听、说于一体的语言环境，活跃学生的思维，开阔学生的视野，从而使学生的听、说、读、写等能力都得以发展。

3.创设情境的途径

创设情境的途径初步归纳为以下六种：

（1）生活展现情境

即把学生带入日常生活，在生活中选取某一特定场景，在学生观察的同时教师进行口头语言和肢体语言的同步讲解，让学生融入情境中，对生活会有更深层面的理解。

（2）实物演示情境

就是以实物为中心，创设必要条件，构成特定的情境。与此同时，更要注意细节的决定性作用，以此来达到拓宽学生联想的深度和广度的目的。

（3）图画再现情境

图画是展示形象的主要手段，用图画再现课文情境，实际上就是把课文内容形象化。

课文插图、特意绘制的挂图、剪贴画、简笔画等都可以用来再现课文情境。

（4）音乐渲染情境

音乐具有独特的韵律感，它在或婉转悠扬或扣人心弦的节奏中塑造着形象，让听者置身其中。用音乐渲染情境，要求老师在选取音乐时注意与课文所要表达的情感相一致，表达的主题相统一。

（5）表演体会情境

进入角色和扮演角色是情境教学中的两种表演方式。"进入角色"即"假如我是课文中的×××"；扮演角色，则是担当课文中的某一个角色进行表演。当学生投入情境中时，原来的角色就会从书本中脱离出来，变成自己或周边的人。这样一来，学生必然会对课文中的角色产生亲切感，对角色的理解也有更深一层的把握，也就很自然地加深了内心对角色的体验。

（6）语言描述情境

在课堂上，教师运用语言的魅力，为学生创设情境，使其感官受到刺激，主观感受也会受到影响，从而激起情感的变化，激发学生主动学习的兴趣，产生更轻松的学习氛围和学习效果。

4.情境教学法在商务俄语教学实践中的应用

在商务俄语教学中，利用上述途径可以使课堂内容更形象、更强烈地对学生大脑形成刺激，进而形成较深的印象，为达到更进一步的熟练程度打下良好的基础。在某种程度上，情境教育的实质是在科学理论的支撑下，利用优化的环境，通过学生的自身实践来提高学生的人格素质，让学生更好地将理论学习与实际生活相结合。

从系统上来说，教学情境由学科、人和物这三个因素所组成。而在这三个因素中，人的因素又占主要地位。教师创设教学情境，让学生置身其中，切身体味课文中的"情理"，从而达到教材所要求的标准，这便是情境教育的实质内容。将情境教学法融入外语教学的操作方法因人而异，需要充分发挥教师的创造性。教学中常见的方法如下：

（1）联系生活展现情境

通过创建情境，把教材中所写的生活与学生的实际生活相结合，以此增进学生对课文的理解，贯彻朱子读书法中所包含的虚怀若谷、身体力行的主要思想。

（2）用实物演示情境

常言道："亲眼所见胜过耳闻百倍。"这揭示了人们在认识客观世界时的一种规律。基于这一规律，使用真实物体来展示和模拟特定情境是非常有效的，这种方法很好地体现了情境教学法中的直观教学原则。通过让学生在具体的情境中感知、理解和应用所学知识，这种教学法能够将认识过程从形象的感知引向抽象的理解，从而缩短学习时间并提高学习效率。同时，这也能激发学生的学习兴趣，使学习变成一种自发的活动，并在情感的推动下顺利进行。对于初学者，特别是在学习的初始阶段，这种教学方法是非常必要的。例如，在教授像"瓜子""杯子""糖果"和"车"这样的词汇时，可以使用真实物体作为教学辅助工具；在教授句型或对话时，也可以利用真实物体来进行模拟和展示，以突出"演示"的作用。

（3）扮演角色体会情境

为了让学生更真实地体会出教学情境中的主题和角色的情绪，学生会按照老师的引导做出相应的情境模拟，借此深刻地体会课文中所要表达的情感和中心思想。学生能与课文中的人物换位思考，体会其心理活动，表达其性格特点，对教材的把握会更为准确，课堂氛围也会更轻松。扮演角色体会情境可以按以下几个步骤来完成：①分角色朗读。学生扮演课文中的特定角色，以该角色的身份朗读课文，体会教材中各种人物的不同声音，增强对课文的理解。这一方法在起始阶段最常用，因为外语是一种交际语言，初学阶段一般都是简单的对话，最适宜用此方法。②直接表演。让学生准备道具，对课文中的内容进行直接表演。可以采用演练小品或短剧的形式，这样既活跃了课堂气氛，又巩固了所学的知识。

语言是用来交际的，外语学科的优势就是可以随时用，在情境中学习，按理说是不该觉得枯燥的，但是我们是大班教学，如果做活动，无论场所还是师资都不够，常常是少数学生在表演，多数人在看，没有太多的参与机会，活动的效果就大打折扣了，所以很多时候外语教学就变成纯粹在教抽象的语言符号了。课堂作为一种系统的教育形态，是由教师、学生与环境共同营造出的互动情境，因此从某种程度上来说，课堂又是一种独特的社会组织。而人与人之间的沟通是以信任和尊重为前提，以语言及肢体语言为主要工具，如果缺少了任何一个环节，沟通都会成为空谈。教师与学生在课堂这个有限的空间和有限的时间段内的沟通，既要讲求效果，又要讲求效率。因为授课时数的限制，往往会给师生沟通造成局限。总之，要展示外语教学的特殊性，就需要教师们创造出不同的语言风格，编织出外语教学丰富的图景和情境。与此同时，在运用情境教学时，还必须合理吸收其他的教学方法，从而将情境教学发挥到极致。

## （二）直接法

直接法是一种外语教学方法，它经历了改革法、自然法和心理法的发展过程。直接法的核心理念是将目标语言直接与其所表示的对象相联系，跳过学生的母语，实现直接学习、直接理解和直接应用目标语言。与古典的语法-翻译法相比，直接法在教学史上是一个巨大的进步。此外，直接法为后续的听说法、视听法、功能法等现代教学方法的发展奠定了基础。

1. 直接法的产生

19世纪中叶，由于国际市场的扩张和交通工具的进步，国家之间在政治、经济、资本、科技、文化和生活等方面的交流变得越来越频繁。外语口语在许多领域成为主要的交流工具。然而，使用传统的语法、翻译法培养的外语人才虽然擅长书面语的理解和应用，但无法满足社会对外语口语人才的需求。因此，社会急需寻找一种更有效的外语教学方法。为了解决这一问题，教育界、心理学界和语言学界的专家开始共同参与外语教学的改革。在这种背景下，直接法作为一种与语法翻译法截然不同的外语教学方法应运而生。

2.直接法特点分析

直接法的三条基本原则是：口语为本，直接领会，按听、说、读、写次序教学；以连贯课文为中心，进行句单位教学；形成语言习惯，用归纳法教语法。根据此三条原则，直接法的特点主要有以下几点。

（1）完全用外语进行教学，外语和客观世界建立直接联系

按照幼儿掌握母语的过程，教师使用外语进行教学，并广泛使用实物、图画、动作、手势、表情等直观手段解释词义和句子，以培养学生掌握外语和与客观事物建立直接联系的外语思维能力。

（2）强调模仿，养成习惯

直接法主张，在外语教学中，模仿和大量练习应该是核心。通过直观地模仿、进行机械式的操练以及记忆和背诵来掌握外语，并逐渐养成使用外语的习惯。

（3）以归纳法教语法

初级阶段用归纳法教语法，让学生从接触到的感性语言材料中归纳出语言规则。系统的语法教学应放在高级阶段进行。

（4）在口语基础上进行读写教学

直接法主张，外语教学应从语音练习开始，对语音的掌握是学好外语的关键；口语训练是外语教学的目标，也是外语教学的主要方法。直接法的教材以文学作品为主，上课时由教师将它口语化后教给学生。朗读、口头问答、口头复述等口语活动是主要的教学活动形式。在口头掌握语言材料之后，才进行阅读和书写的训练。

3.直接法的教学过程

（1）听说入手，整句吞整句吐

教师一开始先进行听和说的口语训练，然后才进行读写训练，可以安排一个不见文字的听说阶段。

（2）朗读和阅读训练

在口语训练的基础上，学生掌握了所学语言材料，然后进行朗读和阅读训练，讲解课文。

（3）讲解语法规则

在掌握语言材料的基础上，用归纳法讲解语法规则，以指导语言实践和检验言语的正确性。

（4）听、说、读、写全面训练

进行听、说、读、写的全面训练，以达到脱口而出。

4.直接法优缺点分析

（1）直接法的优点

①重视语音、语调和口语教学，能有效地培养学生的听说能力。②充分利用直观教

具，使形象与语义直接建立联系，有利于激发学生的学习兴趣，并培养用外语直接思维、记忆、表达的习惯。③以句子为单位进行教学，能加强学习外语的意义性，学生可以减少孤立进行语音、语法、词汇练习的无意义和机械性操练。④注重实践练习，有利于形成不假思索脱口而出的自动化习惯。

（2）直接法的缺点

①照搬幼儿学语的方法，忽视青少年或成年人学习外语的特点，给教学带来不必要的困难，如完全排斥本族语有时难以弄清抽象概念的意思。②由于要求直接学会，避免以母语为中介，对教师的目的语水平要求高，对教学条件尤其是学习时间的投入要求也大，故很难大面积运用。

5. 直接法与俄语阅读能力的培养

（1）阅读感知与记忆

学生阅读感知的培养是增强学生阅读能力的重要手段，直接法教学可以更加有效地提高学生阅读感知的培养，但是这种培养与学生的阅读材料内容和生活及学习量的积累是分不开的。

学生在练习阅读的同时，阅读材料的内容对学生的大脑思维起着刺激作用，学生在阅读文章时会对文章内容进行分析、思考和判断，在这样的过程下，学生就需要对所阅读的材料进行反复思考。如果说学生第一遍阅读知识代表着对相关内容有了一个初步的认识，那么第二遍及以后的阅读就应该加以联想，对文中内容进行联想分析，以第一人称进入阅读中，这样反复的思考与联想再到记忆就会使学生对这篇文章记忆更加深刻。

（2）直接法教学与阅读过程培养

学生通过视觉信号，将阅读内容传递给大脑，大脑接收到的刺激是学生对文章内容的第一个刺激，在这一生理过程中，人的视觉动作反映了人对于阅读的直观反应。视觉动作可以分为眼动和眼停：眼动是阅读人在阅读过程中视线的每一个跳动动作；眼停是眼动过后视线停留在某一地方。人的视觉信息就是在眼停时所获得的。

对于学生阅读时的眼动与眼停的不同情况，可以反映出学生对阅读内容的了解情况、兴趣情况、难易情况。这种特点也可以帮助我们应用直接法来进行学生阅读能力的培养。

现如今，学生的阅读资源繁多，各类的阅读材料、文学名著琳琅满目，学生在阅读时往往一带而过，在阅读过后反而没起到任何作用，甚至刚刚阅读不久的文章也会很快忘记，这是因为大脑对非常微小的刺激起不到长期记忆的效果。我们可以选取一些有价值的俄文原著进行阅读练习，反复地练习，不断地刺激大脑，让大脑最终对所阅读的内容产生比较深刻的印象。

直接法教学绝不是单一的应用外语直接教学就可以的，在学生阅读能力的培养过程中，教师可以针对直接法的心理学作用，选取优秀的俄语原著来与学生沟通、探讨，让学生从自身大脑的思维训练中提高各自的阅读能力。

在阅读学习过程中词与句的认知过程中，关联词和句的频率是一个重要的因素。阅读中，对于一些高频词语或句子，学生会较为轻松地认知，而对于陌生的低频词语或句子，就需要学生用更多的时间来处理这些信息了，同时也会增加学生对阅读内容的反感。然而，在反复阅读与理解的过程中会使阅读内容的高频词语大大增加，也可以使一些低频词语变为高频词语，从而降低了学生阅读的能力，并且在反复的学习过程中，在学生的大脑中也会对一些关键词语产生联想效应，正如可以起到本文第三章联想心理学中联想对于直接法教学的作用。

在日常阅读学习中，如果一味地研究词语意义、琢磨理解，就很有可能陷到翻译法的弊端中去，致使同样的学习效果却要耗费大量的精力和时间。所以，在学习俄语阅读的时候，语感的培养相当重要，通过阅读语感的逐步培养，使自己慢慢地融入阅读内容的情境中，把自己塑造成第一人称，充分地发挥直接教学法带给阅读的魅力。

### （三）交际法

1. 对交际法的理解

交际教学法认为，语言是人们进行交流的工具，社会交际是其具有的最基本的功能，语言教学的目的不仅要使学生掌握语言知识，更要培养学生利用语言进行交际的能力，这一要求是与现代俄语的教学目标相吻合的。在俄语教学的过程中，教师应紧紧围绕社会交际目的，选择教学内容和方法，以促进学生俄语交际能力的提高。

交际法主张以学习者所要表达的内容即意念，以语言使用者最需要和最通用的功能项目为线索组织教学大纲。意念分为普通意念和特殊意念两类。普通意念指的是适用于各种语言环境的意念，它包括表示存在、空间、时间、关系、数量、质量、心理、精神、指代等意念。特殊意念指以实义词所表达的内容（具体事物）。功能项目、普通意念和特殊意念在言语交际中相互紧密关联。

2. 交际法的教学过程

交际法的一般教学过程主要有以下三个步骤：

（1）通过实物、对话、图片、影像向学生展示语言材料

用图片、影像所反映的真实逼真的情境做对话练习。在对话练习中，让学生接触多种表达形式，这些形式都是真实而自然的。

（2）语言点和句型的模拟练习

从学生的对话中抽出重要的语言点和能够体现语法内容的句子做范例，进行语言点和句型的模拟性练习，使学生根据有限范例，熟练而又灵活地造出无限的句子来。模拟练习的范例，可以是简单的句子，也可以是对话或课文。这一过程的练习不是随意的，实际上是在教师的操纵和控制下进行的。这里的控制指的是有监控的语境，这样做的目的是让学生学会在具体的语境中掌握和使用所学的语言形式。

（3）自由表达

任何有控制的训练都不能算是自由表达，因为它不是使用语言的活动，只有升华到使用语言的活动上，才达到了自由的境界。交际法的第三个教学过程便是让学生完成从半自

由到自由的飞跃的过程。教师在这一教学过程中所起到的作用是给学生提供一定的实际交际的情境，让学生重新组织已经学过的语言形式，并运用它们去自由地表达自己的思想。

3.交际法优缺点分析

（1）优点分析

从交际的实际功能上来看，它不仅是学生学习第二语言的最终目的，还是教师教学的一种有效手段。在教学过程中，实现活学活用，新的语言句式、词汇，在学习之后，通过交际法在实际教学过程中不同于传统的教学模式，传统的教学模式中，教师是讲课的主体，在课堂上发挥着主导作用，学生只是被动地听课。而在运用交际法这种教学模式之后，课堂的主体由教师转变成了学生，教师负责组织好交际的情境，形象地来说，就是学生充当课堂交际训练模拟的"演员"，负责演好学到的新知识，而老师则是交际情境设计的"导演"。教师通过设计涵盖大量知识点的交际对话、小组辩论课题等，将课本的基本知识点融入实际的情境模拟训练中，让学生在充满趣味的交际沟通中消化、吸收课本的知识点。在俄语课堂上，教师可以设计以下几种有效的交际活动，即独白、对话、课堂讨论等，这些活动，都需要学生亲自参与，并且需要学生自己组织语言，背诵句式，这对学生自主学习有很好的促进作用。学生在对话、交流、讨论过程中，可以学习别人的长处及优点，并且找到自己的问题和不足，对于今后俄语的学习会越来越有针对性。

（2）缺点分析

交际法过于看重对语言、语句的实际灵活运用，而对于俄语语法、句式的基本知识训练不足。在俄语学习中，语法句式是语言学习深入的重要基础，扎实的语言基础知识，以及正确的语法句式、用法规则是学生正确组织对话语言的基本保障。交际法虽然可以通过对一些常用句式、常用对话的训练，使得学生能够应付一般的俄语交往，但是碰上句式复杂、语句较长的句子时，基础语法知识的欠缺会导致学生不能正确地理解、把握句子的内容，对文章的理解也更加模糊。对俄语实际交际能力较差的教师来说，压力较大。

俄语教师要想在实际教学过程中灵活自如地组织学生开展交际练习，则自身就必须具备很好的俄语沟通交往能力。并且，俄语情境模拟对话的设计，对教师来说，不仅要求教师有着很深厚的俄语基础知识，还对教师的现场组织能力是很大的挑战。可以说，在现阶段我国的俄语教学中，具备上述能力的教师真的不多。教师的能力和水平，都需要一定的时间和过程来提高。从另一种层次上来说，如果教师的俄语水平不能很好地适应交际法教学，其很可能会有一种排斥心理，感觉自己不能胜任这种交际法教学，从而可能影响教师的教学积极性。

4.交际法在俄语教学中的具体应用

（1）在备课的过程中，为了突出、强化交际功能，应对教学过程进行精心设计

要做到精心设计教学过程，要求俄语教师一方面对教材的内容要做到了然于胸，熟悉教材的结构，把握住教材新知识与旧知识之间的联系；另一方面要适当地选取一些课外的俄语知识，以进一步激发学生学习俄语的兴趣。例如，在上俄语口语课时，应事先选取一

些有关俄罗斯历史、经济、文化等方面的课外知识，从而拓宽学生的视野和见闻。俄语教学内容要与学生的需求密切地结合起来，满足学生的学习兴趣，进一步激发学生的学习动力。同时，对每名学生的爱好、兴趣、认知能力和学习态度要做到充分了解，找准他们学习的共性、区别个性，从而实现因材施教；要制订科学的教学计划，安排教学内容时要力求做到循序渐进、由浅入深；要对教学方法进行科学设计，强调多种教学手段的综合应用。

（2）通过师生互动交流培养交际能力

俄语教学过程实质上就是教师和学生之间主动积极地进行信息的互动交流。因此，在教学过程中，教师要尽可能地使用通俗浅显的俄语对学生进行指导和讲解，同时要求学生与教师交流时尽最大努力使用学习过的俄语，从而潜移默化地培养学生俄语语言运用的技能，增强他们的俄语交际能力。这样随着不断深入地开展教学，以及持续拓宽学生的俄语知识面，就能够实现边学边用，学习和交际得以有机地统一起来。

（3）组织实景模拟训练进行情境创设，以培养交际能力

教师可以结合教材内容，或者结合日常生活，进行现场模拟训练，从而创设生动、真实的语言交际情境，激励学生利用俄语进行创造性的交流，激发俄语交际的愿望，提高交际能力。在这一过程中，教师要尽量做到表演情境逼真，充分体现交际化。因为只有通过交际化的俄语教学过程，才能使学生摒弃单纯学习语言知识的偏颇理念，进而更加注重把俄语作为交际工具而进行交际能力的训练。例如，针对俄罗斯入境游客，组织学生进行与俄罗斯游客之间的导游活动模拟训练，针对旅游活动创设适当的情境，一名学生做国际导游，多名学生做俄罗斯旅游团成员，事先指导学生在这一情境下应该运用怎样的语言，然后组织学生运用俄语进行相关的模拟表演训练。如此一来，学生会兴致勃勃地投入其中，在新的情境下，重新组织语言，对学过的俄语加以灵活运用，从而扮演好自己的角色，以锻炼自己的俄语交际能力。

# 第二节　俄语教学设计

## 一、教学设计概述

### （一）教学设计的定义与特征

#### 1.教学设计的定义

教学设计是以人类的学习心理为基础，为达到预期的教学目标，对教学过程、教学方法和评价方法进行系统性的设计。现将国内外较有影响的教学设计的定义归纳如下：

（1）教学设计是系统计划或规划教学的过程

教学系统设计是运用系统方法分析研究教学过程中相互联系的各部分的问题和需求，确立解决它们的方法步骤，然后评价教学成果的系统计划过程。

教学设计是一个系统化规划教学系统的过程。用系统方法分析教学问题和确定教学目标，建立解决教学问题的策略方案和试行解决方案，评价试行教学系统设计运行结果和对方案进行修改的过程。

（2）教学设计是创设和开发学习经验和学习环境的技术

教学设计是建立在教学科学这一坚实基础上的技术，因而教学设计也可以被认为是科学型的技术（science-based technology），教学的目的是使学生获得知识技能，教学设计的目的是创设和开发促进学生掌握这些知识技能的学习经验和学习环境。

2. 教学设计的特征

教学结构是指在一定的教育思想、教学理论和学习理论指导下，在某种环境中展开教学活动进程的稳定结构形式。教学结构具有以下五种基本特征：

（1）依附性

它强烈地依附于教育思想、教学理论和学习理论。换句话说，不同的教育思想、教学理论和学习理论指导就必然形成不同的教学结构。策略与方法对于思想、理论没有这种依附性，同一种教学策略、教学方法可以在不同的教育思想、教学理论和学习理论指导下的不同教学活动中被采用，这种对理论的依附性是区别教学结构与教学策略、教学方法的最本质特性。

（2）动态性

教学结构是教学活动进程的稳定结构形式。这里强调的是"进程"，即必须是在教学活动进程中表现出来的稳定结构形式才是教学结构，脱离"进程"就无所谓教学结构，因而教学结构具有动态性。策略与方法就是不在教学活动进程中也能表现出来，如教学内容的组织策略与组织方法及教学资源的管理策略与管理方法，就完全可以脱离教学进程而独立存在。换句话说，教学策略与方法在很多情况下是静态而不是动态的，这是区别教学结构与教学策略、方法的又一本质特征。

（3）系统性

教学结构是由教学系统的四个要素（教师、学生、教材、媒体）在教学活动进程中相互联系、相互作用而形成的稳定结构形式，离开教学系统的四个要素（无论是一个或两个要素）就不可能具有这种结构形式。所以，教学结构是教学系统整体性能的体现，而不是系统局部性能的体现，更不是其中某个要素的个别特性或某几个要素的若干种特性的体现。教学策略与方法则可以只与其中的一两个要素相联系，而不必同时与四个要素相关联。所以，与教学系统的整体性能相联系，这是区别教学结构与教学策略、方法的第三个本质特征。

（4）层次性

由于教学结构是由四个要素相互联系、相互作用而形成，四个要素中的教材则与学科有关，因此在不涉及学科具体内容的场合，可以讨论不同学科共同遵循的总教学结构，甚至是同一学科内不同教学单元更低层次的子教学结构，从而表现出教学结构的层次性。对于教学设计来说，通常是针对某个教学单元或是某节课的设计，因此必须主要考虑某个教学单元或某节课的子教学结构设计。

（5）稳定性

尽管教学结构具有动态性，但它不是随意变化的，而是有稳定的结构形式。它之所以有这种稳定性，与教学结构强烈依附于某种教育思想、教学理论及学习理论有关。

## （二）教学设计系统的层次

教学系统分为以下四个主要层次：

1. 机构层次的系统

该系统主要是根据社会需要，制订教育目标和教育计划及根据资源约束条件制定财政预算等。

2. 管理层次的系统

主要是执行机构层次做出的决定并安排机构层次的资源，制订具体的课程设置计划，安排教学资源，制定教学评价指标体系，对教学系统进行评价。

3. 教学层次的系统

由教师根据管理层次的安排制订自己课程的教学计划、教学安排、教学活动等。

4. 学习层次的系统

上述各层次的资源和约束条件都对本层次起作用，该系统的输出是学生各门功课的考核成绩，达到教学目标并取得文凭和证书等。

教学设计的最终结果是经过验证的能够实现预期功能的各个层次的教学方案，如一个教育实体（如学校）的学科培养计划，一门课程的教学大纲和实施方案，一个教学单元或一节课的教案等。本书所讨论的教学设计研究层次仅限于微观的教学设计，即某一门具体课程的教学规划、一个教学单元或一节课的教学设计过程。在进行微观层面的教学设计时，通常会考虑以下几个问题：

①为谁而教：分析教学的对象和教学需求。

②为什么而教：分析教学要达到的目标。

③教什么：分析教学内容。

④如何来教：使用什么样的方法、策略，选择什么样的媒体表现等。

⑤教得如何：怎样评价学习者的学习效果。

这几个部分构成了一个有机的整体，是教学设计要考虑的主要内容，也是教学设计的具体研究对象。

### (三) 教学设计的作用

教学设计日益体现出它的重要性，因而越来越受到教育工作者的关注。其作用体现在以下几个方面：

**1. 有利于教学理论与教学实践的结合**

为了使教学效果最优化，教学设计不仅关心如何教，更关心学生如何学。因此，在采用系统方法分析解决教学问题的过程中，应注意把教与学的理论、传播理论等综合应用于教学实践，在教学理论和教学实践之间架起一座桥梁，把教与学的理论和教学实践紧密地连接起来。通过教学设计，一方面，把已有的教学理论和研究成果运用于教学实践，指导教与学活动的开展；另一方面，也将教师的教学经验升华为教学科学，充实和完善教学理论。

**2. 有利于教学工作的科学化**

教学设计运用系统方法，以教与学理论为指导，对教学过程中的学习目标、学习内容、学习者、教学策略、教学媒体和资源、教学评价等要素进行具体规划，将设计过程模式化，可以有效减少教学活动中的盲目性和随意性，有利于教学工作的科学化和规范化。

**3. 有利于教师的专业化发展**

教师的课堂教学是一个计划性很强的教与学的双边活动过程。为使学习者在课堂教学过程中实现预期的学习目标，教师就需要掌握一定的教学设计理论，并将其运用于教学实践，使自己具备教学设计的能力。通过教学设计，教师可以使教学过程及其各个环节的安排和处理更具针对性和计划性，因而教师驾驭课堂教学过程的能力可以大大提高，同时教师的科学思维习惯和能力得到锻炼和培养，发现问题、解决问题的能力得到提高，有利于教师专业素质的提高，并促进青年教师快速成长。

教学设计将教学理论与教学实践相结合，有利于教学工作的科学化、规范化，促进了教师的专业发展，最终有利于教学质量和学生素质的全面提高。

### (四) 信息化教学设计

**1. 信息化教学设计的定义**

信息化教学设计是充分利用现代信息技术和信息资源，科学安排教学过程的各个环节和要素，为学习者提供良好的信息化学习条件，实现教学过程全优化的系统方法。其目的就是通过信息技术构建的信息化环境，支持学生的自主探究学习，让学生学会获取、利用信息资源，培养学生的信息素养，从而增强学生的学习能力，并使他们最终成为具有信息处理能力的、主动的终身学习者。

**2. 信息化教学设计的要素**

信息化教学设计强调发挥学习者在学习过程中的主动性，其核心包括四个方面：教学目标分析、问题情境设计、环境资源设计和教学活动过程设计。

（1）教学目标分析

分析教学目标是为了确定学生学习的主题，即与基本概念、基本原理、基本方法或基本过程有关的知识内容，对教学活动展开后需要达到的目标做出一个整体描述，可以包括学生通过这节课的学习将学会什么知识和能力、会完成哪些创造性产品以及潜在的学习结果。其包括知识与能力目标、过程与方法目标、情感态度与价值观目标。

（2）学习问题与学习情境设计

学习问题（包括疑问、项目、分歧等），这是整个信息化教学设计的关键，学习者的目标是要阐明和解决问题（或是回答提问、完成项目、解决分歧），信息化学习就是要通过解决具体情境中的真实问题来达到学习的目标。

（3）学习环境与学习资源的设计

从设计角度看，学习环境是学习资源和学习工具的组合，这种组合实际上旨在实现某种目标的有机整合。在学习活动发生时，学习环境又被称为学习情境，其中必然包含人际关系要素。学习环境的设计主要表现为学习资源和学习工具的考虑人际支持的实施方案，但人际支持通常表现为某种观念，而不是具有严格操作步骤的实施法则。由于学习环境对学习活动的支撑作用，学习环境的设计必须在学习活动设计的基础上进行。不同的学习活动可能需要不同的学习资源和学习工具。学习环境的设计者必须清醒地认识到其所设计的学习环境能支持哪些学习活动，以及支持的程度如何。

（4）教学活动过程设计

按照建构主义思想，学习者学习和发展的动力来源于学习者与环境的相互作用。学习者认知机能的发展、情感态度的变化都应归因于这种相互作用。站在学习者的角度看，这种相互作用便是学习活动。因此，学习活动的设计必须作为教学设计的核心设计内容来看待。学习活动可以是个体的，也可以是群体协作的。群体协作的学习活动表现为协作个体之间的学习活动的相互作用。学习活动的设计最终表现为学习任务的设计，通过规定学习者所要完成的任务目标、成果形式、活动内容、活动策略和方法来引发学习者内部的认知加工和思维，从而达到发展学习者心理机能的目的。

3. 信息化教学设计的特征

以信息技术等手段作为支持的信息化教学设计，区别于传统教学设计的特征不仅在于技术环境的变化，更重要的是教学设计观念的转变。

（1）以建构主义学习理论为指导

建构主义在知识观上反对客观主义认为知识本身并没有什么意义，意义是学习者通过新旧知识经验间的相互作用而建构成的，强调知识只能由学习者基于个体经验背景建构起来；在课程观上强调课程内容应多选取具有真实性的任务，在课程设计上要呈现给学生整体性的任务，让学生尝试完整的问题解决；在教学观上重视环境、协作、会话和意义建构四个要素，认为教学要创设有利于学习者对所学内容进行意义建构的情境，协作、会话应该贯穿于整个学习活动中，从而完成知识的意义建构；在师生观上，认为教师不再是知识权威的象征，而应成为学生学习的引导者、伙伴与合作者。信息化教学设计就是主要以建构主义学习理论为指导来合理安排教学设计各环节的。

（2）以学生为本

建构主义学习理论认为，学生是信息加工的主体，是认知结构的主动建构者。因此信息化教学设计特别重视学习者的主体地位，强调学生通过自主学习、自主探究来进行知识的意义建构，重视学生的主动学习和在学习过程中的积极参与，认为设计教学的目的在于服务学生，充分体现着学生的主体地位。在目标的设计上比较灵活，学习者也可在教师的指导下制定学习目标；在内容的选择组织上不严格固守教材，知识组织呈现形式多样，侧重考虑学生的认知特点和兴趣爱好；在教学策略和方法的运用上多采用以"学"为主的教学策略，同时注重协作探究。

（3）学习环境创设和学习资源的利用

要真正实现学生的自主学习、自主探究，丰富的学习资源是必不可少的。信息化教学设计以信息技术为支撑，既可辅助教师为学生创设良好的学习环境，提供大量的学习资源，也可以为学习者自身获取丰富的学习资源提供便利。此外，利用信息交流工具，学生可以不受时间和空间的限制进行协作交流，这些均体现了"信息化"的优势。

（4）学习内容强调综合性、生成性

信息化教学设计中的学习内容不拘泥于教材，可由教师补充、删减、整合。在知识内容的选取上注重内容的真实性、生活性，以期学以致用。在学习内容的组织上不刻意追求单一学科知识的系统化，更重视多学科知识间的交叉融合，为此学习内容除按某章、某节组织外，也可以围绕某个主题整合相关内容，并以主题或专题的形式呈现。

（5）教学评价更注重过程评价

信息化教学设计中转变了传统的教学评价观，从以往注重对学习结果的价值判断，转向关注学生的发展过程，因此十分关注学习者的学习过程。

4.信息化教学设计的基本原则

在进行信息化教学设计中，应以建构主义理论为指导，充分利用信息技术手段开展以"学"为主的教学活动，努力调动学习者的主动性、积极性，使学习者在意义丰富的情境中建构知识。为此，在信息化教学设计中应遵循以下基本原则：

（1）强调以学为中心

信息化教学设计以学习者的"学"为核心，注重学生学习能力、问题解决能力、创新力的培养。本着这一目标，教师在教学中要努力扮演好学生学习的引导者、促进者、帮助者的角色，适时监控和评价学生的学习进程，让其真正成为课堂的主人。

（2）强调充分利用各种信息资源、工具支持"学"

丰富的信息资源及对资源的有效组织可以为学生的有效学习提供更多的保障。系列化问题的组织、超文本资源导航、主题学习网页、学习网站等资源集成化的教育环境创设都可起到优化学习内容的作用，能为学习者的自主学习提供技术支持；网络技术可以为学生提供宽广的环境资源和人力资源；思维可视化工具、建模工具、知识管理工具等可成为有效学习的认知工具，这些都体现了信息化手段对学生"学"的良好支持。作为教师，首先必须提高自身的信息素养，在信息化教学设计中充分发挥技术支持，帮助学生利用好这些资源，充分发挥技术手段的优势，实现学习目标。同时，这也是提高学生信息素养以及终身学习能力的有效途径。

信息化教学设计注重"任务驱动"，强调"问题解决"，其实质都是强调以学生为主体，变被动地接受知识为主动地获取知识。教师布置的任务或提出的具体问题都是一种教学的方式，其根本目的是让学生通过探究和深入思考，发现问题、解决问题，发展自主学习能力、探究能力、质疑能力、创新能力，由"学会"到"会学"。为此在信息化教学过程的设计中，教师应重视多媒体资源优势的发挥，通过设置特定的情境、任务、问题，为学生创设良好的可探究的学习氛围。

（3）强调"协作学习"

强调"协作学习"对意义建构的作用，是建构主义的核心思想之一。学习者与周围环境的交互作用，对于学习内容的理解起着关键性的作用。在信息化教学设计中，教师应考虑师生交流、生生交流等教学活动的安排，多提供讨论和交流的机会，共同建立起学习群体。在这样的协作学习环境中，学习者群体（包括教师和每位学生）的思维与智慧可以被整个群体所共享，即整个学习群体共同完成对所学知识的意义建构，而不是其中的某一位或某几位学生完成意义建构。

（4）强调针对学习过程和学习资源的评价

学习过程指学习者通过与信息和环境的相互作用而获得知识、形成技能、改变态度的过程。信息化教学设计关注学习过程，在评价中特别重视过程性评价，并以此作为质量监控的主要措施，及时对教学过程中存在的问题进行定量、定性分析。这也就是说，教学除了安排终结性考核，还应安排形成性考核，如要求学生提交记录其学习过程的电子学档等。学习资源指支持学生学习的资料来源或资料库，它包括支持学生学习的教学材料与环境。由于目前教学软件和网上资源随处可用而又良莠不齐，如何通过有效的评价在资源的海洋中挑选出高质量的学习资源至关重要。

## 二、俄语教学设计的具体阶段

### （一）关于教学目标设计

教学目标是指教学活动实施的方向和预期达成的结果，它是一切教学活动的出发点和最终归宿。确定教学目标是有效教学的基础，是提升学习成效的前提。

俄语教学目标设计的依据：①俄语学科教学大纲或课程标准是俄语设计教学目标的根本依据；②俄语教材的重点、难点是制定俄语教学目标的重要依据，准确把握教材的重点、难点，确定学生要掌握什么，训练什么，达到什么程度，如何解决疑难问题，是教学设计的重中之重；③学生的学习现状是设计俄语教学目标的必要依据。不同学段，不同班级，或者同一班级的不同个体，学情状况、知识水平、认知能力、学习氛围都不尽相同，教学设计只有充分考虑到这些差异，找到有效的解决措施，在存在个体差异的情况下，让学生人人有所得，人人有所知，才能称为成功的教学。

在素质教育的要求下，现在一线教师多是依据以布鲁姆为代表的三维教学目标来设计自己的教学目标。三维教学目标包括知识与技能，过程与方法，情感、态度和价值观。

### （二）俄语教学目标设计

1. 俄语学期教学目标设计

学期教学目标是为实现专业培养目标，结合学科特点、学段特点、认知水平，依据本学期的教学时间和任务制定的该学科本学期所要达到总体目标和教学进度推进表。俄语学期教学目标是俄语章节教学目标和课时教学目标的统领，是俄语章节教学目标和课时教学目标顺利推进的预设。

2. 俄语章节教学目标设计

章节教学目标是学期总体教学目标的具体化解，通常以主题单元的形式呈现。我们在进行俄语章节教学目标设计时，要注意以下几个方面：①在精读整个单元教材的基础上，全面分析课与课之间的内在联系和知识交叉点；②对本单元的基本知识和言语技能有清晰的认识；③明确本单元的重点、难点；④必要时可结合学情特点和认知水平，对本单元的内容进行重新编排整理。

3. 俄语课时教学目标设计

课时教学目标是在学期总体教学目标的统领下，对章节教学目标的分段实施，是依据具体教学内容制定的教学过程中教与学的互动目标。由于具体的教学行为是有时段的，为了提高单位时间的教学效率，俄语课时教学目标必须有质与量的规定，还要突出过程性的特点。

在进行俄语课时目标设计时要考虑以下因素：①注意知识呈现的层次性，先易后难、先简后繁；②板书内容简单、清晰、明了；③精心设计课堂练习，真正做到以练促教；④注重师生互动、生生互动；⑤渗透学法指导，培养良好学习习惯和自学能力。

俄语课时教学目标的达成是渐进的、反复的，有时为了实现某一目标需要反复学习、训练。当然这种反复绝不是原地重复，而是在另一个高度上的反复与强化。

总之，无论哪个层面的俄语教学目标设计都要有明确的指向性，因为俄语教学目标说到底是规定做什么、怎么做、做出怎样的结果来，所以指向一定要清晰明确，明确到如何具体操作，清晰到能够以此为依据来检测学生的俄语学习情况。

### （三）俄语课堂教学过程设计

教学活动被认为应该是一个由师生积极参与、相互作用、共同发展的过程，学生的学习应是活跃的、主动化和个性化的。这意味着俄语课堂教学不再仅仅是教师单向地向学生传授课本知识，而是师生共同交流与分享、理解与创生。

教学过程设计就是根据教学目标分析和学生能力水平评估，制定出促进学生掌握知识、提高能力的办法。课堂教学是学生探索新知，体验知识由来的过程，而不是被动接受知识结果的过程。

缺乏设计理念为指导的俄语传统课堂，通常是讲授多于参与，说教多于思考，经验的总结多于过程的探究，存在着重视教学内容完成，而轻视参与意识和创新理念培养的问题。在"生动的情境中学习"将成为新课标指导下俄语课堂的新特征。本书以"主体——主导"模式为教学设计基础，从上述四个方面为大家展现教学设计理念在俄语教学过程中的实施和操作。

1. 以学生为中心，吸引学生注意力的导语设计

教学设计的首要任务是教会学生如何学，培养学生乐于学。显然过去"一支粉笔，一本书"的传统教学模式是很难完成这一使命的。现在的大学生生活在网络信息发达的年代，所以老师想要在课堂上吸引住他们的眼球，就要抓住课前的黄金三分钟，即课程导入环节。

教学的艺术不在于传授的本领，而在于激励、唤醒、鼓励。学生对一个新教学内容的学习欲望和学习效果，与教师的导语密不可分。精彩的导语，如同半开的帷幕，让学生产生迅速进入、一探究竟的冲动和欲望；又如热烈的乐章序曲，使学生受到强烈的感染；又像是敞开大门的宫殿，诱导学生竞相"登堂入室"，一览其中美景。这就要求教师在熟知教学内容的同时，充分发挥个人智慧，巧思妙想，采用别开生面的导入方式，把学生牢牢吸引在课堂上。在俄语课堂教学中，常采用的导入方式有以下几个：

（1）问题式导入

教师在课前准备一些与讲授内容相关的问题，引导学生通过对问题的回答顺利过渡到新课。成功的"问题导入"不仅能营造良好的课堂氛围，激发学生的求知欲望，还能让新的教学内容不露痕迹地自然呈现在学生面前，实现你让学生学到学生想要学的大逆转。

但在问题的选择上，教师一定要站在学生的角度，挑选容易引起学生共鸣的内容设问，以此来吸引学生的注意力。否则就会适得其反，那些曲高和寡的问题，只能变成教师的自问自答，不难想象，沉闷无趣也将变成接下来这节课的主基调。

（2）文字资料导入

利用能与教学内容巧妙产生关联的海报、广告、谜语、短故事等作为课堂导入的工具。

（3）音频、视频导入

随着科技的进步，多媒体越来越多地应用于课堂教学，青春期的孩子总是会对新鲜事物产生浓厚的兴趣，因此音频、视频的导入方式通常最受学生的喜爱。

音频、视频通常会带给学生强烈的听觉震撼和视觉冲击，简单直观成为学生注意的焦点，使用起来屡试不爽。只是找寻与制作音频、视频的过程耗时费力，教师通常不会把这种方式作为首选。

（4）时事导入

人是社会动物，每个人都会对自己所处的社会环境或身边新闻感兴趣，因此新闻、时事有时也是不错的导入选择。

利用新闻、时事进行导入会给学生一种感觉："这位老师还是很接地气儿的嘛。"容易瞬间拉近与学生的距离，让接下来的课堂气氛更加融洽。

常言道，"良好的开端是成功的一半"。精彩的新课导入有如一颗火种，瞬间点燃学生求知的热情，烘托出良好的课堂氛围，为教学活动的顺利实施做一个成功的铺垫。所以导语虽无一定之规，却有无穷之妙。在实际教学中，教师在进行导语设计时还应注意下列问题：①言简意赅。导语只是课堂教学的引语，并不是主要教学内容，在设计时一定要简单、凝练，切中要害。最好控制在三两分钟内，不能冗长、复杂，耗费大量教学时间，更不能喧宾夺主，主次颠倒。②巧妙有趣。使用导语的目的是吸引学生注意力，激发学生的求知欲，因此其不仅要简练，还要生动有趣，这样才能引起学生的共鸣，并与教学内容实现巧妙衔接。③启发诱导。无论是问题式导语，还是情境式导语，导语的设计都要有针对性、启发性。"针对性"是指导语的设计要围绕教学内容展开，不能离题万里，为了导入而导入。同时导语还要有"启发性"，也就是问题或导语的设计，给学生留有思考的空间，能引发学生对知识的思索和探究。④通俗易懂。在导入内容的选择上，深奥的材料会适得其反，因为那样会让学生在上课伊始就产生畏难、厌学的情绪，只有那些通俗易懂，符合学生的认知能力和水平的内容才会引起学生的注意和兴趣，起到导语应有的作用。

2.重视学习过程，提高学生参与意识的过程设计

在进行教学系统设计时，强调学生的自主学习，而忽视教师的主导作用；强调认知过程在意义建构中的重要性，而忽视情感因素在意义建构中的作用……这一理论彻底改变了学生在课堂中的被动接受，完成认真听讲，做好笔记为主要学习任务的状况。学生不再是教师手中的"牵线木偶"，老师牵一牵，学生动一动。

我们反对以教师为本位的过度预设，需要在遵循学生认知规律的基础上，以学生为重心的精心预设，使学生变身成课堂活动的积极参与者和探索知识的体验者。这就要求教师从课堂"霸主"转身为课堂教学的引领者、指路人。要完成这个任务，教师课前必须运用精湛的技巧设计好教学过程，选择可操作、易实施的教学策略，了解学生学习需求，合理安排教学内容，让全体学生都能积极参与教学活动，使每位学生都成为一伸手就能够到桃子的人。只有这样，才能通过教师有效的教，促进学生有效地学，进而实现以学生发展为本的新课程理念。

3.注重情境创设，提倡基于情境的教学策略设计

情境对教学的作用论述颇多，知识需要融入情境中，才能显现出生机和活力。

在未来的俄语教学中，基于建构主义学习观的情境创设和立足于情境的教学将成为课堂教学提升的主要发展方向。学习者获取知识的渠道将由从老师那里囫囵吞枣似的被动接受，变成在一定情境下借助外力的帮助（教师的引领、同伴的合作、利用必要的信息等），通过有意义的建构而获得的，这就要求学习情境的创设必须有利于学生对所学内容进行有意义的建构。

由此学习情境的创设将成为教师对教学过程进行设计时要重点考虑的内容。教师在进

行情境设计时一定要以情境的真实性为原则。情境的真实性，即教学应使学习在与现实情境的类似情境中发生，以解决学生在现实生活中遇到的问题为目标。为此学习内容要选择真实性任务，不能对其做过于简单的处理，应该在课堂教学中使用真实的任务和日常的活动或实践来整合多重内容或技能。

# 第四章　俄语教学模式

## 第一节　教学模式概念

### 一、模式相关概念

模式（pattern）一词的指涉范围甚广，它标志了物件之间隐藏的规律关系，而这些物件并不必然是图像、图案，也可以是数字、抽象的关系，甚至思维的方式。模式强调的是形式上的规律，而非实质上的规律，前人积累的经验的抽象和升华。简单地说，模式就是从不断重复出现的事件中发现和抽象出的规律，是解决问题的经验的总结。只要是一再重复出现的事物，就可能存在某种模式。各个学科和行业均有自己固定的模式，但任何模式都是在不断发展和创新的。

模式、模式方法是现代科学方法论中一种重要的研究方法。模式方法，在自然科学中常称为模型研究方法，在社会科学中常称为模式研究方法。模式研究方法始于系统论，但是随着系统科学的发展它也在不断地完善。不同的研究领域对"模式"有不同的认识。在系统论中模型（model）是指通过给对象实体以必要的简化，用适当的表现形式或规则把它的主要特征描绘出来而得到的模仿品。传播模式的研究者则认为，"模式是对现实事件的内在机制以及事件之间关系的直观和简洁的描述"。

模式是作为认识过程的中介的科学方法。整个认识过程是一个否定之否定的过程。这一过程涉及的哲学范畴有：内容、形式、需要。内容决定形式；形式又反作用于内容；内容与形式的关系，根据需要的变化又会发生变化。模式既要看内容，又要看形式，还要看需要。在这一过程中，要用到相似、简化、抽象等多种科学方法。

模式是作为一种问题解决的思维方法解决问题的过程，自始至终都是一个思维的过程。人类问题解决的一般过程是：问题明确后，人们往往是应用直觉思维，猜测或搜索出一些假设、法则、原理、方案去尝试解决问题。许多情况下，可以概括为建构一个解决问题的模式。一旦建立了一个尝试性的模式后，人们往往是应用逻辑思维去求解这个模式，进而应用于一个具体实例上，得到结果，从而去证实、修改、检验模式。这一过程同样不是单向，而是双向的。在这一过程中要用到直觉、逻辑、模拟等多种科学方法。

模式是沟通实践与理论之间的桥梁。起着由下而上及由上而下的作用。这一过程同样是双向的。即可以在实践基础上，经概括、归纳、综合而提出模式。模式是一种假设，在未经证实之前，它绝不是理论；模式只有经过实践验证，被普遍证实之后，才能上升为理论。

随着模式概念在社会科学研究中的应用和发展，其原意与性质均发生了变化，模式由一种单纯的研究方法，逐渐演变成为一种方法体系，结构功能体系，它以客观系统的目标、功能、结构和机制等来说明系统或事物运行的本质和发展方向。模式便成为在某种理论思想指导下某种事物各要素之间的一种组合方式和运作流程的范式，目标、功能、机制成为模式的三大要素。其中，目标是模式中的最高层次，它引导模式中其他因素相互作用的方向，规定和制约着系统的基本行为，功能是系统内部各要素的排列组合方式和相互作用方式；机制是系统各要素之间的相互作用和相互关系，所研究的是要素活动的规律性，通过分析各要素的相互关系、相互作用，来确定正确处理有关矛盾的原则和方向。

模式是根据观察所得加以概述的框架和结构，是围绕某一主题涉及的各种因素和相互关系提供的一种完整结构。模式的灵魂是其内在构成要素所组成的结构，要素之间的不同关系就决定了模式的实质内容，起主导作用的要素就体现着这一模式的特征。

总之，模式研究方法是将系统看成不可分的整体，试图通过研究系统的功能表现来了解系统的内部结构，研究系统功能与结构之间的关系。

## 二、教学模式相关概念

教学模式是某种教学理论在教学实践活动中的具体表现形式，是人们在一定教学理论指导下，对教学客观结构做出的主观选择。首先，教学模式是主观与客观结合的产物。从主观性来看，按一定模式进行的教学，必然要体现不同的价值功能。由于教学模式设计者的哲学观、教学观的不同，相同的教学理论可能设计出不同的教学模式。从客观性来看，教学结构客观地存在于教学活动中，是教学过程中教师、学生、课程、教法诸要素相对稳定的组合方式及活动序列。其次，教学模式又具有典型性和可操作性。所谓典型性，是指它反映的是某种教学理论在教学运作过程中的优化组合方式，具有鲜明的目标性与功效性。所谓可操作性是指它总是以简化形式表达和反映它所依据的某种教学理论，具有较系统的基本操作程序，使人们便于掌握。

教育模式的理论是随着社会的发展，人们对教育、教学的研究日益深入而逐步发展起来的。17世纪，捷克教育家夸美纽斯在他所著的《大教学论》中，首次系统地阐述了教育、教学原理，使教学论成为一门比较系统的科学。但真正完整地建立教学模式，则是从19世纪赫尔巴特开始的。赫尔巴特的教育思想在西方教育史上被称为传统教育。他将心理学运用于研究教育、教学问题，主张教师要按照学生的心理活动规律安排教学。他认为，观念是人的全部心理活动的基础，强调教学过程的统觉作用，并由他关于人的本性是中性而被动的观点，认为教学过程中，学生是以一种被动的姿态接受教师由外部提供的知识信息，从而形成他的心理。据此，赫尔巴特提出了传递—接受型的教学模式。其程序为教学过程四个阶段：明了—联想—系统—方法。与这四阶段相应的心理活动为注意、期待、探究、行动。赫尔巴特首次将心理学原理应用于教学过程，无疑，这是对教学论研究的巨大进步。此后，赫尔巴特的弟子赖因根据当时传授知识的需要，又将"四阶段"教学模式扩展为五步骤：预备—提示—联系—总结—应用。19世纪末20世纪初，赫尔巴特的教学思想盛行欧美并传入中国。苏联教育家凯洛夫继承发展了赫尔巴特的教育思想，强调教学过程中教师的主导作用，在"四阶段"教学理论的基础上进一步提出了"五环节"的课堂教学结构，即组织教学—引入新课—讲授新课—复习巩固—布置作业。而杜威针对传统教学模式忽视学生主体地位、忽视个性的弊端提出"以学生为中心"和"从做中学"为基础的实用主义教学模式。

我国近些年来对教学模式进行了较为深入的研究，并在教学实践基础上产生了各种教学模式。同时学术界对教学模式的概念和定义也进行了多方面的解读和研究探讨。主要观点认为，教学模式是指在一定教育教学思想、理论或原理的指导下，教学系统内基本构成要素（主要指教学结构、教学过程与教学方法）之间彼此联系、相互作用、协调运行的，静态与动态相统一的有机整体；是在一定教育思想指导下和丰富的教学经验基础上，为完成特定的教学目标和内容而围绕某一主题形成的、稳定且简明的教学结构理论框架及其具体可操作的实践活动方式；教学模式是在一定教学理论或教学思想指导下，通过教学实践抽象概括而形成的相对稳定的教学活动的基本结构或范型；教学模式是教师根据教学目的和教学任务在不同的教学阶段，协调应用各种教学方法过程中形成的动态系统；教学模式是理论和实践的统一，是理论与实践联系的桥梁，教学模式以理论为基础，同时又是教学理论的可操作形式。教学模式是教学实践的范例。教学模式是结构与功能的统一，是目的与活动的中介，教学模式是局部和整体的统一；教学模式是依据教学思想和教学规律而形成的在教学过程中必须遵循的比较稳固的教学程序及其方法的策略体系，包括教学过程中诸要素的组合方式，教学程序及其相应的策略。

教学模式是一种可以用来设置课程（诸学科的长期教程）、设计教学材料、指导课堂或其他场合的教学计划或类型。教学模式是考虑课堂教学的工具，它是一系列精心安排的概念，用以解释师生在课堂上做些什么，他们如何相互作用，如何运用教学材料，以及这些活动如何影响学生所学的内容。教学模式可以定义为是在一定教学思想或教学理论指导下建立起来的较为稳定的教学活动结构框架和活动程序。作为结构框架，突出了教学模式从宏观上把握教学活动整体及各要素之间内部的关系和功能；作为活动程序则突出了教学模式的有序性和可操作性。

现行的多样化的教学模式是教师不同的教学理念的具体体现和教学经验的系统概括。简言之，模式的构建基于先进的教学理念。理念更新教学大纲和课程设置；理念改善教材编写和课件制作；理念改进教师课堂教学方法和技巧；理念优化教与学的评估手段。

# 第二节　俄语教学模式及构建

## 一、俄语教学模式

教学模式实质上是在一定教学思想的指导下和丰富的教学经验的基础上，为完成特定的教学目标和内容而围绕某一主题形成的稳定且简明的教学结构理论框架及具体可操作的实践活动方式。它既是教学理论的具体化，又是教学经验的一种系统的概括。

### （一）俄语合作教学模式

俄语合作教学模式是指导教育者与受教育者的相互协作，它主要是针对传统教育的强迫、强制、注入所引起的冲突。合作教学是建立在新型师生关系基础上的师生合作教学，它是尊重学生个性的教学，是乐观的教学。

俄语合作教学的理论依据是人际关系心理学基础和社会的人道主义和个性民主化。第一，合作教学的教学目标强调师生、生生之间的合作、互动，突出教学的情意功能，追求教学中学生认知、情感、技能目标的和谐发展的同时，还十分注重人际交往的技能目标，促进学生个性与群体协同发展。让学生体会到自己是思维领域里的劳动者和收获者；第二，在检查提问时，要创造条件消除学生的种种顾虑，使其勇于主动回答问题；第三，在布置作业时，不应当强制学生定时、定量完成同等作业，而是从学生实际出发，改"布置"为"推荐"，让他们自由选择、灵活掌握；第四，在评分中要让学生看到发展前景，让学生了解评分标准，事先采取措施避免出现2分，力争使全班都达到5分。俄语合作教学的实现条件是要把教学过程建立在多边活动的基础上，把重心放在学生的学上；强调教师在教学活动中充当"管理者""咨询者"和活动的"参与者"等角色，教师要避免把教学活动看成一个机械的运动过程，俄语合作教学模式的评价体系强调促进教与学两个方面的积极性，主张师生合作和发展学生个性、创造能力，因而具有极强的生命力，正成为俄语专业教学中一种有影响力的教学模式。

### （二）俄语掌握学习教学模式

俄语"掌握学习"教学模式，就是在所有学生都能学好的思想指导下，以集体教学为基础，辅之以经常、及时的反馈，为学生提供所需的个别化帮助及所需的额外学习时间，从而使大多数学生达到课程目标所规定的标准。掌握学习教学模式的理论依据是"新的学生观"，即在适当的学习条件下，几乎所有人都能学会学校所教的知识。心理学提出的"学生的情感影响着学生学习结果"的结论，掌握学习可激发学生进一步学习的兴趣、发展学生对于学校与学习的积极态度，发展健康的自我观念，从而能更加主动、努力地去学习。

教学目标。俄语掌握学习的教学程序由教学前的准备阶段、教学阶段和评价这几个环节构成。教学前的准备阶段。教师首先为掌握学习教学计划制定一套可以执行的标准。具体包括：制定某一课程所要达到的目标，准备好总结性评价；把整个课程分为一系列较小的学习单元，各单元之间有一定的连续性；确定构成每一单元的掌握水平的评价标准，制定形成性测验。

教学的实施阶段。在教学前，教师应充分了解学生认知和情感方面的基本状况，可对其进行前置性评价。然后教师开始第一单元的教学。在每个单元教学结束进入下一单元教学前，对学生进行简单的诊断性测验，为双方提供反馈信息。对于未达标学生进行个别化矫正，并进行第二次形成性测试。

成绩分等。最后一个环节是对学生进行成绩分等。掌握学习的目标是发展全部学生，而不是少数学生。因而对学生的成绩进行评定。所依据的是他们在终结性测试中是否达到预先规定的成绩标准，而不是看他们的名次。教师可采用两种分等方式：一种是分为"A"等和"未掌握"两种等级；另一种是对未掌握的学生成绩逐级分等。

实现条件。师生双方对"掌握学习"都要抱有信心。教师对学生应有真诚的期待，相信大多数学生都能学好；教师在教学前应使学生树立能够学好的信心以及形成学习动机。确定所教学科的内容、目标和测量手段，包括三点：确定学习内容，明确掌握目标，准备终结性测验，为掌握制订计划。内容包括：设计教学单元，制定单元具体的掌握目标，编制单元的形成性测验题；设计出有效的"反馈—矫正"计划，即如何利用形成性测验所提供的信息确定可供选择的学习材料和矫正的手段，使学生有再次学习的机会并帮助他们矫正学习中的差错。

评价体系。首先，掌握学习是一种有关教与学的乐观主义教学理论，是一种极为乐观的学生观。它主张任何教师都能帮助所有的学生很好的学习。当然这种新的学生观并不否定学生之间在学习能力、倾向方面所存在的差异，但它反对将能力与学生成绩之间直接挂钩。其次，掌握教学是一套有效的因材施教的教学实践尝试，它把集体教学、小组教学与个别教学融为一体，寻求集体教学与个别教学最佳的结合。最后，掌握学习以明确具体的教学目标作为教学的导向，使整个教学活动始终处于教学目标的控制之下，使师生双方在教学一开始就有达到目标的期待感，在教学过程中有方向感，这样就避免传统教学由于目标模糊所带来的随意性和盲目性。

当然，俄语"掌握学习"教学模式还存在许多问题，要在实践中加以解决。一般来说，对于成绩较差和一般的学生比较适应，优等生则比较不适应，深化学习和扩展学习难以解决好。

### （三）俄语发现教学模式

俄语发现学习是学生相对独立的探索、发现的学习活动，它可以提高学生的智慧潜力。因为在学习中，不但有新知识的获得、转换，而且包括对已有知识的内部改组，这需要学生发挥其智慧潜力。发现学习不是给学生一个已有的结论，而是让学生体会发明与创造的过程，它可以培养学生对科学的兴趣，形成内部动机。发现学习可提高学生的思维能力，包括直觉思维和分析思维，能增强学生对知识的迁移能力。

由于发现学习是一种天才教育模式，强调学科基本结构和教学内容的学术价值，对师生要求极高，操作起来较为困难。如果我们在教学中能将发现学习与接受学习结合起来，会提高教学质量。

### （四）俄语情境——陶冶教学模式

又称情—知互促式，是指在教学活动中，创设一种情感和认知相互促进的教学环境，让学生在轻松愉快的教学气氛中有效地获得知识同时陶冶情感的一种教学模式。教学目标是通过情感和认知的多次交互作用，使学生的情感得到不断陶冶、升华，个性得到健康发展；同时又学到科学的知识，达到真正的情知交融。

在该模式中，教师是学生情感的"激发者"和"维持者"。因此，要求教师应具备多种能力，如表演、语言表达等能力。教师还要根据教学要求，提供必备的专门设备，如音乐器材、教具或教学场所等，并把它们组织运用好；教师自己也进入角色，并充分利用教学机制使学生同自己情感发展同步，使情境更加入情入理，达到诱导学生情感和促进学生认知的作用。在这里，教师体验特定场合下学生的情感是师生情感同步性的关键。

### （五）俄语交际教学模式

语言是一种任意的符号系统，它们既是声音的符号，也是视觉的符号，语言的功能用于交际，在某一言语社团或言语文化中发生作用。任何人都以大致相同的方式习得语言。语言和语言学习具有普遍的特征。如果我们把语言看作是声音符号系统，而视觉符号文字是次要的，那么我们会强调听、说操练或与之相反，把语言看作视觉符号，只强调认识，读懂词、句的意义，认为这就达到了外语教学的目的，而忽视了语音的学习和练习，这也同样会导致学不好外语。均不见从前和现在那些操"哑巴外语"的人，时间稍长，不是都成了地道的"哑巴"，对外语的学习像对母语的学习一样，成了真正的"文盲"。如果我们把语言的交际作用作为外语学习成功的关键，那么在教学中我们便会强调在交际活动中掌握语言。这正是当代在外语教学中大力推崇的以培养交际能力为目的的交际功能法，俄语教学也必须走这样一条路。

交际教学法让学生从具体语言环境中去正确领略俄语词的搭配及用法的生动性，逐步掌握符合俄语的习惯用法，让每个学生都积极地参与课堂教学。交际法原则在俄语教学实践中主要体现如下：

语境化是俄语教学的基本前提。其基本教学单位是在一定语境下的话语，脱离了语境，话语就不具备交际功能。总之，同一形式可能有多种功能、多种形式也可能只具有一种功能。因此，教学活动应以话语在语境中能实现的功能为线索组织教学内容，以便学习内容尽可能符合学生的需要，真正培养使用语言的能力。

语言教学过程必须交际化。整个外语教学过程在真实的社会情景下使用真实的语言进行交际活动，尽量创造较为自然的言语交际条件，按情景题材组织教学材料和教学活动，让学生在真实的或接近真实的交际场合中进行操练、大量使用信息转换、情景模拟、游戏、角色表演等活动形式。通常，教师在组织课堂教学时，依据的是教材内容及备课教案，这样才能有计划、有步骤地完成教学任务，但教师在课堂教学中切忌照本宣科，拘泥于教材内容及教案。因为一方面由于各地的教学条件、学生的特点等存在不同程度的差异，教师需要根据各地情况适当增补教学材料，采用灵活多变的教学方式。另一方面由于俄语课堂交际教学是动态的，它以学生为中心开展教学活动，课堂教学不可能一切按教师事先所设计的那样运行。教师对教学过程的构想设计都会因为某个教学环节的突然变化失去作用。因此，教师在课堂教学中必须有较强的灵活性和随机性，以适应动态多变的课堂。

在交际化的教学过程中，应以学生为中心。教师的作用主要是提供和组织各种教学活动。给学生提供交际情景、场合，帮助学生创造性地、自由地表达自己的意愿。在课堂教学中创造轻松的学习气氛。教师要转变观念，逐步从"独奏者"过渡到"伴奏者"，完成课堂角色的转变。交际法要求教师从知识垄断者和传播者的单一角色转变为交际课堂上的组织者、资源提供者、参与者、提示者、控制者和评估者。在教学过程中，教师的角色由单一变为多重，职责也是多方面引导作用。扮演好教师的多重角色，才能在与学生的共同努力下，合奏出和谐完美的"语言乐章"。

最后，也是最重要的，教师在对学生进行反馈评价时，应注意容错和纠错策略的应用。交际法不同于其他教学法的一个明显特征就是对学生的语言错误，特别是语法错误，采取比较宽容的态度；反之，如果过分强调语言形式的正确性，对学生有错必纠，只能使学生因为害怕犯错而不敢大胆的表达自己的意思，妨碍学生的自由交际。因此，教师应注意容错策略的应用，避免每错必纠。因此，教师也要纠正错误，关键在于何时纠正，如何纠正，以及谁来纠正。具体来讲，我们应注意以下三点：一是教师直接提供正确答案的做法对学生的帮助不大；二是对口语中的错误，教师不要马上纠正，而是等到学生讲完，教师在总结时指出；三是对书面错误，学生之间可以先相互交流、相互纠正；或者由教师对错误之处划线，让学生自己订正。

总之，为了更好地应用交际教学法，俄语教师还应该注意与我国实际教学情况相结合，不能生搬硬套。也就是说，我们提倡交际教学法并不是盲目地让学生模仿交际，而是根据学生的实际情况和基本学习环境，设置合理的交际场景，培养学生真正运用英语的能力。

## 二、大学俄语专业教学模式的构建

从理论和实践两个层面探究大学俄语专业教学模式，构建对已有英语语言基础的俄语专业学生的新型大学俄语专业教学模式。大学俄语专业原有的教学模式是面向有俄语语言基础的理科学生，而目前俄语专业的生源均为初高中所学外语为英语的文、理科学生，从零开始学习俄语。俄语与英语同属印欧语系，两种语言在许多方面具有相同或相似之处，不同语言的语言知识和交际能力是可以相互转化的，能够起到相互促进、相得益彰的作用，因此他们并不是真正处在俄语学习的零起点上。大学俄语专业教学模式，即教学结构理论框架及具体可操作的实践活动方式也应充分考虑学生已有的知识体系及具有接受同语系语言知识的能力进行构建。

大学俄语专业教学模式的构建类型有语言迁移理论指导下的双外语教学模式，文化类比迁移教学模式，文化导入式的俄语教学模式和情境教学模式。教学模式建构的课程范围包括俄语精读课、语法课、泛读课、词汇学课、视听说课、口语课和俄语语言国情学等课程。上述几种教学模式在俄语教学过程中不是孤立进行的，在不同年级、不同阶段可同时使用或交叉进行。

### （一）双外语教学模式的建构

教学模式实质上是在一定教学思想的指导下和丰富的教学经验的基础上，为完成特定的教学目标和内容而围绕某一主题形成的稳定且简明的教学结构理论框架及具体可操作的实践活动方式。它是教学理论的具体化，又是教学经验的一种系统的概括。

大学俄语专业原有的教学模式是面向有俄语基础的学生，而目前俄语专业的生源绝大多数为初高中所学外语为英语的学生，从零开始学习俄语难度很大。不同语言的语言知识和交际能力是可以相互转化的，能够起到相互促进、相得益彰的作用。同属印欧语系的俄语与英语两种语言在语音、词汇、语法等语言知识方面有许多相同或相似之处，使学习俄语专业的人在学习前就已具有可迁移的英语知识，即具有接受同语系外语语言知识的能力，完全可以利用英语的相关知识同化相应的俄语语言知识。因此，他们并不是真正处在外语学习的零起点上，如果对他们用多个学时教语音、语法和词汇，而不考虑学习者已学过国际音标，不考虑学习者已掌握一种外语即英语语法中的类似语言现象，也不考虑学习者已学过国际词汇，完全忽视了学习者有可能自觉不自觉地在记忆库里对先后学习的两种外语进行联想、迁移。这样的话，教学效果会达不到预期目标，学生外语学习的收效也会大打折扣。

大学俄语专业教学模式的重构类型有双外语教学模式、先行组织者教学模式、文化类比迁移教学模式、情境教学模式、累积性教学模式、合作教学模式和概念获得教学模式等，教学模式建构的课程范围包括俄语精读课、语法课、泛读课、词汇学课、视听说课、口语课和俄语语言国情学等课程。本部分着重谈谈俄语英语双外语教学模式，如何利用双外语教学模式把学生已掌握的英语语言知识迁移到俄语语言知识的学习中，对目前俄语专业学生的学习意义重大，俄语教师运用好双外语教学模式，会节省讲课时间，减轻学生负担，取得事半功倍的教学效果。

实行"语言与内容相融合"（又称双语教学）的外语教学新模式及交际功能法相继被各国外语教学界所普遍采用后，20世纪80年代中期，外语教学界又出现了一种将所学外语融入各学科教学和学生感兴趣的课外活动之中的新的教学方式——语言与内容相融合的学习（integration of language and content learning），又名双语教学。现代双语教学起源于沉浸法（The lmmersion Approach），这一方法源于加拿大魁北克省的双语教学改革。这一改革由于实行后效果良好，很快推广至全省，并得到政府的大力支持。这种外语教学方法具有独到的优势。对于俄语专业的学生来说，则应该走用俄语讲授英语基础课、专业课和用英语讲授俄语基础课和专业课的道路。而对于外语专业如俄语专业教学来说，则是"第一外语+第二外语"即"英语+俄语"双外语教学模式。高师俄语专业双语教学改革的提出，是为了适应目前我国各中学对俄语师资需求的萎缩、俄语生源和市场需求的不断减少的现实状况，更是考虑到当前英语在国际交往中的优势地位和考生在入学前已有六年英语学习基础的现状而提出的。现今，如何针对外语专业学生实行双语教学，在国内还处于研究与探索阶段。"英语+俄语"模式双语教学给单一型的俄语教学带来了生机，使一度陷入困境与困惑之中的俄语单语教学出现转机。鉴于今后俄语专业的生源将多来自英语考生，对于已成为小语种的俄语教学来说，大力推行双语教学应该是今后教学改革中的一个重要任务之一。

合理安排两门外语的教与学，进行学科"整合"以达到相互促进的目的。外语专业的双语教学，是一个分阶段、分课程、需要根据学生的具体情况编制课程、分配教学时数、知识讲授顺序的具有内在联系的科学统一的教学体系，而不是简单地沿用或叠加以往的、毫无关联的英、俄外语单科课程体系。"俄本英专"的教学目的虽然已经定位，但在实际操作中如何把握好"度"的问题却非易事。因为受就业压力和社会需求的影响，学生对"俄本"教学缺乏足够的兴趣和动力，而对"英专"却情有独钟，舍得费时费力。为了解决这一矛盾，我们合理安排了两门外语的教与学，进行学科整合。在实际操作中，考虑到学生具体外语水平和中学不开设俄语等情况，削减整合一些第一外语的口语实践课和中学俄语教学法课，确定用第一外语讲授第二外语的课程门类，如在低年级增加俄英实践翻译课。这样充分体现出俄英双语教学的"双语"优势，即双语的综合能力上，外语不再是只靠母语提示的枯燥的、无生命力的符号，而是成为活生生的语言，能使另一种外语成为活生生的具有真正意义的语言，大大调动了学生的积极性。

要注重创造良好的双语教学环境。一个人的语言能力主要是通过习得途径而获得的。而第二语言习得则是在自然语言环境下，学习者大量地接触略高于自己现有水平的可理解性语言输入（Comprehensive input）自然而然地习得语言。清末民初的双语学校正是尽可能创造类似于自然语言的习得环境，增加学生用俄语听说读写的机会，以期提高学生的俄语水平并养成运用外语进行思考的习惯。俄语英语除在课堂作为主要的教学语言外，已经完全渗透到整个学校的方方面面，使丰富的校园文化活动与整体的学校双语文化氛围相结合，整个学校完全变成了一个学俄语和学英语并且运用它们的大教室。

双语教学必须具备既懂外语又具备相应学科专业知识的高水平师资。一方面，学校可引进部分外籍双语教师；另一方面，急需加强本国双语师资的培养，例如，可在俄语专业学生中尝试培养面向特定专业的双语教师，也可加强非英语专业教师的外语培训，尤其是口语的培训，有条件的学校可选送部分教师出国培训，最终形成一个合格的双语教师队伍。根据双语教学模式的结构可以看出其前提条件之一是：各科教师或进行双语教学的学科教师，除了要具有本学科的知识、技能和能力外，还要精通用作教学语言的外语或第二语言。实行双语教学要求教师把这些特点形式灵活、得体地运用于教学活动之中。

采取措施，处理好双语教学中的迁移问题。双语教学中增加的第二外语的教与学，使原来外语教学中普遍存在的母语与外语间的语际迁移在这里转化成为母语与外语、外语与外语之间的迁移，从而使得教学具有更大的复杂性。在语言学习中，由于人们往往习惯于通过已知的语言事实去推导新的语言知识，故一般认为，两种语言中相近的部分容易产生正迁移。如果两种语言中的某些语言事实仅仅似同实异，那么往往会出现负迁移的情况，即这里旧知识对新知识的接受往往会产生误导作用。加强这一学习过程中的正迁移和克服负迁移就成为双语教学中的一个重要问题。在这方面，一个行之有效的方法就是比较。通过对第一外语和第二外语语言现象的比较，通过对语言结构各层面——语音、词汇、语法和文化等语际对比与联系，促进学生学习中正迁移的效果；使他们能很快掌握两种外语相同和相似之处，同时增强学生对俄、英两种语言之间差异的敏感性，使学生能逐渐建立起清晰的俄、英双外语知识与技能系统，形成用俄、英两种语言进行有效交际的能力。

双外语辅助教学模式和双外语比较教学模式一样有利于培养俄、英双语兼通人才。此外，它还具有自身的一些优越性。外语专业的双语教学将大大促进学生学习外语（包括专业外语和第二外语）的积极性。无论是智力的锻炼也好，语言练习也好，都应该在一些实在的和有意义的知识上面来练习学生的智力和语言能力；这些练习的主要目的应该是知识本身充分的掌握和清楚的表达，同时附带地既练习了智力，又练习了语言能力。

首先，双外语辅助教学模式能提供给学习者最大限度的外语交际环境，促进其外语知识和交际能力的提高。我们知道在非目的语国家学习第二语言，学习者往往缺乏真实的语言交际环境，他们的语言使用环境一般仅限于学校、课堂。在双外语教学中由于学习任务增加，原有的单语课程变为双语课程，因而两种语言各自的教学时间相对减少，每一种语言课堂交际的时间也会相应减少，因此，采取一外辅助二外教学，可以把以往浪费在用母语讲解交流上的时间用于外语交际与实践，从而为学习者提供最大限度的语言环境和实践机会。

其次，较之于以母语辅助俄、英两种语言的教学，双外语辅助教学模式加大了教与学的难度，使得单位教学时间内外语教学信息量加大（由原来的一种外语信息变为两种外语信息），也使教学更具有趣味性，更能吸引学生，因此有利于培养出高水平的俄、英兼通人才。

最后，由于近些年社会对俄语毕业生需求量减少，因而很多学生认为学习俄语没用，而对学习英语表现出极大的热情。如果在双外语教学体系中采取俄、英互不联系的分科教学制，则很可能有的学生轻视或放弃俄语，而把大部分的精力用于英语学习，这样就偏离了俄语专业双外语教学的方向——使学生掌握双语，达到俄本英专的水平。采取一外辅助二外，则第一外语不仅是作为目的语的课程，还是影响第二外语学习与掌握的工具，因此，更能激励学生学习好两种语言。

## （二）文化类比迁移俄语教学模式的建构

俄语教学模式中的文化因素不容忽视，在俄语教学进行的过程中，在教授俄语语音、词汇、语法等语言知识和训练学生听、说、读、写等言语技能的同时，应当导入俄语和其他语言知识和言语技能所包含的文化内涵，使学生了解文化类比迁移的俄语教学模式，配合教师的俄语教学达到事半功倍的教学效果。

教学模式实质上是在一定教学思想的指导下和丰富的教学经验的基础上，为完成特定的教学目标和内容而围绕某一主题形成的稳定且简明的教学结构理论框架及具体可操作的实践活动方式。它是教学理论的具体化，又是教学经验的一种系统的概括。

语言作为符号系统，是语音、语法、词汇的总和，语言既是文化的载体，又是文化的组成部分。不同的民族有不同的语言和文化，每一种语言和文化都深深地打下了本民族的烙印，具有本民族的特征。俄语专业的学生在学习俄语语言的同时，也在学习该语言所承载的文化。

文化导入式的俄语教学模式的类型有先行组织者教学模式、文化类比迁移教学模式和情境教学模式等，建构的课程范围包括俄语精读课、语法课、泛读课、词汇学课、视听说课、口语课和俄语语言国情学等课程。

格式塔心理学家将学习者的"顿悟"看作迁移的决定性因素，即所有学习中的迁移都必须通过概括这一思维过程才能实现，概括水平越高，迁移就越容易。学习迁移的本质在于概括出知识之间的共同特征或具有内在联系的某些要素，因而在教学中结合教学内容有意识地引导学生着力于进行概括是极为必要的。文化类比迁移教学模式注重概括各个国家的文化特点，强化族际间的文化对比与渗透，进行文化类比迁移。俄语教学应概括目的语国家和母语国家的语言所蕴含的文化特点。

在俄语学习过程中，遇到俄汉两种语言中文化现象完全对等时容易发生正迁移。颜色词不但表示自然界的颜色，而且还能表示除本义之外的象征意义或比喻意义。由于各民族的风俗习惯、传统文化不同，因此颜色词的组合意义在各民族语言中也存在差异。由于各民族间的文化交流，以及人类对颜色的刺激存在一种本能的共性反应，所以表颜色的形容词的组合意义在各民族中又有相同之处。

因此，俄语教师在精读课、泛读课、国情课、视听说课和口语课等课型的教学过程中要适时地为学生灌输俄语语言所蕴含的俄罗斯民族文化特点，学生也需积极思考、了解本国和所学语言国家的文化特点，避免交际失误。

首先，需强化族际间的文化对比与渗透。由于汉俄民族的文化背景不同，表达同一事物的名词往往有不同甚至完全相反的联想意义和感情色彩，在词汇跨文化交际中必须充分注意这些词汇意义的负迁移影响。每个民族都有其独特的文化，不同民族的文化孕育出了该民族的语言。因此，不同文化背景的人在习俗、价值观念、道德标准和行为方式等诸多方面有许多差异有时甚至会出现对立，让学生感到更难理解的是同一个词在两种不同的文化中却有截然不同的意思。在日常生活中，因文化差异所造成的理解障碍更是俯拾皆是，因此要强化族际间的文化对比与渗透。

在俄语专业的学习过程中，学生同时学习专业设置的不同课型的知识，各课型的知识既是相对独立的，又是相互联系的。在进行俄语词汇教学时，必须重视词汇所蕴含的文化知识的渗透，强化学生的母语—汉语的词汇和目的语—俄语词汇词义所蕴含的文化知识的对比，善于指导学生利用相关汉语词汇知识解决俄语词汇学习中遇到的问题，以促进跨学科的学习迁移。同时，也要注意防止相关汉语学科知识在词汇学习中的负迁移。

任何一种语言都体现着一个民族的文化、历史和精神风貌，人们的思维内容、思维方式和思维水平深受母语所承载的信息的支配。作为语言组成部分之一的词汇系统的文化差异也会引起联想意义上的差异。由于汉俄民族的文化背景不同，表达同一事物的名词往往有不同甚至完全相反的联想意义和感情色彩，在词汇跨文化交际中必须充分注意这些词汇意义的负迁移影响。这类词汇在两种文化中，字面上完全等值，但含义不同，各自能引起不同的联想意义。

如果不了解这类词汇的联想意义，单纯用汉语文化去理解它们，词义就会大相径庭，我们就会对俄语的一些句子感到困惑不解。所以，我们在处理这些词汇时，必须将它们放到该语言的文化背景中去理解、去思考。

其次，需进行文化类比迁移。类比迁移理论认为，迁移是通过问题空间的类比来实现的。个体通过借用已掌握的问题空间来与新问题的某些部分进行匹配，从而促进新问题的解决，影响迁移的因素是类比关系。当新知识与认知结构中原有的知识完全相同时，容易发生正迁移；当新知识与认知结构中原有的知识相异而不相同时，"先入为主"的原有知识常常干扰、掩盖或替代新知识，因定势而出现负迁移，这与认知结构中原有的观念不稳定、不清晰有关。事实上，在外语词汇学习的过程中正迁移和负迁移往往是交织在一起的，对可能发生的负迁移事先认识得越清楚，则越有利于发生正迁移。对学习过程作微观分析可知，形形色色的定式干扰构成了负迁移。

学习的负迁移能导致概念混淆，严重影响学生掌握知识以及分析问题与解决问题的能力的提高。因此，对俄汉两国文化问题进行类比时，既要类比文化知识的共性，又要注意其个性和特殊性，从而恰当运用类比法。教学中应启发学生归纳总结俄语与汉语知识的文化异同点，通过学生已掌握的汉语文化知识与俄语的相应文化知识进行匹配，促进学习者在这类知识的类比迁移过程中保持审慎的态度，树立清晰稳定的文化知识结构。

文化导入的重点应是反映俄罗斯民族文化语义的内容和俄汉文化相悖的部分。文化类比迁移俄语教学模式的建构还需要大量深入的教学实践来检验，俄语教师也应加强个人的文化素质与修养，在建构良好教学模式的同时，促进和完善学生主体的语言文化体系的建立。

### (三)文化导入式的俄语教学模式的建构

俄语教学模式中的文化因素不容忽视,在俄语教学进行的过程中,在教授俄语语音、词汇、语法等语言知识和训练学生听、说、读、写等言语技能的同时,应当导入俄语语言知识和言语技能所包含的文化内涵,使学生了解文化导入式的俄语教学模式,配合教师的俄语教学达到事半功倍的教学效果。

教学模式实质上是在一定教学思想的指导下和丰富的教学经验的基础上,为完成特定的教学目标和内容而围绕某一主题形成的稳定且简明的教学结构理论框架及具体可操作的实践活动方式。它是教学理论的具体化,又是教学经验的一种系统的概括。

语言作为符号系统,是语音、语法、词汇的总和,语言既是文化的载体,又是文化的组成部分。不同的民族有不同的语言和文化,每一种语言和文化都深深地打下了本民族的烙印,具有本民族的特征。俄语专业的学生在学习俄语语言的同时,也在学习该语言所承载的文化。

文化导入式的俄语教学模式的类型有先行组织者教学模式和情境教学模式等,建构的课程范围包括俄语精读课、语法课、泛读课、词汇学课、视听说课、口语课和俄语语言国情学等课程。

### (四)计算机网络俄语课程教学模式的建构

1. 网络学习环境

所谓网络教育指的是在网络环境下,以现代教育思想和学习理论为指导,充分发挥网络的各种教育功能和丰富的网络教育资源优势,向教育者和学习者提供一种网络教和学的环境,用数字化技术传递内容,开展以学习者为中心的非面授教育活动。

从广义上讲,网络教学是指在过程中运用了网络技术的教学活动。狭义上讲,网络教学是指将网络技术作为构成新型学习生态环境的有机因素,充分体现学习者的主体地位,以探究学习作为主要学习方式的教学活动。

由此可见,广义的网络学习环境是指网络学习者在学习活动展开的过程中赖以持续的情况和条件,它不仅包括支撑学习过程的物质条件,还包括学习心理、学习氛围、人际关系、学习策略等非物质条件。而从狭义的角度上看,网络学习环境是指在现代网络教育和开放教育中,以互联网为主要通信技术,网络学习者学习活动展开的过程中赖以持续的情况、条件和心理因素等。它不仅是表现在物质层面上的技术支持,更是表现在对学习者更广泛、最深层的心灵影响上。

网络学习的媒体是计算机,信息的呈现形式与传统课堂是完全不同,表现出大量化、多样化、直观化、形象化和立体化等电子多媒体化的特征,这尤为外语学科的学习所求。

第一,为外语学习者提供更多的实践机会。在传统的课堂里,由于学生人数、教学时间和教师精力的限制,训练相对不足。而网络教学软件可以替代教师这部分的工作,克服传统课堂模式无法加大听说训练的时间和强度的缺陷。学生可以根据自己需要对自己的能力进行无限制的训练。

第二，网络平等交流，提高学生听说和表达能力。传统教学模式下的外语语言环境最大的缺点是：在完全真实的语言环境下，个性腼腆、性格内向的学生无法参与。从而造成了部分表现欲较强的学生语言驾驭能力越来越强，而另一部分学生则由于自卑而开口越来越少，语言应用能力不能得到提高等。而利用网络技术建立虚拟语言环境作为现实语言环境的补充，将有利于所有学生听说和表达能力的培养。

第三，网络资源丰富、真实，营造真实的语言学习环境。网络环境中可以提供大量真实的语言材料，在一定程度上克服了因缺乏真实语言环境给外语学习者带来的不利因素。多媒体所提供的图、文、声、像并茂的语言载体和多形式的信息输入，如具有影视效果的背景知识、词汇例句等，不但使教学内容丰富多彩，而且使教学变得更形象化、立体化、生动化，从而能极大地激发学习者的学习兴趣和记忆力，提高学习效率。

外语学习需要有一个有效的语言学习和使用的环境，课堂内的语言操练大多是在假设的情境中进行，学生常常是为学语言而学语言，而在网络上学生可以直接点播外语电影、卫视外语节目和外语教学参考片等，可以和教师甚至是本族人用外语进行交流等。这种语言环境有利于巩固学生的语言知识，提高语言交际能力。

2. 网络环境下的学习策略

网络学习环境下的学习策略不同于传统的学习策略。在网络学习环境中，人们的学习策略发生了重要的变化。网络技术及数字技术为学习者自己决定学习进度、选择学习内容、自我评估，以及通过信息的不断反馈，为学生和教师进行互动式教学提供了便利。网络学习与传统的学习不同，网络学习者的学习不是依赖于教师的讲授，而是利用网络平台和数字化资源，教师、学生之间开展协商讨论、合作学习，并通过对资源的利用探究知识、发现知识、创造知识、展示知识的方式进行学习。

网络学习环境下的学习策略有着不同于网络教学或学习模式的内涵，意味着学生应该具备在网络学习环境下应有的学习习惯、学习意识、学习态度、学习品质以及心理认同等心理因素和心灵力量。因此，网络学习环境下的学习策略是学习者在网络环境下的学习活动中有效学习的程序、规则、方法、技巧及调控方式。

3. 计算机网络俄语课程的设计

（1）计算机网络俄语课程开设的意义

通过调查问卷的分析，我们发现学习者计算机网络俄语学习策略的使用情况不容乐观。策略整体运用水平偏低，各项策略使用不均衡。而解决这个问题不能仅靠学习者的被动自觉，积极主动的策略培训与教学才是有效的解决途径。作为学习策略与学习方法课程开设的计算机网络俄语课程可以帮助学习者掌握运用计算机网络学习俄语的方法与策略，进一步开放和扩展了学生的俄语学习空间和思维空间，激发学习者俄语交际的自主意识和语言运用能力，建立起真正以学生的教学与学习模式。传统的俄语教学方式是按部就班地完成预定的教学计划，因此其随机性和创造性较差。但网上教学的内容的即时性和丰富性可以使教学过程始终处于人机对话的紧张状态，问题不断出现，促使学生在短时间内进行网上练习，从而提高了学生应用俄语的能力；互联网可以使学生无须到现实生活中去就可以获得进行语言交际的语境和情景，而传统的俄语教学中交际的"经验场"和"环境"都是很有限的。互联网为学生展现了丰富的外部世界，同时还可以使学生了解在不同语境中语言交际的规则，及时纠正自己在语言交际中的语病。

（2）计算机网络俄语课程的内容框架

学生在计算机网络俄语学习中出现的问题主要由可用性缺陷和产生性缺陷引起的。可用性缺陷是指学生由于认知发展水平所限或是因为没有机会接触某一学习方法而导致的或无方法可用；产生性缺陷是指学生已具备相应的方法，但不能应用或错误应用。可见，在计算机网络俄语学习中，多数俄语学生的问题应该是没有接触这种学习方法而导致的缺乏学习方法。因此，课程内容的安排应从最基础的俄文输入法和俄文打字开始，由浅入深，直到利用互联网收集信息、在线视频语音交流等。但由于这门课程又是一门教授学习方法和策略的"工具性"和"实践性"课程，所以没有高深的理论知识要学生掌握，因此在设计这门课程的教学时要充分考虑内容的"实用性"和"可操作性"，学时不宜过长，而且要将教学安排于计算机网络实验室，边讲授，边上机操作，并要布置课后练习作业，进一步让学生熟练学习内容。

4.计算机网络俄语教学中教师的角色

在计算机网络俄语教学中，教师同样要像传统俄语教学中一样扮演多种角色。除了教学过程的主导者外，还应该是：

（1）诊断者

教师在教学前要弄清学生目前计算机网络的使用状况，以提高他们的学习意识，从而提高学习者选择和使用这些方法与策略的能力。

（2）培训者

在教学中，教师以明确或隐含的方式训练学生使用计算机网络学习俄语，但究竟采用何种方式由教师根据实际情况决定。

（3）教练

教师与学生一起工作，教师不仅提供培训，还在与培训有关的方面提供指导。

（4）协作者

为使学习过程顺利推进，教师要对教学内容、节奏等做必要的调整，使其与学生当时的情况最为吻合。这种协作者身份是建立在师生双方合作伙伴关系基础之上的。

（5）语言学习者

教师把自身放在语言学习者的位置上，能更加容易地体会学生所面对的挑战和困难，从而对他们的需求更加了解，可以更好地培训学生。同时，教师还可以这种身份与学生共同交流、探讨成功学习语言的策略、思维方法和过程，为他们提供经验。

（6）研究者

教师可在学习教学的过程中，开展各种教学研究。如通过记载学生学习过程中的表现、所选择的活动、阶段性成绩，分析诊断学生的变化，开展有效性研究，或开发计算机网络俄语学习教材等。

总之，计算机网络俄语教学并不意味着削弱教师的地位。相反地，教师肩上的担子更重了。教师不仅要对课堂教学负责，还要考虑学生在新的学习、教学概念下角色的变换，接受更大的挑战。

上述几种教学模式在俄语教学过程中不是孤立进行的，在不同年级、不同阶段可同时使用或交叉进行。文化导入的重点应是反映俄罗斯民族文化语义的内容和俄汉文化相悖的部分。俄语教学模式的建构还需要大量深入的教学实践来检验，俄语教师也应加强个人的文化素质与修养，在建构良好教学模式的同时，促进和完善学生主体的语言文化体系的建立。

## 第三节　俄语分科教学模式

### 一、俄语泛读教学模式

作为言语活动能力之一的读，和听、说、写一样，是俄语教学的重要组成部分。听和读是吸收和理解的言语活动，说和写是表达和运用的言语活动，吸收理解是表达运用的基础，不断吸收才能积极运用。听、说、读、写四种能力相互联系、相辅相成，但只有在各自训练的基础上，才能互相促进，共同提高。

阅读教学在我国大学俄语专业教学中历来受到重视。今天信息化时代更需要人们广泛而有效地进行阅读，因而对阅读教学也提出了更高要求。本节试图从俄语泛读教学的目的、意义和教学要求，心理学和教育学的理论基础，泛读的种类、影响因素及改进泛读教学的措施等几个方面探讨一下如何提高俄语泛读教学的质量和学生的阅读能力。

（一）俄语泛读教学的目的、意义和教学要求

1. 俄语泛读教学的目的

泛读课的目的在于培养学生的俄语阅读、理解能力，提高学生分析、思考、判断和评价的综合思维及概括能力，培养学生速读及查阅工具书的能力，扩大学生的俄语词汇量，增加学生的语言、文化、社会知识。同时解决好提高阅读理解能力、阅读速度和把握中心思想之间的关系。

2. 俄语泛读教学的意义

外语教学的最终目的是培养学生以口头和书面的方式进行交际的能力，培养交际能力要求把语言知识和言语技能的训练密切结合起来，使教学活动尽量符合交际需要。而言语技能的训练要做到听说读写全面发展，阶段侧重。精读课、语法课、视听说课的教学质量

提高了，可以为泛读课、口译笔译课、写作课等提供大量的积极词汇，坚实的语言知识；反过来，泛读课取得的显著的教学效果，会促进并带动其他课型取得更好的进展，从而使整个俄语教学向良性循环方向发展。

### （二）俄语泛读的种类

根据读者在阅读时所获得信息的使用情况，泛读又可分为通读（粗读或浏览式阅读）、略读（跳读或了解式阅读）和评读（细读或研究式阅读）。

通读，又称粗读、面式读法或浏览式阅读，指的是以较快的速度粗略地浏览全篇，以获得对内容的大意和最一般概念为目的来翻阅书籍，杂志以及其他读物。浏览式阅读应当理解的课文中所含信息量不应少于 10%~15%。

略读，又称跳读，点式读法或了解式阅读，是一种为寻求特定细节，放弃大部分无关内容，只注意某一点或某几点的阅读方式，是旨在了解一般内容的阅读。了解式阅读应当理解的课文中所含信息量不应少于 75%，训练抓特定细节技能时多使用跳读的方式。

评读，又称细读或研究式阅读，指的是详细、逐行地阅读，以掌握全部内容，再以某种形式（转述、简介或摘要等）再现所获得信息的一种阅读。研究式阅读应当理解的课文中所含信息量应达到 100%。

俄语专业泛读教学所采取的方法是随着课文的性质、难易程度、具体课节的教学目标和学生的意向等而发生变化的，应综合运用、灵活安排，以研究式阅读为主要授课方式为最佳。

### （三）影响俄语泛读教学的诸多因素

1. 积极因素

阅读外语原版书刊是直接获取国外信息和知识的捷径，学生主观上的能动性和渴求知识的强烈愿望会化作积极参与泛读教学的动力。社会上对俄语口笔译人才的大量需求客观上会促进泛读教学。高素质教师的积极正确地引导和学生对阅读俄文原版文章的广泛兴趣，也是影响俄语泛读教学的积极因素。

2. 消极因素

（1）材料索取方面

首先，是现行的俄语泛读教材中涉猎的已知单词无法与精读课俄语教材中已学过的单词保持一致，泛读课与精读课达不到同步进行、相互补充、互相促进的良好效果。但现今的俄语专业学生绝大多数是零起点的学生，词汇存储量和应有的基本语法知识不足导致很难适应该套泛读教材，影响教学效果。在基础阶段泛读教学过程中，比如，第一册书中开始便出现了说明从属句、时间从属句等俄语语法中的复合句的概念，同期语法教学中并未涉及，泛读课教师不得不把应在精读课上讲解的语法项目拿到泛读课上解决，这样势必会占用泛读课的教学时间，影响教学进程，这也是泛读教材与精读课教材不同步造成的后果。现行泛读教材中的课文难度普遍比精读课文难，生词量大，不符合教材编写的可接受性原则。原则上泛读课文应比同年级的精读课文浅易，生词量最好控制在7%，即100词组成的课文，生词不超过7个。课文中语言结构的难点也会对学生理解文章造成消极影响，令学生产生畏难情绪，不利于泛读教学。现行泛读教材从知识性的角度考虑，反映俄罗斯语言国情文化知识方面的文章不是很多，科普基础知识方面的文章较少，限制学生的阅读面。教材所配设的练习类型单调，缺乏综合评价类和分析归纳类练习。

其次，是教师和学生不能够充分利用网络资源，索取材料和最新信息。泛读课的课时很有限，每周两节课，教材不可能时时更新，但网络资源是最丰富、最紧跟时代的。泛读课教师如果不会利用多媒体网络资源，适时地为学生提供一些新材料作为学生课后阅读的依据，扩充知识面，将对泛读教学造成消极影响。

（2）教师自身素质和教学方法方面

教师的自身素质包括高尚的师德、专精的专业修养和专门的教育修养。泛读课教师不仅要精通本专业的知识，还应熟悉相关学科的发展情况并应具备一定的课程与教学论方面的教育观念。大多数学校俄语专业没有固定的泛读课教师，而是由教精读、语法或视听说等课型的老师客串一下兼任泛读教学的。以习惯于精讲多练的精读或语法课的教学方式来组织泛读课堂教学，授课过程中过于偏重词汇语法讲解，缺乏篇章分析和阅读技巧讲授，势必不符合泛读教学的目的和要求。教师自身对俄罗斯国情文化知识掌握得欠缺也会影响泛读教学的效果。泛读课上要结合具体课文补充一些相关的文化背景知识和国情知识，有助于学生全面深刻地理解文章的主旨。如果教师引导不够或本身不具备这些知识的话，就语言而讲语言，会取得事倍功半的效果，得不偿失。教师对学生的课外阅读辅导不够。传统教学模式中"填鸭式""满堂灌"的教学方式也与泛读教学的目的和要求不符，教师在泛读教学中应充分发挥其主导和组织者的作用，师生关系类似于导演和演员的角色定位。

（3）学生主体作用的发挥和学习方法方面

学生在教学过程中的主体作用不容忽视，学生是内因，教师和其他客观因素都是外因，外因要通过内因起作用。学生在入门阶段对俄语的畏难情绪和对就业前景的迷茫都会导致在泛读教学中主观能动性发挥得不够、不积极，从而影响教学效果。

学习方法方面，相当一部分学生在中学和高中阶段习惯于逐字逐句阅读的方式，还没有养成大量快速阅读的良好习惯。具体表现在以下五个方面：

第一，在阅读文章时注意力集中的程度不够，易受外界环境干扰。

第二，偏爱于朗读的阅读方式，或低声地朗读，不习惯用视觉默读，不善于利用余视的宽角度浏览所读文章，导致阅读速度慢。

第三，阅读时稍遇不理解处便重新从头开始反复地阅读，这种不断的回视习惯会影响阅读速度和阅读数量。

第四，过分注重个别单词的词义、单句的句意、句子的语法结构分析，忽略了文章的篇章结构和语篇意义的分析和理解，拘泥于细节，缺乏统领全篇、纵观全局的能力。

第五，学生主观上独立思考、分析解决问题的能力差，过分依赖于字典和教师的讲解，缺乏自信。以上种种表现直接对俄语泛读教学产生消极影响，导致阅读速度、数量和收效的不明显，同时制约着学生大量地获取信息和知识。

**（四）扩大积极因素，缩小消极因素，改进泛读教学**

1. 教材选材方面

俄语泛读教材的选材应与精读教科书内容保持同步，即泛读文章中所涉及的词汇，语法知识90%以上应是精读课文里同期学过的，学生读起来容易驾驭，贯彻教材编写的可接受性原则。泛读教材还要集趣味性与知识性于一体，所选文章无论从内容到题目都能吸引学生的注意力，令学生感兴趣，教材中多选一些反映俄罗斯国情知识和科普方面的文章，真正增进学生对俄国和俄罗斯人民的了解，扩大知识面。

2. 教师方面

①建议学校有关部门多为俄语教师创造出国进修的机会，提高俄语水平，了解学科前沿动态和语言的最新发展变化，回到课堂上更好地驾驭所教授的课程。教泛读课的教师要不断学习本专业的知识，涉猎外语教学法的相关领域，充实自己，更好地投身于教学。

②俄语泛读课教学要充分发挥教师的主导作用。教学过程中通常是教师布置任务，要求学生在课前没有预习的情况下，在规定时间内读完新课文，之后做规定性练习，检查学生对课文内容的理解程度。教师在教学环节中只起到督促和检查的作用，而不是事无巨细、面面俱到地去讲解。

3. 培养和提高学生泛读能力的教学方法与尝试

①在泛读课的教学过程中要根据不同类型的文章采取不同的阅读方式，如粗读、跳读、细读等。如果这节课只要求学生复述文章大意，便可采用粗读或通读的方式。

②培养学生的泛读能力，重在提高学生理解文章的能力和阅读的速度。学生在阅读文章时，要特别注意文章题目和副标题，据此推测文章大意。要注意语篇分析，切忌逐字逐句地翻译式阅读。

③泛读课上不提倡查字典，对生词的处理对学生来讲是比较棘手的。正确的处理方法有：对不妨碍学生理解课文主要内容的个别生词不必细究。学生了解俄语词的构造以后，便可根据词根、前缀、后缀、词尾等判断同根词、复合词，根据动词词根可推断相应的动名词，根据名词也可推测相应的形容词的构成形式，还可利用同义词、反义词来猜测词义。

④在泛读课的课文讲解中，教师应穿插进相关背景知识和国情知识的讲解，有助于对文章的深刻理解。

⑤虽然泛读课原则上不提倡讲语法项目，但是如果泛读教学中出现了与精读课不同步的情况时，我觉得有必要向学生澄清一些语法难点，为理解文章扫清障碍。

泛读能力的提高绝非朝夕之事，目前还没有一套科学的检验泛读课教学效果的测试手段，所以俄语的泛读教学还是一个需要我们广大俄语教师深入探索与研究的领域。

## 二、俄语口语教学模式

作为言语活动能力之一的说，和听、读、写一样，是俄语教学的重要组成部分。听和读是吸收和理解的言语活动，说和写是表达和运用的言语活动，吸收理解是表达运用的基础，不断吸收才能积极运用。听说读写四种能力相互联系，相辅相成，但只有在各自训练的基础上，才能互相促进，共同提高。

目前，大学俄语专业学生由于受应试教育的影响过分注重笔语的训练和学习，而忽视了口语的重要性，口语教学的效果一直不太显著。外语教学的目的是培养学生的外语思维和交际能力，而俄语口语教学的成败也关系着学生俄语口语水平和交际能力的高低。本书试图从俄语口语教学的目的、意义和教学要求，存在的问题，教育学、语言学和心理学的理论基础及口语教学的方法等几个方面探讨一下如何提高俄语口语教学的质量和学生的说的能力。

### （一）俄语口语教学的目的、意义和教学要求

1. 俄语口语教学的目的

俄语口语教学的目的是，通过各种形式的训练使学生在口语能力表达方面能就熟悉的题材进行交谈和发言，能运用所学的语言知识就我国和俄罗斯的政治、外交、经济、社会、文化等方面的常见话题与外宾进行交谈。要求语音语调自然、语言基本正确、连贯达意，根据不同的交际对象和交际场合正确运用语言的各种表达形式，完成交际任务。

2. 俄语口语教学的意义

外语教学的最终目的是培养学生以口头和书面的方式进行交际的能力，培养交际能力要求把语言知识和言语技能的训练密切结合起来，使教学活动尽量符合交际需要。而言语技能的训练要做到听说读写全面发展，阶段侧重。精读课、语法课、泛读课的教学质量提高了，可以为口语课提供大量的积极词汇、坚实的语言知识；反过来，口语课取得的显著的教学效果，会促进并带动其他课型取得更好的进展，从而使整个俄语教学向良性循环方向发展。

### （二）俄语口语教学存在的问题

收听收看俄罗斯广播电视节目是直接获取国外信息和知识的捷径，学生主观上的能动性和渴求知识的强烈愿望会化作积极参与口语教学的动力。社会上对俄语翻译人才的大量需求在客观上会促进口语教学。高素质教师积极正确的引导和学生对俄语学习的广泛兴趣，也是影响俄语口语教学的积极因素。

1. 教材方面

目前，大学俄语专业开设口语课程，但没有固定的口语教材。学生的口语能力的训练和提高可以在口语课上进行，还需要其他各门专业课的辅助练习。有些口语教材是供初高中有俄语基础的大学俄语专业学生使用的，比较陈旧，但现今的俄语专业学生绝大多数是零起点的学生，词汇存储量和应有的基本语法知识不足导致很难适应教材，影响教学效

果。教材中所列的题材有些比较陈旧，远离现实，缺乏趣味性和现实性，无法激起学生的学习兴趣。文章中涉猎的已知单词和日常生活脱节，常用词少，无法与精读课教材中已学过的单词保持一致，口语课与精读课达不到同步进行、相互补充、互相促进的良好效果。其次是教师和学生不能够充分利用网络资源，索取材料和最新信息。口语课的课时很有限，每周两节课，教材不可能时时更新，但网络资源是最丰富、最紧跟时代的。口语课教师如果不会利用多媒体网络资源，适时地为学生提供一些新材料作为学生课后交流的依据，扩充知识面，将对口语教学造成消极影响。

2. 教师方面

教师的自身素质包括高尚的师德、专精的专业修养和专门的教育修养。口语课教师不仅要精通本专业的知识，还应熟悉相关学科的发展情况并应具备一定的课程与教学论方面的教育观念。大多数学校俄语专业没有固定的口语课教师，而是由教精读、语法或视听说等课型的老师兼任口语教学的。以习惯于精讲多练的精读或语法课的教学方式来组织口语课堂教学，授课过程中过于偏重词汇语法讲解，缺乏大量操练，势必不符合口语教学的目的和要求。教师自身对俄罗斯国情文化知识掌握欠缺也会影响口语教学的效果，口语课上要结合具体情境补充一些相关的文化背景知识和国情知识，有助于学生全面深刻地理解所要表达的内容。如果教师引导不够或本身不具备这些知识的话，就语言而讲语言，会取得事倍功半的效果，得不偿失。传统教学模式中"填鸭式""满堂灌"的教学方式也与口语教学的目的和要求不符，教师在口语教学中应充分发挥其主导和组织者的作用。俄语教师一般基本功都不错，但由于语言环境的影响或缺少出国进修的机会，口语能力相对较弱，这会对教学起到消极的作用。

3. 学生方面

学生在教学过程中的主体作用不容忽视，学生是内因，教师和其他客观因素都是外因，外因要通过内因起作用。由于现在的俄语专业学生均为零起点，在入门阶段对俄语的畏难情绪和对就业前景的迷茫都会导致在口语教学中主观能动性发挥得不够好、不积极，从而影响教学效果。学习方法方面，相当一部分学生在中学和高中阶段习惯于听教师讲，说的主动性和口语能力都相对差。怕出错，不主动和外教沟通，学过的知识不能灵活运用，学生之间不经常说俄语，学校提供俄语实践的机会也不多。以上种种表现直接对俄语口语教学产生消极和不利的影响，导致收效不明显，同时制约着学生大量地获取信息和知识。

### （三）俄语口语教学的理论基础

俄语口语教学的教育学理论基础包括直接法的以口语为基础原则，听说法的听说领先原则，视听法的口语是教学的基础原则，自觉实践法的口语领先原则，功能法的听说读写是综合的言语活动。

1. 直接法的以口语为基础原则

从语言文字产生和发展的历史来看，人类是先有口语而后有文字的。文字符号只是在语言（口头语言）产生很久以后才产生的。口头语言是第一性的、根本的，而书面文字则是第二性的、派生的。前者无后者能独立存在，而后者则必须依赖前者，并以前者为基础才能存在。由此可见，俄语教学也必须以口语为基础，从口头入手。只有这样，才能抓住学俄语的关键。而语法翻译法从文字符号入手，这是一种本末倒置的做法。口语（听、说）领先，符合心理学原理，"难点分散，易于学习"；口语文字齐头并进，则难点集中，会挫伤学生学习的积极性。

口头语言是有声语言。在口头交际中，语音是十分重要的因素。正确的语音保证口头交际畅通无阻，而错误的语音则会给口头交际设置重重障碍，甚至使这种交际无法完成。因此，以培养口语能力为目标的外语教学，就必须把语音教学放在十分重要的地位。这里包括单音、语调、语速等，都要合乎外语的标准和规范。

幼儿学语，都从学说话开始。学识字和书写，那是入学以后的事。先口头实际掌握了语言，然后再学习文字符号的识记和书写，是学习语言的自然途径。通过这个途径学母语的人，没有一个不成功的（至少口语如此；至于读写能力，只要稍花工夫，也都可以学成）。学习口语是学习书面语的基础。

由此而得出的教学法结论是：学习俄语也应从说话，而不是从文字入手。至于听说阶段究竟有多长，则须视具体条件的不同而定。直接法家从未提出过"一刀切"的主张。有些直接法家虽然也承认可以"四会齐头并进"，但入门阶段的工作重点仍放在口语上。

2. 听说法的听说领先原则

语言，首先是有声的，文字只不过是记录说话的符号。口语能体现语言的交际功能，在言语过程中由于有语调、节奏、重音等语言手段，所以交际双方更能充分交流思想。这些语言手段恰恰是书面语所没有的。听说是一切言语活动的基础，读写是在听说基础上派生出来的。所以，口语是第一性的，文字是第二性的。听说训练好了，有利于读写能力的培养。因此，俄语教学应把口语摆在第一位，把读写摆在第二位，即是听说为主、读写为辅。在学习语言的初级阶段尤应如此。在俄语教学中要让学生通过听说学会听说，为此应当把课堂教学的大部分时间放在听说练习上。教学的顺序应当是先听说、后读写，即我们通常所说的听说领先。在俄语教学的入门阶段要先进行一个时期的专门听说训练，然后接触文字。入门阶段以后，教一课书的句型、对话和课文，也是先从听说入手，然后教读写。早期的听说法是听说遥遥领先，读写迟迟不上（比如，进行半年乃至一年的听说训练，之后才接触文字），因而相互脱节，现代的听说法在这方面有所改进，虽然是强调听说领先，但是在学生打下一定的听说基础以后，就适时地进行读写教学，使读写促进听说。

3. 视听法的口语是教学的基础原则

口语是教学的首要目标，也是教学的基础。学生学习外语首先要理解口语和掌握口语熟巧，然后在口语的基础上学习书面语，理解和掌握书面语是在理解和掌握口语以后才进行的。口头描绘情景是外语教学的基本因素。语言是交际工具，语言只有在口头交际时才是活的语言，语言首先体现在口语之中。人们首先也是借助口语实现交流思想的。学习外语是学习活的语言，口语才是活的语言的本质体现。口语是读写的基础，掌握读写能力的最快的方法是通过口语、通过掌握言语的语音、语调、节奏和旋律，再过渡到读写能力的培养。文字难以表达语言的语音、语调、节奏和旋律。它只是口语的记录，纯粹是一套人为的、规范的记录声音的符号。入门阶段，书本不仅不能帮助学生学会外语；相反，会阻挠口语的理解和掌握，以文字为中介理解和表达思想的学习过程，总是离不开文字形式的刺激去理解口语所表达的思想。凡从书面语出发学习外语的学生，总是看着书，才能把文字形式跟意义联系起来。结果，学生在进行口头交际时，听到声音不能直接与意义联系，想说的意思也不能直接通过声音表达。他们见不到文字，脱离了文字的依靠，就听不懂；不把内容写下来就说不出。通过书本学习俄语，常常不是整体感知和整体吸收语句，而是着重分析语句的各个组成部分，设法弄清每个词意，一个词一个词地用母语对照翻译和理解意义。学生总感到只有对书面语进行彻底分析和理解以后，心里才会踏实。实际上，这仅是一种虚假的安全感。结果离开了文字，寸步难行。这种虚假的安全感，既无助于掌握语言，更有害的是由于通过依靠文字视觉来训练口语，妨碍听觉与意义建立直接的联系。因此，只有在掌握一定的口语能力和基本语音、语调、节奏和旋律的基础上学习书面语，才能排除文字的干扰，培养直接通过口语，而不用文字为中介理解和表达思想。这时，学生掌握了外语声音整体之后，读写文字就不能再阻碍他们学习发音。为此，视听教学法在入门阶段设置了一个 60～70 教时的口语阶段，专学口语，专学语音、语调、节奏和语句结构，不认字母，不发书面材料，尽可能排除书面语为中介，自然地使用口语。或者，把培养听说读写的教学顺序归结为：听—说—读—写，即未听过的内容不先说，未说过的内容不先读，未读过的内容不先写。

4. 自觉实践法的口语领先原则

自觉实践法派认为，口语领先原则主要适用于外语教学的初级阶段和中级阶段前期。口语领先，指的是让学生先口头掌握所学语言材料或言语作品即句子或课文，然后再转入书面文字。从口语领先阶段到学习文字材料，其间的过渡所需时间有长有短，视具体条件的不同而定。别利亚耶夫的外语教学心理学认为，积极交际的说话过程具有下列相互制约的主要心理特征：说话不是熟练技巧，而是技能。说话以熟练技巧为前提，但并不归结为熟练技巧。技能是人们首次进行自己所理解的行为。熟练技巧是没有意识参加而完成的动作。如果认为说话是熟练技巧，则在训练口语时，就必然会去多次重复同一的东西和背熟一定数量的语句和成语。因此，言语活动不能归结为熟练技巧，它是一种自觉活动，是人们重新组织语言，创造性地运用熟练技巧和知识，它是技能。说话是创造性地运用语言，而不是复用语言，要具有灵活性。复用的说话（背诵的复述）是记忆活动，不是思维活动。如果只会复用，不会灵活地创造性地组织语言来表达思想，语言就不成其为交际工具了。

自觉实践法派的口语领先原则的精神实质是把掌握口语作为掌握文字材料的基础，把听说能力的培养作为读写能力的培养的基础，而不在于时间顺序上的先后关系还是并进关系。别利亚耶夫的外语教学心理学认为，外语的语言形式是与思维直接联系的。如果外语只能与母语形式联系，那么外语就不成为第二信号系统的刺激，外语就将失去其交际的功能。说话人的意识集中在思维内容上，不是集中在语言形式上。说话是不断发展的，它与听、说、读、写的发展是紧密联系着的。口语的发展决定着读、写技能的发展，后者又制约着口语技能的发展，起主导作用的是口语，口语应优先发展。言语分外部言语和内部言语。说话是内部言语的外部表达。因此，应注意发展内部言语。内部言语是外部言语的前提，它和思维直接联系，缺少它就不能理解言语。思想转向词的过程，是内部言语向外部言语转化的心理过程。这种内部言语能再生别人的口头、笔头言语（听和读）和产生内部言语（说和写）。说话不是熟巧，是收集语言材料创造性表达思想的技能，所以不可单纯训练复现背熟了的套用语和句型，而要进行真正的言语活动，但创造性地表达新思想又必须有熟巧。这种熟巧不是用多次简单地重复形成的，而是通过适当的练习形成的。

自觉实践法派口语领先原则的理论基础还有加利佩林的智力活动按阶段形成论的第二个阶段即大声言语活动阶段。大声言语活动指的是不借助实物或物质化的形式用大声的外部言语形式来实现的一种活动。它是由外部的—物质和物质化的活动向智力活动转化的开始。物质或物质化的活动要能脱离实物的直接依据，首先要求有言语的依据，这就要求对新活动作言语练习。言语的声音是言语报道的物理条件，是言语的社会功能的条件，是语言的声音性质的体现。由言语的双向交际活动派生出一种重要特性—对言语的受控制性，首先是受别人控制，其次是受学生自己控制。言语活动是作为物质活动的反映而建立起来的。为此，物质活动又重新开展起来并一步一步地转化为言语方面。语言的一定的词和词的安排，是与物质活动的一定因素和程序联系着的，是按照反映物质活动的进行而配置起来的。因此，大声的外语言语活动阶段的目的，是要使学生运用语言，掌握听、说、读、写言语交际能力。

5. 功能法的听说读写是综合的言语活动

首先，要把听、说、读、写技能看作是一种言语活动。作为交际工具的语言，既是口语形式的，又是书面形式的，学生学习口语和书面语同等重要。作为言语活动的听、说、读、写不可能是孤立的，它们必然是一种综合的言语活动。例如，听常和说或读或写结合起来活动。同样读和写也常与听与说结合在一起。在教学过程中，同时看到和听到的语言形式比单纯听来得容易。因此，在语言掌握得大体正确后，口语和书面语要结合起来使用。同时，每种语言活动都应采取适合自己特点的不同方法。使用的方法要跟语言材料相协调，不能使用千篇一律的方法，言语活动必须体现目标，做什么学什么。听、说、读、写四种言语活动的先后顺序，多少快慢都决定于目标，从教学的全过程来看，四种言语活动的先后顺序是无关紧要的。听说基础上培养读写能力与开始阶段突出书面语，而在后阶段进行听说训练，其结果可能是一样的，重要的是根据目标确定四种活动的适当比例。

其次，从交流思想的角度来看，外语讲得流利较之正确更为重要。在交际过程中稍微有些错误，但不影响理解，所学外语的本国人也听得懂，这比之追求语言形式上的正确，却结结巴巴难于表达思想更为实用，更易达到交流思想感情的目的。

### （四）俄语口语教学的方法

1. 基础阶段

基础阶段的言语训练要做到听、说、读、写全面发展。听和说的训练应占突出位置。第一学期就应该逐步做到基本上用俄语组织课堂教学。课堂上应使学生有尽量多的听说实践，养成说俄语的习惯，逐步提高语言质量。听说读写的能力是相互联系、相互促进的，不同课型、不同教学环节中可有所侧重，但必须重视综合训练、全面发展，要正确处理口语与笔语、理解与表达、准确与熟练的关系。基础阶段的言语训练要做到在语流中正确发音，注意各个音素、清浊辅音、硬软辅音等，掌握连读、弱化、清化、浊化等音变，注意词的重音，掌握基本调型表达思想感情。基础阶段的口语教学可侧重采用问答式教学、编对话、情景会话和复述课文等方法，调动学生的俄语学习积极性。

（1）问答式教学

提问方式有以下几种：可对句子的主要内容提问；用疑问词（代词、副词、语气词等）提问；不用疑问词提问；用不完全句提问；重问；婉转的提问；所学题材、情景的典型问题；对段落内容的综合、概括性提问。

对提问做出反应，回答问题的方式有：重复问话并回答；用完全句回答问题；用不完全句回答问题；回答前争取思考的时间；回避或拒绝回答问题；回答问题过程中的自我纠正；扩展回答问题；扼要回答问题。

（2）编对话

按角色演练对话；掌握基本礼貌用语；根据交际情景和任务，选用适当的语言手段；正确使用指人的称谓词并在对话中保持前后一致；掌握必要的交际技巧（开头、话题的提出和转换、承接、肯定、否定、补充、插话、结束等），对话要有情景性、趣味性和实用性，练习形式要多样化。在对话练习中应注意引导学生正确理解口语中常用的句型、词组，培养学生积极运用这些句型、词组的能力。

（3）情景会话

基础阶段的口语教学中心是日常生活情景对话。口语是活语言的本质体现，而人们和社会集团之间的对话又最能体现口语的本质特征。以二三人之间进行的日常生活情景对话为中心的，视听课上录音结合图像，把实际生活情景搬迁到对话之中，使学生好像置身于现实的自然情景和言语交际的环境之中。这样，对话便成了培养运用外语进行交际活动的先决条件。情景对话是教学的出发点。不但语言材料是通过分析研究录制的大量对话确定的，而且教材的主要部分—课文，也都是用对话组成的。同样，语音、词汇和语法知识也是通过情景对话进行教学的。借助图像呈现情景，按照一定题材内容进行对话，是培养听说读写能力的有效途径。口语课上教师设计情景，让学生分别扮演不同的角色，根据情况进行即兴对话，具体情景如结识、购物、问路、看病、聚餐、乘车、旅游等。

（4）复述课文

复述的方式有：

第一，用另外的语言手段表达句子或句组内容；抓要点，复述段落大意；将文章划分意段，作内容提要，按提要复述文章大意；将直接引语转变为间接引语，转述对话的主要内容；描述文章中的情节、情景；按规定的人称、身份、谈话对象、情景复述文章或段落大意；按规定的时间或句子限量简述文章大意；描述影片、幻灯、图画的内容（景物、事件、人物外表、内心状态的相互关系等）；叙述见到的一件事；叙述听到过的一件事；叙述经历过的一件事。

第二，解释和说明。简单介绍所学文章的著名作者；简要说明文章中涉及到的人物、事件、时间、地点等；在所学词语范围内能解释一些名词、缩写词、成语、难句的意思。

第三，发表意见、观点。对所学文章中的人物及其言论、行为表示自己的态度；引用文章中的事例评价人物、言行和事件；对人物、言行、事件表态和评价后做出结论；在所学词语范围内对实际生活中发生的事件，读过的文章、书籍，看过的戏剧、影片等发表自己的意见。

基础阶段的复述，叙述应以模仿为主原则。即不是先学习语法规则，再在规则的指导下说话的。他是先听周围的人说话，模仿着说，因此，也就学会说话了。基础阶段的俄语口语教学也应以模仿多练为主；语言理论在教学中应放在十分次要的地位。

基础阶段的口语教学的主要障碍是学生的畏难情绪，大多数学生不敢开口说，容易紧张怕说错，教师要鼓励学生克服畏难心理，适度地纠正错误，帮助他们树立掌握俄语的信心。通过大量练习培养学生的熟巧和速度。

2.提高阶段

提高阶段的口语教学要求学生在语流中发音基本正确，符合俄语语音规则；在语流中正确运用调型，较熟练地掌握语段切分、调心移动等技能，达到语速自然、流畅，能准确地完成表意和表情功能。

（1）问答式教学

提问：重问、反问、婉转提问等；就段落内容做概括性提问；在典型交际情景和话题中做连续性提问。

回答：简明回答对方的问话；根据谈话对方的要求，扩展性地回答、阐述自己的见解；掌握答话的技巧手段（争取思考时间、回避不谈、委婉拒答、纠正自己的答话等）。

（2）编对话

对他人话语做出各种情态性反应（如同意、赞扬、惊异等）；正确使用各种礼貌用语和交际技巧（如反问、插话、换题等）；在各种特定的交际情景中，恰当运用合适的惯用语句。

（3）发表意见或观点

复述和叙述：就文章全篇或段落，说出其内容大意；以不同身份和人称简述作品的内容；简述某事的发展过程。

解释说明：简单介绍所学课文的知名作者；简单介绍著名人物、重大事件等；解释某些事物、现象、名称、缩略词、熟语、难句等；在典型的涉外活动中说明有关事宜（如接待、日程、活动等）

描述：描述文章的重要情节和环境；描述人物的外表、性格、心理等；描述物品、商品的特征和性能。

议论：对所学文章中的人或事，表明自己的态度和见解；对现实事件和书刊影视发表自己的意见；确定论证的层次，使用恰当的论据；正确使用句际和段落间的各种联系手段。

视听说课是俄语听力和口语相结合的课程。在听力理解方面通过各种形式的训练，使学生能听懂俄罗斯人在社交场合的交谈、讲话，听懂俄罗斯联邦电视台、电台的有关政治、外交、经济、社会文化的新闻报道、采访讲话和电视文献片。要求能理解大意，抓住主要论点，了解说话人的真实意图。

口语教学应顾及所学语言国家和该种语言民族的文化背景知识，包括民俗、习惯、文化传统等等。广义的民俗还包括所学外语国家的历史、地理、政治、社会制度、国情、民情、文学艺术等方面的常识，部分内容相当于现今我国大学外语专业开设的所学语言国家概况语言和文化都具有深刻的民族性，体现一个民族的特点，是民族精神的表现。学习一种语言，如果不去理解使用这种语言的人民及其国家的文化背景知识，那么便不可能深刻地理解这种语言的本质，更不能保证正确、得体地使用这种语言。

广义的综合教学指言语活动的不同类别（听、说、读、写）和形式（口语和书面语）的综合。在实际交际中，言语活动往往以一种综合的形式出现，例如，听和说是不可分割的两个方面。在教学中，培养听、说、读、写四种言语活动能力，培养口语能力和培养文字能力，可以单独进行，不同阶段有不同的侧重。但从总体上来看，教学应该是综合的，而不能长期老是单打一。

## 三、俄语词汇教学模式

由于英语与俄语同属印欧语系，两种语言在语音、词汇、语法等语言知识方面有许多相似或相同之处，如何利用学习迁移理论把学生已掌握的英语或俄语语言知识迁移到相对来讲是二外的俄语或英语语言知识的学习中，充分利用原有语言的正迁移作用，克服负迁移影响，对目前英语和俄语学生的学习意义重大，在外语教学中运用好该理论会节省讲课时间，减轻学生负担，取得事半功倍的教学效果。

目前，英语专业学生对二外俄语的学习感觉很吃力，俄语专业的生源绝大多数为初高中所学外语为英语的学生，从零开始学习俄语难度很大。不同语言的语言知识和交际能力是可以相互转化的，能够起到相互促进、相得益彰的作用。同属印欧语系的英语与俄语，其相同或相似特点使学习英语和俄语的人在学习前就已具有可迁移的一般外语知识与言语技能，即具有接受同语系外语知识的能力。因此，他们并不是真正处在外语学习的零起点上，如果对他们用多个学时教语音、语法和词汇，而不考虑他们已学过国际音标，不考虑学习者已掌握一种外语语法中的类似语言现象，也不考虑学习者已学过国际词汇，完全忽视了学习者有可能自觉不自觉地在记忆库里对先后学习的两种外语进行联想、迁移。这样的话，教学效果会达不到预期目标，学生外语学习的收效也会大打折扣。本文仅就俄语词汇教学实践中如何应用学习迁移理论掌握词汇教学模式。

### （一）俄语词汇教学的理论依据

1. 心理学理论基础

从心理学观点分析，词的结构包含两个基本方面。一方面，是感知和理解口笔语时可以通过听觉和视觉听到和看到的复合刺激物。另一方面，是在口笔语中表达自己思想时可以通过发音和书写说出和写出的回答反射。词的发音和书写是伴随着动觉的。因此，掌握一个英语词或俄语词，要求在大脑半球皮层上形成视、听、动觉皮层区域之间足够复杂的暂时神经联系复合体。按认知理论的说法，也可以认为是通过感觉登记器和短时记忆储存在长时记忆中的多种编码的信息痕迹，但不可否认，英语词或俄语词都具有一个视、听、动觉结构作为其感性基础。

作为视、听、动觉复合体的词，不仅可以感知，还可以表象出来。在感知或表象这两种情况下，人的意识中都有着词的形象，只是前者由词的刺激物决定，而后者则是形象的再现，亦即在记忆中恢复。在记忆中恢复的词的形象称为词的表象。外语词的表象总是视、听、动觉的，亦即词的心理结构中包含着词的听觉表象、视觉表象和动觉表象。但无论是感知还是表象，都只是外语词的外部具体特点的反映，只是作用于感官或分析器而人只能感觉到的那个方面。

词有三个结构要素：音、义和形，即词是语音、意义和语法三者统一的整体。声音是词的物质外壳，词汇首先是音、义的结合体，词音和词义之间没有内在必然的、本质的联系，语音得以与客观现实建立联系完全在于意义对客观现实起概括反映的作用，音、义的联系完全是由社会约定俗成的。词音和词义，词形和词义的结合构成符号，因此词具有符号和意义两个特征，符号代表客观现实存在，意义概括客观现实形成并表达概念。外语词都具有音、义和形三个结构要素，因此外语词汇教学也要从词的音、形、义着手，具体从词的构形手段、构词方法、结构手段、词的意义和语义等几个方面寻求规律。

2. 教育心理学理论基础

在具体的外语词汇教学中可遵循学习迁移理论。学习迁移指一种学习对另一种学习的影响或习得的经验对完成其他活动的影响，即学生获得的知识经验、认知结构、动作技能、学习策略和方法等与新知识、新技能之间所发生的影响。学习迁移可以从不同角度来划分，按迁移发生的领域分类，可以将学习迁移分为知识的迁移、动作技能的迁移、习惯的迁移、态度的迁移等。外语词汇学习迁移应类属于知识的迁移。

按迁移产生的效果分类，可将学习迁移分为正迁移和负迁移，或称为积极迁移和消极迁移。正迁移又称为积极迁移，指的是一种学习对另一种学习的积极影响或促进。负迁移又称消极迁移，是一种学习阻碍和干扰了另一种学习，即一种学习对另一种学习产生了消极影响。布鲁纳认为，所谓学习的迁移就是富有成效地把一个人学得的编码系统应用到新的学习上。正迁移就是指一种适当的编码系统被应用到一系列新事件的学习上，负迁移是一个人错误地把编码系统应用到新的学习上，或者面对新的材料没有可以应用的编码系统。布鲁纳把学习迁移划分为态度、方法及原理的一般迁移和具体知识的特殊迁移，一般迁移是普遍存在的，迁移范围较大，可以影响到其他学科知识的学习，特殊迁移范围较小，很少能产生较大跨度的迁移。外语言语技能的形成必须以拥有一定的语言材料为基础，而掌握语言材料的一个不可或缺的因素便是外语词汇的积累。通常人们在学习外语时，普遍感到词汇是一大难点，尤其对初学俄语并且已有英语基础的学生来讲，词汇学习更容易受英语的思维定式的影响。但二者同属于印欧语系，都是拼音文字，具有大量的显性共性和隐性共性，利用学习迁移理论充分挖掘两种语言的共性，把学生已有的英语基础转化为学习俄语的特有优势，改善来自英语的阻碍与干扰，积极变英语的负迁移影响为促进俄语学习的正迁移作用；反之亦然。

  按迁移产生的方向分类，可将学习迁移分为顺向迁移和逆向迁移。顺向迁移是指先前学习对后继学习的影响；逆向迁移则是指后继学习对先前学习的影响。用认知派的观点来看，顺向迁移是一种同化作用，它是把已有知识经验运用到同类事物中去，以揭示新事物的意义和作用，从而把新事物纳入已有的认知结构中去。逆向迁移是一种顺应作用，它是要把已有知识经验运用到新的异类事物中，对已有的知识经验进行重新改组，以形成能包含新事物的新的认知结构的过程。无论是英语词还是俄语词都具有音、义和形三个结构要素，在外语学习中可以把学生已有的英语或俄语词汇方面的知识运用到新的外语同类知识中去，用已有英语或俄语词汇认知结构同化新的外语词汇认知结构，发生顺向迁移。

### （二）俄语词汇在构形手段方面的教学规律

  桑代克的学习迁移的相同要素说认为，只有当两种训练机能具有相同的要素时，一种机能的变化才能改变另一种机能的习得。即只有当两种学习在某些方面有相同之处时，才有可能进行迁移。并且，两种情境相同的因素越多，迁移的可能性就越大。后来，伍德沃斯的学习迁移的共同成分说认为前后两次学习只有在内容上有共同元素或共同成分时，迁移才能发生，否则，无论它们所涉及的官能如何相同，也是不能发生迁移的。人的机械学习可借鉴相同要素说，前后两次学习只有在内容上有共同元素或共同成分时，学习迁移才能发生。英语和俄语词汇在构形手段、构词方法和结构手段方面都有不少相同或相似的规律可循，在学习过程能够相互迁移。英语属于日耳曼语族，来自拉丁语字母，分析性强，缺乏形态变化；而俄语属于斯拉夫语族，与希腊字母有渊源，综合性强，富于形态变化。英语用的是拉丁语字母，俄语采用的是斯拉夫字母，而通常俄罗斯人发国际电报也采用拉丁文。英语与俄语、拉丁语有不少词汇在音、形上有许多相似和相同之处，存在迁移的可能性。学生既可凭借英语词汇记忆俄语词汇，又可依据俄语词汇记忆英语词汇。

奥苏贝尔的认知结构的迁移理论认为，学生原有的认知结构是实现学习迁移的最关键因素，当学生已有的认知结构对新知识的学习发生影响时，就产生了学习迁移。所谓认知结构就是学生头脑内的知识结构，是一个人的观念的全部内容与组织，或一个人在某个知识领域的观念的内容与组织。认知结构中旧知识的可利用性、稳定性和清晰性程度，新旧知识之间的可辨别性程度影响着知识学习的迁移。认知结构的概括水平越高，迁移的可能性就越大，效果就越好；认知结构的概括水平越低，迁移的范围越小，效果越差。外语词汇学习中的语音迁移必须以学生原有的认知结构为实现学习迁移的最关键因素，当学生已有的认知结构对新知识的学习发生影响时，就产生了学习迁移。认知结构中旧知识即已有外语词汇中的语音知识的可利用性、稳定性和清晰性程度，新旧知识之间的可辨别性程度影响着俄语词汇中的语音知识学习的迁移，也就是说，学生认知结构的数量和质量影响学习迁移的质量。学生的认知结构对新的学习既可以产生正迁移，也可以产生负迁移，认知结构的质量起着至关重要的作用。如果学生本身对第一外语字母的掌握模糊不清、模棱两可，便谈不上认知结构的稳定性和可利用性，辨别不清英、俄两种语言的相似性与共同点，更难以迁移到第二外语的学习中去。

### （三）俄语词汇在构词方法方面的教学规律

历史比较语言学告诉我们，渊源相同的亲属语存在语言的对应性，在构词法方面存在相似性也就是共性，这就决定着同一语系的英语和俄语教学的特殊性。既然同一语系的语言有着这样那样的联系，不妨把学习迁移理论渗透到相对来讲是第二外语的教学过程中去，借鉴、遵循语言间固有的共同规律，从而加强对两种语言的共性和个性的更深刻的认识。按迁移产生的情境分类，可将学习迁移分为横向迁移和纵向迁移。横向迁移又称为水平迁移，指在内容和程度上相似的两种学习之间的迁移。纵向迁移是指不同难度、不同概括性的学习之间的相互影响，包括较容易、较具体化的学习对难度较高、较抽象学习的影响和较高层次的学习原则对较低层次的、具体学习情境的影响。学习同语系的英语和俄语可以采用横向迁移的水平方式进行。

英语的构词方法有三种：合成、派生、转换和缩略法，俄语的构词方法有复合法、词缀构词法、截短法、复缩法和名词化等。英语的合成构词法相当于俄语的复合构词法，都是通过联结两个或更多生产词干的方法构成新词。英语的派生构词法相当于俄语的词缀构词法，都是在一个单词前或后加上一个词缀（前缀或后缀）变成一个新词。英语的转换构词法相当于俄语的名词化构词法，即将一个单词由某一种词类转用为另一种词类。英语的缩略构词法相当于俄语的截短和复缩构词法，都是在词或词组的基础上取各词的缩略部分构成新词。

英语的合成构词法和俄语的复合构词法都是主要用于构成名词和形容词，构成方式如下。合成名词的构成方式有：名词＋名词，形容词＋名词，动词＋名词，副词＋名词，代词＋名词，动词＋副词。复合形容词的构成方式有：名词＋形容词，形容词＋形容词，副词＋形容词，形容词＋名词。英语的形容词＋分词和副词＋分词的复合形容词的构成方式相当于俄语的形容词+主动形动词和副词+主动形动词的构成方式。

英语的派生构词法和俄语的词缀构词法都是将词缀（前缀或后缀）加在生产词干或生产词上构成新词的方法。根据使用的词缀不同，又可具体分为：后缀法、前缀法和前缀后缀法。

英语的转换构词法和俄语的名词化构词法都是将一个单词由一种词类转换为另一种词类，主要是转换为名词。转换后的名词在形式上部分地保留原单词的词尾，但在语法特征和范畴意义上却具有名词的一切特点。

英语的缩略构词法相当于俄语的截短和复缩构词法。取词组中各词的词首字母或音，取词组中各词的词首部分（往往为音节），既取词首音或字母，又取词的词首部分（音节），取词组中前一词的词首部分和后一词的整个词形式，取词组中前一词的词首部分和后一词的词首、词尾部分等构词方式。

英语和俄语构词方法上的相似性同样可以在外语学习过程中发生迁移，已经有一定英语构词法知识的学生只需教师略微点拨，重点去记俄语的词缀和具体单词，而无须花费大量精力理解构词知识，便可轻松掌握俄语构词法方面的所有知识；反之亦可。

### （四）俄语词汇在结构手段方面的教学规律

格式塔心理学家的学习迁移的关系说，又称迁移的关系转换理论，强调个体对关系的顿悟是获得迁移的真正本质，迁移的产生主要是对两次学习情境中原理、原则之间关系的顿悟，所迁移的不是两个情境的共同成分，而是两个情境中共同的关系。学习迁移的原因不是因为两种学习中存在共同的要素，而是因为两种学习中存在相似的关系，顿悟关系乃是学习迁移的真正原因。英语和俄语词汇在结构手段方面都有表示词汇意义的部分即词干。按词素组成的不同情况，词干可以分为不可切分词干与可切分词干两大类。不可切分词干是不可切分的整体性表义部分，即单一的词根词素。可切分词干由两个以上词素组成，除必须有一个词根之外，还必须起码含有一个词缀。由于词干组成中词根词素的数量不同，词干可以分为简单词干和复合词干。简单词干含有一个词根词素，复合词干含有两个或更多的词根词素。学生只要对英、俄语词汇在结构手段方面的共性产生顿悟，便可轻松掌握更多的词汇。

### （五）俄语词的意义的教学规律

意义是人类心理认识活动对一类事物进行概括的反映，俄语词的词义与英语词的词义均包含具体意义和中心意义两个方面，词的具体意义指的是词对所表客体或现象的关系，词的中心意义则决定于词与概括地反映着现实的相应概念之间的直接联系。词的中心意义又称为词的基本意义或词的一般意义，贯穿于这个词所有的具体意义之中。词的中心意义与词的具体意义之间的关系乃是一般与个别的关系，亦即概念之间的类概念与种概念的从属关系。奥苏贝尔的概念学习理论认为，概念是知识的基本单元，任何学科的知识都是由一系列概念或原理构成的，而原理也是由概念构成的，因此概念学习是知识学习的主要内容。概念学习就其实质而言，是掌握一类事物所共同具有的某种关键特征。概念学习有两种不同的方式：概念的形成和概念的同化。概念的形成是指学习者从大量的同类事物的不同例证中独立发现事物的关键特征，从而获得概念的过程。概念形成的过程是发现学习的过程，无疑是一种有意义学习的过程。概念的同化则是以定义的方式直接向学习者呈现同类事物的本质特征，学习者利用认知结构中原有的有关事物的知识和概念理解这个新概念的过程。概念同化的过程是接受学习的过程，概念的同化仍然是一种有意义学习的过程。外语学习者完全可以利用认知结构中已有的一种外语相关概念类属的知识同化新的外语词汇的中心意义与具体意义，进行有意义学习。

从本质上看，词的意义是出现于人们意识中并发挥作用的两种反映（词的物质方面的反映和事物、现象的反映）的联系。无论英语词还是俄语词的意义，都不仅包含着外延关系、内涵关系和结构关系，还反映着语言与语言使用者之间的关系。词的内涵关系是指符号（词）对概念的关系，在语言中它表现为通常所称的词汇意义。概念有朴素概念和科学概念之分，词的意义只同朴素概念有着不可分割的联系。词的外延关系是指符号对事物、现象的关系。外延和内涵之间存在重要的区别：在外延相同的情况下，内涵可能不同。词的结构关系是指词与其他词的关系，这包括词与词之间的组合联系和聚合联系。词的外延关系和内涵关系是决定词的意义的语言外因素，而词的结构关系则是决定词的意义的语言内因素。

俄语从英语中借用的词语，尤其是国际性的专门术语，与借出语言中的词义，一般是相同的。只是借用的词在俄语中长期使用后，有时其词义会发生变化。大多数国际词源自希腊语和拉丁语，由于新技术、新概念不断涌现，英语和俄语词的使用者就利用希腊语和拉丁语的词缀、词根模拟构成新的国际词。

从学习迁移的整个产生来看，它主要受先前学习和后来学习的特性及学习者自身具有的一些特点的影响，这些影响因素大体可分成客观因素和主观因素两部分。客观因素包括学习材料的性质，学习情境的相似和教师的指导影响迁移；主观因素包括学生的智力水平，学生的认知结构的数量和质量和学生学习的心理定式影响迁移。贾德的学习迁移的概括说，又称概括原理说，强调原理、原则的概括对迁移的作用，两种学习活动之间存在共同成分只是产生迁移的必要前提，而迁移产生的关键在于学习者能够概括出两组活动之间的共同原理。而且概括化的知识是迁移的本质，知识的概括化水平越高，迁移的范围和可能性越大。这就要求学生要有较强的分析、概括能力，这种能力对迁移尤为重要。布鲁纳也认为，认知结构中的内容越基本、越概括，对新情况、新问题的适应性就越广，广泛的迁移就越可能发生。因此在外语教学中，要注意掌握英语学科和俄语学科的基本原理和基本概念，以利于在学习迁移的过程中准确地使知识类化，把新知识顺利地纳入已有的知识体系中去。优化学生的认知结构，包括认知形式、认知策略、知识经验、认知风格和元认知等，为学习迁移提供坚实的基础，掌握外语词汇教学规律，多快好省地进行外语教学。

# 第五章　俄语教学改革

## 第一节　俄语教学改革分析

### 一、OBE教育理念下混合式俄语教学改革的研究

#### （一）基本概念的界定

1.OBE教学理论

成果导向理论（Outcomes Based Dducation，OBE），20世纪90年代，美国学者在《Output-based education model：controversy and answers》中，首次提出成果导向理论，随后在加拿大、美国、澳大利亚等国家广泛应用。OBE理论的核心是"学生中心、产出导向、持续优化"，贯彻"以生为本"，遵循"以学定教"原则，以学生的素质、能力、知识需求为目标，确定教学设计、教学内容、教学过程和教学评价等内容，全方位突出教学的实践性和创新性。

2.混合式教学模式

混合式教学模式是在移动智能终端与网络平台的支持下，将移动教学技术、网络技术引入课堂，全面提升学习效益的教学模式。该模式既能够启发学生的思维意识，又能够提升学生的自主学习能力，对全面增强学生的积极性、创造性、理解性有着极为重要的意义。

3.教学改革

教学改革以提升教学质量，推动教育进步为目标，在教学的思维、方法、内容和制度等方面进行全面变革。改革通常分为新政策改革、新理论改革、实验性改革和推广性改革等方式。

#### （二）OBE教育理念下混合式俄语教学改革可行性分析

1.理论基础

首先，OBE教育理论基本成熟。OBE教学理论得到极为广泛的应用并取得显著的教学成果，按照"反向设计、正向实施"方式，以"需求"为起点，最大限度地确保教育结

果与目标的一致性。其次，混合式教学融合发展。该模式以互联网技术为基础，将线上与线下教学优势相结合，形成有普遍适用意义的研究成果，对俄语教学有着极为重要的意义。因此，在 OBE 教育理论的指引下，混合式俄语教学改革有着成熟的理论基础。

2. 技术服务

随着移动智能终端的不断普及，为 OBE 教育理念下的混合式俄语教学改革提供技术支持，如依托 ios/Android 系统搭建的蓝墨云、智慧树等教学平台，同时为师生提供移动端与 PC 端两个版本，满足不同主体的学习需求。因此应全方位地创新与拓展此类学习软件功能，使线上线下教学逐渐成为俄语教学改革的必然选择，为实现改革目标提供充分的技术支持。

### （三）OBE 教育理念下混合式俄语教学改革设计

在 OBE 教学理念指引下，设计混合式俄语教学改革方案，从以下几个方面进行优化与修正。

1. 教学目标

以教育部提出一流课程"双万计划"为指引，参照俄语专业人才培养目标及课程大纲相关要求，依托腾讯深度分析大数据，了解学生的基本需求、疑惑及线上学习情况，有针对性地制订教学目标，做到"以学定教"，即学生需要什么就给予什么。但在教学目标要设定四个问题：①学生能够接收哪些知识？②这些知识是学生所需要的吗？③如何提升学生获取知识的效率？④如何确认学生掌握知识的情况？

2. 教学内容

根据"双万计划"提出的国家精品线下线上混合式"金课"和线下"金课"的教学目标，结合学生需求确定教学内容。从资源种类来看，可以分为自建资源和已有资源两类，其中分析已有资源的利用形式、选择标准和适用性，根据学生需求结构化、任务化地处理资源，确保其符合混合式教学改革要求。同时，根据教学目标、学生需求自建微课资源，选择线上直播、点播、互动等方式开展教学活动。教学内容的选择要围绕"需求"进行设计，以需求为导向，以"实现需求"为结果。

3. 教学模式

在 OBE 教育理念下，混合式俄语教学模式改革必须充分考虑"线上+线下"融合发展，应用数据服务平台建立"多端系统"，确保混合式俄语教学效果得到全面提升。网络系统发挥平台功能，教师和学生可以依托平台进行互动。在线平台还具有充足的管理功能，如打卡、签到、点名等。通过数据分析系统，了解学生学习的时间和效率，掌握学生的学习习惯。充分融合 OBE 教育理念，利用大数据分析系统构建智慧教学模式，围绕学生需求进行设计和组织，以达到"点对端"的教学效果。

4. 教学方法

OBE 教学理念的教学方法必须朝着多元化方向发展，网络系统同样能够使用传统教学方式，如讨论法、辩论法等，尤其在培养学生俄语翻译及互动能力方面，远程对话能够起到良好的教育效果。利用大数据挖掘技术，找出适合学生的教学手段，通过学生喜闻乐见的方式开展云教学，才能做到事半功倍。比如，线上教学＋线下讨论的方式能够更好地促进教学专业化与线下互动化紧密结合，运用小组合作方式，促进学生竞争意识、合作意识、创新意识的形成与发展，使学生能够形成更加高阶的思维体验。

5. 教学评价

混合式俄语教学改革评价必须以 OBE 教学理念为指引，一切围绕学生需求进行评价，结果、方法要满足学生的多样化需求。采取线上线下融合教学模式必须充分考虑教学评价的多元化、多主体、多维度，针对过程性指标进行评价。评价指标选择学习情况、课堂参与、作业情况、课后讨论等，不仅可以针对结果进行评价，还能够兼顾教学过程。从评价视角分析，还有教师互评、生生互评、师生评价、组内互评等，通过教学评价引发学生的反思。

### （四）OBE 教育理念下混合式俄语教学改革实践

1. 搭建"网络、课堂、终端"三位一体的教学平台

结合混合式俄语教学改革要求，设计"网络、课堂、终端"三位一体的交互式教学平台，在 OBE 教学理念背景下，全方位地激发学生的学习兴趣和提升学生的能力。以混合式教学为手段，优化线上线下教学环境，不断提升学生的实践能力。在教学平台搭建完成后，教师在课前可上传教学资料，让学生能够查找和预习，使其充分地认识本节教学内容。在教学中，教师要及时发现和关注学生的问题，并且给予针对性的解析，提升整体教学效果。教学完成后，教师可以将 PPT 资源上传至教学平台，并且布置作业，依托教学平台实施监督。在教学结束后，学生可以整体评估教师的教学效果，教师也可以评价学生，这样既能培养良好的师生关系，又能提升学生的自学能力。依托"三位一体"教学模式，能够有效提升俄语教学的质量和效益，真正达到"授人以渔"的目标。

2. 构建在线精品课程开放体系

通过构建在线精品课程开放体系，俄语教学可以实现教学资源的共享和广泛传播，提供更便捷、灵活的学习方式，满足学习者的个性化需求，并提升俄语教学的质量和效果。同时，该体系也为俄语学习者提供了便利和多样化的学习机会，促进俄语教学构建在线精品课程开放体系，主要有以下几点。

多样化的课程内容：课程内容涵盖俄语听力、口语、阅读和写作等不同技能领域。它们可以包括基础课程、进阶课程和专业领域课程，以满足学习者从初学者到高级学习者的不同需求。

优质教学资源：构建在线精品课程开放体系需要提供优质的教学资源，包括教材、课件、视频、练习和评估工具等。这些资源应由经验丰富的教师和专家开发，确保内容的准确性和教学效果的高质量。

个性化学习支持：在线精品课程开放体系应该考虑到学习者的个性化需求和学习进度。它可以提供自适应学习功能，根据学习者的水平和学习速度，调整课程内容和难度，

为每个学习者提供定制化的学习支持。

互动学习体验：在线精品课程开放体系应该提供互动学习的机会，以促进学生与教师和其他学习者之间的交流和合作。这可以通过在线讨论、实时互动、小组项目和反馈机制等方式实现，使学习过程更加活跃和富有参与感。

学习评估和认证：在线精品课程开放体系需要设立学习评估和认证机制，以便学习者能够获得有效的反馈和证明自己的学习成果。这可以通过在线测验、作业评估和结业证书等方式实现，为学习者提供目标和动力。

3.实施多元化动态评估机制

推动OBE教育理念下的混合式俄语教学改革，必须建立多元化的动态评估体系，以便综合评估教学情况。首先，评教一体化。依托同一教学平台进行互评，即教师在平台上综合性地评价学生的听课情况、出勤率、成绩等。学生也可以评价教师的教学效果，进行相向评价，以此提升教学效果。评教一体化能帮助教师和学生更好地认识到自身的不足，不断深化混合式俄语教学改革。其次，评价主体多元化。由于网络数据服务平台不但教师和学生可见，而且其他管理者及部分有权限的人员均可进入，因此在评价时，学生可以直接评价，其他参与学习的人员也可进行评价，从而确保社会对教学主体的有效监督，帮助教师更加有效地解决问题。再次，评价主体在评价时要注重客观性，不能求全责备或恶意攻击。最后，评价内容多样化。评价内容可以具有多样化特征，如学生的课堂表现、合作效果、作业情况等，有利于教师更好地了解学生的认知态度，推动教学改革的持续深化。

OBE教学理念对混合式俄语教学改革有着极为重要的意义，教学由"被动"转向"主动"，一切以学生需求为出发点，推动教学改革和实践的发展。互联网的创新发展是必然趋势，线上与线下融合教学模式已不再是新的课题，如何在OBE教学理念的影响下更好地推动混合式俄语教学改革，是必须深刻思考的课题。例如，从大一新生入学教育阶段开始，结合大学生科技节，通过展板展示学院创新创业最新成果，邀请学院知名毕业校友讲解创新与创业故事；针对不同年级学生，分层次引导学生参加不同难度的比赛；积极表彰宣传先进典型学生，通过召开班会、邀请历届获奖选手和导师分享比赛心得体会和成功经验，加强对学生的引导、激励和规范，增强学生的创业综合能力。

## 二、"关注自我"理念指导下的俄语教学改革探究

在俄语教学领域，关注自我的理念成为推动教学改革的重要方向。这一理念旨在引导学生更加主动地参与学习过程，注重个体差异，培养学生的自主学习能力和个性发展。

首先，注重个性化学习。教师需要充分了解学生的学习需求和兴趣，根据不同学生的特点和优势制订个性化的学习计划。这种个性化的学习方式能够激发学生的学习热情和主动性，从而提高学习效果。

其次，强调学生自主学习能力的培养。俄语教师应该引导学生学会自主选择学习资源，掌握学习方法和策略，并培养他们解决问题和自我反思的能力。通过提供适当的学习

环境和资源，俄语教学能够激发学生的学习兴趣和动力，培养他们独立思考和自我管理的能力。

再次，关注自我的俄语教学改革也注重培养学生的创造力和表达能力。教师应提供多样化的学习任务和项目，鼓励学生自主思考、创新表达。通过开展讨论、写作、演讲等活动，学生能够在俄语学习中展现个人才华和创造力，提高语言表达和沟通能力。

最后，关注自我的俄语教学改革强调跨文化交际能力的培养。教师应该引导学生了解俄语国家的文化背景、价值观念和社会习俗，培养他们具备在跨文化环境中交流和合作的能力。

### （一）终身教育需要"关注自我"

终身教育是指在个人整个生命周期中持续学习和进修的教育理念和实践。在终身教育中，"关注自我"是一个重要的方面，强调个体对自身学习和发展的关注和责任。

关注自我意味着个人主动关注自己的学习需求、兴趣和目标。在终身教育中，个体需要时刻保持对自身学习的意识，并主动评估自己的学习需求和兴趣，制订学习目标，并寻找适合自己的学习机会和资源。

关注自我还意味着个人主动参与学习和发展的过程。个体需要积极主动地寻求学习机会并参与学习活动，不断更新和提升自己的知识、技能和能力；这可以通过参加培训课程、研讨会、研修项目、自主阅读等方式实现。

关注自我还包括反思和自我评估。个体需要定期反思自己的学习和发展过程，思考自己的成长和进步，发现自己的优势和不足，并制订相应的改进计划。通过自我评估，个体可以认识到自己的学习需求，寻找适合自己的学习方式和学习资源。

关注自我在终身教育中具有重要意义。它鼓励个体对自身学习的主动性和责任感，促使个体积极参与学习活动，并主动寻求学习机会和资源。关注自我还培养了个体的自我意识和自我管理能力，使其能够更好地规划和实现个人学习和发展的目标。终身教育的实践需要个体不断关注自我，并主动参与学习过程，以实现个人的全面发展和持续学习的目标。

### （二）"关注自我"理论及其运用

"关注自我"论源头可追溯至古希腊，当时它被视为一种行为准则。作为伦理主体的"自我"在认识自我、关注自我、反思自我、改变自我、自我塑形以及重构自我的过程中，表现出一种审查自我、调整自我、改变和融合自我的能力。这些都体现在实践方式、行事风格、经验模式等方面。关注自我其实是一种表达对自己、世界和世间一切事物态度的生存方式，是一种构建性的社会实践。身为伦理主体的、自我在改变的同时也塑造了适应性生存方式。"关注自我"是一种"修身立德"的生存状态，是一种基于审查和反思的适时调整状态，这种状态督促自我实践，创造建构自我的条件，完成自我解释，创建实现愿望的条件。因此，"关注自我"理论更多运用于心理学与教育学领域。近年来，"关注自我"

理论成为俄罗斯高等教育的研究热点。若想"在变化无常的时代中生活，需要不断'关注自我'，探寻自己的独特之处。在这种情况下，作为人之本体和存在方式的教育成为人类学，而组织教育的学科——教育学确实能够解决人类学问题，即人的自我构建问题"。"关注自我"在高等教育实践中是指"教育主体对待自己的态度，个人教育计划，建构教育路径的态度，个人职业规划能力和自我发展目标等"。同时，终身教育被看作关注自我的一部分。终身教育不仅是指常规学习，还包括非常规的自我教育，如阅读、旅游、自学等或者一些日常生活中常用的实践技能。在此需要指出的是，这些"关注自我"研究多是指个体职业规划，对于个体精神世界的关注与训练还有待深入。

### （三）"关注自我"理念在俄语教学中的实践

在俄语教学中，实践"关注自我"理念可以帮助学习者更好地发展语言能力和自主学习能力。

首先，俄语教学中的"关注自我"意味着学习者对自身的学习需求和兴趣进行认知和评估。学习者应该关注自己的学习目标、优势和不足，明确自己的学习需求，并根据个人兴趣来选择适合自己的学习内容和学习方式。

其次，教师可以通过启发式教学方法和个性化指导，帮助学习者关注自我，提高自主学习能力。教师可以鼓励学习者提出问题、探索知识、自主学习，并提供个性化的学习支持和指导，帮助他们更好地实现学习目标。

再次，俄语教学中的"关注自我"还涉及学习者的自我反思和自我评估。学习者应该定期反思自己的学习过程和学习成果，思考自己的学习效果和学习策略的有效性，以便进行适当的调整和改进。自我评估有助于学习者认识到自己的学习需求和进步，并激发自主学习的动力。

最后，俄语教学中可以提供多样化的学习资源和学习机会，以支持学习者的自主学习和个性化发展。学习者可以根据自己的兴趣和学习需求选择适合自己的学习材料和学习活动。这包括使用俄语学习网站、阅读俄语原著、观看俄语影视作品等，让学习者更好地关注自我，并积极参与学习。

总之，俄语教学中实践"关注自我"理念可以帮助学习者更好地发展语言能力和自主学习能力。通过关注自我，学习者能够认识自己的学习需求和兴趣，积极参与学习过程，并实现个性化的学习目标。教师在教学中应鼓励学习者关注自我，并提供相应的学习支持和指导，以促进学习者的全面发展和提高持续学习的能力。

# 第二节　信息时代的现代教育技术与俄语教学

## 一、现代教育技术对俄语"教"与"学"的积极影响

### （一）现代教育技术对俄语教学中"教"的积极影响

目前，信息技术高速发展，现代教学理论不断完善，教学理念不断创新。信息技术优势无限放大，在培养学生信息处理能力和创新意识方面，科学技术有着不可替代的优势，多媒体技术与计算机网络技术使得信息处理变得简单，改变了教师以往的教学方式，学生的学习方式也受到了这种变革的影响。

1.教学主体不再单一

在传统教学中，教学主体主要是教师，教学客体是学生，而随着科技的进步及信息化的完善，教学主体与客体之间的差距不断缩小，学生也可以成为教学主体。许多技术对老师来说也是新事物，也需要不断学习，教师也可以在教导学生过程中完善自己的知识与教学水平，教学相长得以体现。

科技的进步带来了教学方式与方法的革新，越来越多的教学手段开始应用于实践中。信息技术与教学课程的有机结合，以及信息环境的改变，使传统的教学主体发生变化，教师作为知识传播主体的功能逐渐被弱化，学生学习的主观能动作用日渐发展，趋于主流化。有了科技信息这一强大的学习认知工具，人们的学习变得更加简单快捷，不需要教师过多地进行讲解。

研究性学习与探究性学习正在冲击着传统的课堂教学模式。例如，在大学开设的课程可以转变为网络课堂模式，由学生自主在网络上进行学习研究，只需要学期结束时对其进行考核，不需要平时教师进行课堂指导。教学主体不再仅仅包括教师，还可以是受教育者本身，没有科学技术信息化的支撑这种改变是难以实现的。

2.教学内容变得丰富

长期以来，我们总是习惯性地认为教学内容就是教材，认为书本是知识的唯一来源，直到现代教育技术的出现，打破了教材传递教学内容的垄断局面。教学资源也呈现多样化特点。现代科学技术与教学相结合以后，过去的单一由教师提供教学资源的固有模式受到冲击，甚至在一些科技发达的地区，这种模式面临消亡。学习者可以通过信息化环境，以及数字化终端获得信息知识，还可以从其他信息掌握者处获取知识。

特别是网络的飞速发展，使网络课堂等形式越来越多地走入寻常学生的学习生活。科技的发展迫使教学内容不断更新换代以适应社会变革，有什么样的科学技术水平，就会有什么样的教学内容与之相符，这是社会发展的普遍规律。科学技术的发展与教学内容的更

新基本保持同步状态,科学一旦发生了进步,教学内容一般情况下也会随之发生改变。

科学技术特别是信息技术使得教学内容日益丰富化,这里的丰富化主要包含两层含义:一层是教学资源丰富化;另一层是资源获取途径丰富化。传统教育教学内容主要载体是书本、文字、图片等,因此较乏味枯燥,不利于学生掌握与运用。而现代科技进步使得教学内容不仅包括书本上的文字、图片,还包括了视频、音频,呈现方式具有多样化、超媒体、开放性等特性。

3. 教育资料更加多样

科技进步带来信息化水平提升,教育资料来源也变得多样化。在传统教学中,知识来源主要是教师、课本。这一局面随着科技的进步被逐渐打破,受教育者可以从其他途径获得教育资料。现代教育技术的出现,改变了过去传统教育中知识结构线性缺陷,科学技术进步使教育资料来源呈现多种类、非线性网络结构特点。

科技进步加快了教育技术革新,教学结构从最初的知识点出发,逐步扩散,呈网状分布,知识结构呈现出一种多层次的结构链。这种方式的教育资料获得,符合人类客观认知规律。因此,被教育者可按照自身具体情况、学习需要来重新布置、安排自己的学习。显然,过去的教学方式知识结构比较简单,线性化结构不但限制了多层次、多角度地获得知识信息的途径,而且也限制了学生教学资料的多渠道来源,学生只能按照教师的教学计划来完成学习。

现代教育技术成功地克服了这一缺陷,多渠道的教育资料来源丰富了学生的知识储备。现代教育技术集声、文、图、像于一体,来扩大、丰富、充实知识资源,让信息生动、形象,同时更具吸引力地呈现在学生的视野里,为学生提供一个适度的空间,让学生在这一空间里既能认清现在,又能探索未来,让学生能更清晰地认知巨大空间与微观世界的事物。

4. 教学模式更加多元

教学模式主要是指在一定教学思想或理论指导下建立的,相对稳定的教学活动、结构框架与活动程序。教学模式是从宏观上把握教学活动的整体程序,对各个教学要素之间的关系与功能加以整合。教学模式具有指向性、操作性、完整性、稳定性和灵活性。教学模式的特点决定了教学模式必须具有一定的主观目的性,是为了达到某种教学目的所进行的活动;教学模式的操作性是指教学过程必须是可控制、可操作的,不能停留在理论阶段,其作用是使复杂的东西简单化、抽象的东西具体化,便于教师讲解的同时也便于学生的理解。

所谓完整性,就是指教学过程中现实与理论同时具备,有一整套和一系列的运行要求,要自圆其说和有始有终。教学模式的稳定性与灵活性并不矛盾,反而具有内在的统一。稳定性是指教学过程中对大量实践的理论概括,在一定程度上具有实效性与不可随意更改性。灵活性并不主要针对教学内容,而是使教学内容更好地传达,它需要运用多种教学模式,在教学模式的选择上有一定的灵活空间。

科学技术的进步带来了教学模式的变革与创新，越来越多的新技术丰富了教学模式，并使旧有教学模式的效率大大提升，丰富了教学媒介。传统的教学辅助系统主要是课本、黑板、粉笔、挂图、模型，而科技进步带来教学媒介的变革，电脑、投影仪等现代科技产物日益被学校、教师与同学接受，并且依赖性不断增加。

科学技术促进信息加工教学模式。把教学看作是一种创造性的信息加工过程，而科学技术的进步使信息的传播速度与更新速度加快，也会提高人们的信息处理能力。计算机互联网使得人们获得信息的难度大大降低，同时，获得信息的准确性与时效性增强。

科学技术的进步也使得个性化教学成为可能，个性化教学的主要思想是发挥学生的主观能动性，着眼于个人潜力的发展。科学技术进步增加了学生学习的娱乐性、能动性与创造性，可以使教师针对不同类型的学生提供不同的教学方式。科技进步可以使合作教学模式更好地发展，增强教学互动性，培养学生团队意识与合作精神。

5.师生交流机会更多

现代教育技术的出现，使师生教育平台成为可能。利用网络平台，教育者与被教育者之间的交流更加顺畅、简单、便捷。科学技术进步，特别是网络多媒体技术的进步，使多媒体教学可以得到充分发挥。多媒体教学主要是利用以计算机为中心的多媒体群技术。它从根本上改变了传统教学中教育者、教材、被教育者三点一线的乏味格局，学生面对的不再是单一、枯燥、乏味的老师、黑板，而是集视、听、说为一体的多媒体资源。

通过网络平台的搭建，师生可以实现家庭教学、家庭学习，知识也以图文并茂、视听组合的多媒体资源形式呈现在学生面前。师生交流平台的搭建，缩短了知识传播速度，提高了知识传播效率，将传统的教学中抽象的书本知识具体化、形象化，对学生的刺激大大提升。在传统教学中，一旦师生之间交流出现障碍，只有通过面对面交流解决，而面对面往往不利于学生表达内心真实想法。但是网络教学平台的出现大大地克服了这一弊端，面对计算机学生会更加放松，更容易表现出内心的真实想法，大大地缩短了解决问题的时间。

师生交流平台可以实现教育资源应用最大化，缩减教育成本。在传统教学中，一个教育者最多只能面对几百个学生，学生数量过多就会影响教学质量。网络平台则不存在这个问题，在网络上一个教室可以同时容纳成千上万的学习者，同时授课答疑，并且节约了书本印刷成本。

## （二）现代教育技术对俄语教学中"学"的积极影响

在传统教育中人们更多地重视从感性和直观的角度上看待"教学"的问题，单一地关注了教育中"教"的问题，在传统教育中对教师素质要求比较高，需要教师尽量照顾到每一个学生，忽视了"学"的重要性。现代教育技术更倾向对"学"的培养。如果说"教"是老师的重要职责所在，那么"学"就更多地体现在受教育者或者说是学生这个主角身上。

1.学习效率有所提高

兴趣是最好的老师,是学生学习的助推力,是学生提高学习积极性和促进学生认知能力提升的核心。现代教育技术通过技术力量优化了教学方法,运用科技的力量,在学习过程中加入了多媒体授课、网络互动等形式来加深学生的学习印象,提高学生的学习兴趣。例如:一些学科在传统教学过程中无法达到预期的授课效果,可运用集文字、图片、声音于一体的现代教育技术,如多媒体教学等应用软件,使原本虚拟的技术和抽象的知识更加直观化、平台化,以此来达到期望的授课效果,从而激发和提高学生的学习兴趣。

过去传统的教育方式大多是教师通过口头表达、用板书的形式把知识传授给学生,这样的学习方式比较枯燥,表达起来比较抽象,继而使学生学习起来比较费力、费时,学习效率自然不高。在信息技术发展的今天,传统的教育方式已经不能满足信息时代教育的需求。

于是,各种教育技术相继出现在人们的面前,现代教育技术的使用,使学生快速适应这种教育技术的应用方式,利用多媒体把难于理解的问题形象化地展示出来。这样不但在学习过程中培养了学生的学习兴趣,而且增强了学生自主学习的能力。学生抱着探索知识的渴望,出于对新鲜事物的好奇,逐渐掌握现代教育技术的应用方法,在学习过程中,在丰富文化知识的同时也提高了自身的学习效率。

2.学习个性得到凸显

进入信息社会,现代教育技术在教育中更突出了多样化和个性化特点。所谓的个性化教育就是能适应每位学生在学习过程中的个性特点和发展需求。在以现代教育技术为主流的教学形式中能看到,目前的教育特点是"教师是主导,学生是主体",以学生为中心,教师作为引导者根据学生在学习过程中遇到的不同问题,选择适用的现代教育技术,提供实用的学习途径,激发学生的兴趣和潜能,帮助学生针对在学习中所遇到的困难进行分析、引导,使学生乐于主动地参与到教学过程中来,为学生创建温馨的学习环境。

作为学习的主人、主体,学生应当积极主动地参与到学习过程中,面对舒适的学习环境、智能化的教育资源,学生应该合理地制订自己的学习目标,根据自己的学习风格,选择适合自己的学习方式实施有效的学习计划。

现代教育技术为学生提供了个性化的学习方式,针对学生学习水平的差异性和在学习过程中遇到的参差不齐的问题,教师可以减少教学参与,让学生自主地选择适合自己的学习方式,通过现代教育技术力量对自己的学习过程进行帮助、指导,以达到个性化学习的目的。

现代教育技术给学生提供了多种感官刺激和更为直观的教育,帮助学生在多角度、多领域获取知识,在教育中增强了学生认知能力,提升了教学质量。现代教育技术在教学过程中不受时间、地点、地域等约束,在短时间内能把多年沉积下来的抽象知识,用最直观的方式表达出来,使所学知识一目了然地展现在学生面前,方便学生的理解和记忆。

现代教育技术具有鲜明的个性化教学特色,针对学生间的个体差异,拿出有效的方案来进行因材施教,实现教育的个性化,也能帮助学生在学习过程中解除障碍,提高了学习效率。另外,现代教育技术培养了学生适应新式教育环境,采用信息化技能工具获得知识的能力。

现代教育技术有生动、形象的教学特点,提升了学生的学习能力,增加了学生的信息容量,激发了学生的求知兴趣;在帮助学生学习知识的同时,开发了学生的智力,锻炼了学生自我学习探究知识的本领。在教学过程中科学运用现代教育技术,学生们身心健康得到发展,在轻松的学习环境下,提升了教学质量。

3. 学生的自主学习能力得以增强

随着现代教育技术的不断进步,网络技术和计算机应用技术进入了千家万户,其培育学生自主能力的作用日渐突出。利用现代教育技术与各门学科有利结合,学生可以通过网络和计算机技术合理安排自己的学习时间、地点和学习方式。教师放下过去单一的板书授课形式改为使用现代教育技术手段进行教学,不但能提升教学品质,而且能帮助学生提高自主学习能力,使之成为学习的主人。

目前,在学校中利用现代教育技术参与教学已经成为教育工作中的普遍现象。网络是现代教育技术中比较实用的一种,是获得信息的最有效、最便捷的方式。网络在学习过程中提供给学生最丰富、最前沿的信息资源,有利于学生探索知识和开阔视野。网络作为新生事物,它方便、快捷、灵活等多种优点满足了学生探索知识,崇尚科学的欲望。作为信息时代高科技的产物,它给学生带来了丰富的学习资源。

尽管网络是一个虚拟的空间,但它拓展了我们的知识面,给予了我们遨游的空间。它的出现及应用改变了人们的传统教育方式,在学生学习过程中给予了极大的帮助;即便坐在家中也可浏览众多网上图书馆丰富的图书资源;数秒时间内,便可查询相隔万里的前沿学习资料,在极短的时间内获得详细的、丰富多彩的学习信息;许多学校通过增设远程教育网来学习更多的知识等。正是由于网络的这些优点,它才受到越来越多学生的青睐。

4. 实现教学相长

在教学方式中,无论是古老的板书方式还是现代的多媒体教学,师生间都应该树立合作的教育观念。在以往的学习过程中,学生只注重学习知识而忽视了其他方面的发展,教师也只是履行教学的任务。在今天的教育过程中,学生怎样收获知识,教师怎么引导学生,成为重要的问题。

目前,现代教育所推崇的是教师与学生的同步交流,共同协作来达到师生间"教"与"学"上的双赢。之前对一些自主学习能力强的学生来说,简单的技术操作就能让他们学习到渴求的知识而减少了与教师的交流。现代教育技术常常弱化了教师的作用,撼动了过去教师主导教育的崇高地位,这样一来,学生和教师在沟通方面就显得尴尬。

不过,无论多媒体多么形象、多么方便,也无法替代教师作为教育引导者的身份,这给了教师重拾师者威严的机会。师生的交流协作是最好的教学进步方法,实现师生共赢局面,教师与学生的互动给教师增添了师者魅力,也为学生的成长增添了动力。

## 二、现代教育技术在俄语教学中应用的必要性与可行性

### （一）现代教育技术在俄语教学中应用的必要性

1. 现代教育技术应用于俄语教学是时代发展的需要

进入 21 世纪的信息时代，人类社会正处于高科技飞速发展的阶段。在这个知识爆炸的时代，信息量迅速增加，学生所需学习和获取的知识也不断增加。然而，传统的教学模式已经无法适应信息时代经济和科技发展的要求，教材的信息量和知识结构相对滞后。

为了确保教育与社会的紧密联系，我们需要将现代教育技术引入教学过程中。教育技术的融入引起了教育的巨大变革，不但改变了传统的教学手段，而且拓宽了教学环境。在教学思路、模式、方法以及教师和学生的角色定位上，教育技术开辟了新的途径，提高了教育教学的效果和效率，推动和促进了教育改革的不断深入和发展。

在这个知识爆炸的时代，社会分工越来越细化，用人单位对人才的要求也越来越高。因此，教育的培养目标也相应地发生变化。传统的人才培养策略重点放在学生的实际能力和专业技能上，忽略了其他能力的培养，如社会适应能力和团队合作能力。这导致学生在综合素质方面有所欠缺，进而在就业过程中遇到困难。因此，高校教育应以素质为本位，重视学生的整体素质的培养，让学生在充分掌握专业技能的基础上，成为综合素质高，具有社会责任感和完善人格的可用之才。

对俄语学科来说，在课程体系中正确地把握自己的定位，是其发展之道。在变化的大背景中，要有良好的心态和职业教育的服务理念，让俄语脱离与专业的寄生关系，而更好地服务于职业教育。所以，俄语应该结合专业特点，注重知识的应用性与实用性，和谐发展语言能力和职业能力。

2. 现代教育技术应用于俄语教学是俄语学科发展的需要

现代教育技术的应用对于俄语教学是俄语学科发展的必要需求，主要体现在以下几点。

增强学习体验：现代教育技术可以为俄语学习者提供更加丰富和多样化的学习体验。通过使用多媒体资源、在线课程和互动学习工具，学生可以更好地参与到俄语学习中，激发学习兴趣和积极性。

提供自主学习机会：现代教育技术可以为学生提供自主学习的机会。通过在线学习平台和学习管理系统，学生可以根据自己的学习进度和兴趣，自主选择学习内容和学习资源，实现个性化学习和自主学习的目标。

拓展学习资源：现代教育技术使得俄语学习者可以获得更多的学习资源和信息。通过互联网，学生可以获取到丰富的俄语学习资料、语言工具和学习社区，从而拓展自己的学习资源和交流平台。

提供个性化学习支持：现代教育技术可以提供个性化的学习支持和反馈。学习者可以通过在线作业、自动化评估和智能辅导系统等方式得到即时的学习反馈和指导，帮助他们发现自己的学习问题和改进方向。

促进跨文化交流：现代教育技术可以促进俄语学习者与俄罗斯文化的跨文化交流。通

过在线协作工具和虚拟交流平台，学生可以与俄语母语者进行交流和合作，拓宽自己的语言交际能力和跨文化理解能力。

综上所述，现代教育技术的应用对于俄语教学是不可或缺的。它提供了更多的学习机会和资源，提升了学习体验和学习效果。通过应用现代教育技术，俄语学科可以更好地适应当今数字化时代的学习需求，促进俄语学习者的语言发展和跨文化交流能力的提升。

3.现代教育技术与俄语教学能够完美契合

在俄语教学中，要想实现现代教育技术有效地运用，需要在理论层面上对其进行更深入地研究。从现代教育技术与俄语教学的契合点出发，从分析俄语学科中现代教育技术的定位、现代教育技术条件下俄语学科的特性、俄语学科与现代教育技术的融合三个方面进行论述，从理论上更明确现代教育技术与俄语教学相结合，做到和谐统一的基础。

（1）现代教育技术在俄语教学中的定位

为了实现现代教育技术与俄语教学的整合，应首先对现代教育技术在俄语教学中所处的地位及其对俄语学科产生哪些作用有一个清楚的认识。只有弄清了这两个方面，才能在俄语教学的过程中使现代教育技术找到最合理和适当的位置。

①现代教育技术是教学的辅助工具，用来实现俄语教学的优化

对于俄语教学来说，现代教育技术就是一个辅助的工具，其所产生的影响和意义与粉笔、黑板对教学的意义没有本质上的区别，它们都是为教学提供服务的工具，而真正对教学产生重要影响的不是"技术"，而是将这些教育技术运用于教学中的"人"。在俄语课堂上，教学能否成功关键不在于是否运用了现代教育技术，而在于教师能否将这些技术较好地运用于俄语教学中。

在教学中，教师的地位是不可能被现代教育技术所取代的。之所以使用现代教育技术，并不是要向学生展示多媒体、网络等技术的多姿多彩，而是希望通过教育技术的运用，更好地紧扣教学内容，突出重点，抓住学生的注意力，从而有助于教学任务的实施和完成，并取得良好的教学效果。

②现代教育技术与传统教学媒体和教学手段的关系

现代教育技术的发展，给传统的教学媒体和教学手段都带来了巨大的影响和冲击。但这种冲击并不是要对传统进行全盘的否定。相较于传统媒体，现代教育技术确实拥有着其强大的优势，但它并不是"超媒体"，它其实也就是对传统教学媒体进行更好的拓展和补充，不是取而代之。

所以，无论教学媒体如何发展，这些媒体都拥有其自身的价值而不可替代。至于在教学中选择哪些媒体，其重要的依据之一就是教学内容，能将教学内容以最合理、最高效的方式传授给学生的媒体就是最合适的。

（2）现代教育技术条件下俄语学科的特性

①俄语的工具性与人文性的统一

与其他学科相比较，俄语课程有着其自身的特性，即工具性与人文性的统一，这也是

俄语课程的基本特点。俄语的工具性主要就是在俄语学习过程中，让学生运用俄语的能力得到培养和提高，掌握好俄语这个工具，能够表达自如、思维活跃，并将文化传承下去。所以，在俄语课程中，需要给学生提供更多的时间和更广的空间去进行运用语言的训练，在训练中了解语言现象、找寻规律，从而实现培养学生俄语能力的目的。

俄语的人文性则是指通过丰富的人文资源对学生个性的培养、人格的塑造、精神世界的丰富实施关怀，注重学生树立正确的价值观，培养积极向上的人生观以及健康的审美观等。

俄语的工具性与人文性的关系是非常紧密的，二者相互依存、相互促进。只有注重俄语的工具性，才能使人文性得到更好的生存和发展。而只有俄语的人文性得到充分的重视，工具性才能得到更好的发挥。脱离或肢解文本，一味地进行语言训练或架空文本，忽略语言实践的做法都是有问题的，这些做法对学生的俄语学习都是非常不利的。

②俄语的言语性与情感性的统一

在俄语学科自身的特性中，言语性是它区别于其他学科的基本性质之一。俄语学习过程其实就是学生学习和运用语言（口头语言＋书面语言）的过程。言语性的特点即要求在俄语学习过程中的一切活动都必须是为言语活动的开展提供服务的。由此可见，俄语课程最重要的目标就是让学生在听、说、读、写的活动中得到充分的锻炼，从而提高学生的言语表达能力。

俄语教育的情感性主要表现在以下几个方面：

首先，从教学主体来看，无论是教师还是学生都是有着丰富的情感、有血有肉的生命个体，无论是在课内还是在课外，教师和学生之间都需要进行情感的交流和心灵的沟通，拉近心理之间的距离。

其次，从教学目标来看，情感性目标是教学活动的重要目标。在教学中，除了要教授给学生知识和学习方法之外，还要注重学生积极健康、乐观向上的情感的培养。作为人文性较强的学科，俄语教学中的情感目标是必不可少的。

最后，从教学内容来看，俄语教材中所选择的文本，无论是哪一种文体或形式，无不是作家情感的流露、智慧的结晶，而且一定蕴含着深厚的情感因素。这些丰富的情感因素大都是在向人类传递着真诚、善良、友好、美丽的高尚情感。这些文学作品给俄语教学活动带来了多种多样的情感素材，为情感性教育活动的开展创造了广阔的空间，这正是俄语学科所独有的特性。

所以，在俄语教学过程中，俄语的言语性与情感性是相互依存、相辅相成的。一方面，学生通过对文学作品言语的欣赏，充分去感受文本中所蕴含的情感性因素，感受作者通过作品所传递出的"真情实意"，从而实现与作品情感的交汇融合；另一方面，学生也可以通过语言文字将内心最真实的想法表达出来，实现"文道合一"。

③信息时代俄语教学内容的新特点

俄语是人与人交往的重要工具，是人类文化的重要组成部分。作为一门基础学科，俄语的教学内容包含了阅读、写作、口语交际等。

在俄语学科中，阅读教学的主要目标就是帮助学生掌握阅读方法，学会阅读。信息时代的到来，人们的阅读方式和对象也正发生着一些改变。略读和快读越来越受到重视。阅读对象也由传统的纸质书籍向电子书籍发展，在教学中则应对信息的搜集和选择进行更多的考量，指导和训练学生如何在庞大的信息资源中搜寻有价值的信息，通过这种研究性阅读教学的尝试，使学生的信息收集、筛选和加工的能力得到提高。

写作教学是俄语学科的一个重要组成部分。随着互联网的迅速发展，人与人之间的交流和沟通可以通过电子系统来进行，写作教学也将面临重大的变革。写作最重要的就是将自己的真情实感表达出来，现代教育技术的运用可以让学生更加自由、自如地抒发内心的想法和情感。同时，教师在批改学生作文时也可以借助于教育技术，更加省时、省力和直观，也更利于师生之间情感的交流、信息的互动。

口语交际主要是培养学生听话和说话的能力。当今社会，人们越来越重视听、说能力的培养，它成为人们生存和发展必备的基本素质。随着信息技术的迅速发展，人与人之间的口语交际变得十分方便和快捷，而且实现了人与机器之间的对话，有的甚至可以通过人工语音来对机器进行操作和控制。因此，为了适应社会的发展，每一个公民都应该重视听、说能力的培养，具备良好的口语交际能力，否则将难以在现代信息技术社会中立足。

（3）现代教育技术与俄语教学的融合

教育技术与课程整合将教育技术作为教学辅助工具融入课程中，以促进学生的学习。也就是将教育技术以工具的形式在教学系统各要素中呈现，使其成为教师的教学工具、学生的认知工具、重要的教材样式、主要的教学媒体。

教育技术与课程整合的本质与内涵是指在先进的教育理念和理论，尤其是主导—主体教学理论的指导下，将计算机多媒体和互联网为核心的教育技术运用于教学中，作为认知工具、情感激励工具去促进学生自主学习，作为情境创设工具去丰富教学环境，并将其全面应用到各学科教学过程中，使各个教学要素、丰富的教学资源和教学环节，通过整合、组合和互相融合，整体优化而产生聚集效应，从而推动传统教学的根本变革，实现培养高职生创新精神，提高实践能力的目标。

现代教育技术与俄语课程的融合，是指在行为主义、建构主义等教育理论的指导下，将教育技术的优势充分地利用和发掘出来，在特定的信息技术环境中，结合俄语课程自身的特色，促进课程内容与信息资源的深入整合，以协调的方式推动俄语教学任务的完成。

## （二）现代教育技术在俄语教学中应用的可行性

1. 现代教育技术营造了良好的俄语教学氛围

俄语教学中正在使用的教材是经过不断改革和更新的，更加符合现代化教育教学的目标，更加贴近现实生活。然而，还是有一些与现实生活脱节、比较晦涩的内容，使学生接受起来有较大的难度，而学生根据已有的生活经验和现有的知识储备是很难找到合适的解决方法的。

互联网技术的出现为俄语教育提供了丰富的可用资源，并在很大程度上解决了相关问题。通过多媒体教学，教师可以将视频、音频、动画等元素组合在课堂上展示，为学生提供丰富多彩、交相辉映、声情并茂的视觉体验。虚拟现实技术则能够实时呈现逼真的三维效果，为学生创造身临其境的学习环境。

互联网不仅提供了海量的教学资源，还打破了时间和空间的限制。学生可以在教学过程中以灵活有趣的方式参与学习，使学习内容更加形象化。互联网的发展为俄语教育带来了更大的便利和创新空间。

在这样的学习氛围中，加上教师的正确引导，学生的学习过程会更加轻松。从学生的角度而言，互联网所提供的信息经过筛选可以成为俄语学习的补充资料，可以用于课前的预习，还可以运用互联网自主地解决学习中遇到的一些难题，使学习效率得到极大的提高。

2. 现代教育技术激发了学生学习俄语的兴趣

了解和掌握资料查询的基本方法，培养学生自主学习的能力，是新课标教学的重要目标。让学生学会自主学习，首先需要教师传授有效的学习方法。在俄语教学中，培养学生对俄语学习的兴趣，增强学生阅读、写作、交际的能力也是同等重要的。在现代教育技术的实际运用中，通过生动、直观的视听资料及方便快捷的沟通渠道，可以大大吸引学生的注意，激起他们学习的兴趣。

兴趣会引导人们去努力认识和理解自己所喜好的事物，在学习中也是如此。不少心理研究的结果都验证了这样的事实，学生在对学习内容充满兴趣时，他的大脑皮层会处于一种兴奋的状态，促使他各项智力因素得到提高，积极地投入精力去学习，这就是最好的老师是学生的兴趣。

著名的教育学家赞克夫，曾大力主张要在教学过程中努力去调动学生的积极性，关注学生微妙的情绪变化，创造愉快而活泼的学习情境。在我们现在的教学中，教师有能力将视频、音频、动画等不同元素有机结合在一起，给学生带来多重刺激，以生动、逼真的视觉形象呈现知识，便于学生注意力的集中，引起他们的好奇，由此产生学习的兴趣。当学生身处新奇、刺激、探索的学习氛围中时，他的思维会更加灵活，因而更容易激发他想象和创新的潜力。

3. 现代教育技术有助于学生创新意识的培养

如果对网络教学的认识仅停留在制作精美的课件上，显然是不正确的，学生如果只是观看课件而没有真正地学到知识，那么再多的努力都是徒劳的。因此，教师应该充分地利用计算机在俄语教学中的绝对优势，以此来激发学生的主动性，提高学生的创新能力。

借助网络平台，学生的各种感官系统都可以得到充分的调动，一改单纯地听或看的学习状态，让学生全身心地投入学习当中。在多媒体教学中，学生的想象力和创新能力都得到了大幅度的提高。例如，教师在制作课件的时候分设不同的窗口，让学生来自行讲解，锻炼他们的语言表达能力和创新思维。

在传统的教学过程中，教师居高临下地讲解和传授知识，学生被动地接受，这样的模式会对学生的创造力造成毁灭性的打击。然而，现代教育手段广泛应用于教学之后，学生在更为丰富的情境中学习，可以充分地发挥自己的能动性，根据自己的喜好去选择适合自己的学习方式，拥有独立思考的空间，能更加主动地参与到学习中，不断地提高自己的创新能力。同时，学生和教师之间的反馈得到了加强，教学的理论和实际之间形成了良性的循环。俄语教育实践表明，正确地应用现代教育技术可以有效地激发学生的学习兴趣，更好地培养学生的学习能力。

4.现代教育技术有助于学生协作能力的培养

在课堂教学中有效地开展互动式教学，需要创设合适的语言情境，营造出轻松的教学氛围。对于俄语教学而言，学生个人的积极参与、学生之间的合作、教师与学生之间的配合都是十分重要的。课堂中，除了知识的传授也要注重学生的实践。语言的学习需要不断地练习，因而生动活泼的语言教学环境显得极为重要。学生需要自由表达思想、自如交流情感的平台，同时，这也是对学生团队合作能力的培养和学生完整人格的塑造。

学生在学习中，不单单是掌握了学习的方法、信息的整合、语言的运用，在此基础上，更高层次的目标是对学生合作精神和实践能力的培养。这就要求学生在合作中学会共享，在互相学习、合作解决问题的过程中不断地锻炼自己的思维能力和创新能力。在现代教育技术提供的良好平台下，学生之间、师生之间的合作和互动应成为课堂教学的主要模式，对学生的培养也应该有所侧重。

在教学实践中，学生的能力应该是教师培养而后引导的关键，学生从学习知识转变为提高能力，从以前的向老师学转变为自己学。在多媒体教学的环境下，学生与教师交流和沟通的渠道大大增加。与之相应的是，教师也应该转变自身的角色，积极主动地运用现代教育技术于教学中，充分体现学生在学习中的主体地位，激发学生主动参与知识获取的过程，培养其自主学习的意识，发展学生的个性。

从教育发展的角度看，运用现代教育技术，推进教育信息化，带动教育现代化，实现基础教育跨越式发展；从人才培养的角度看，在信息时代，教育、教学要充分利用信息技术与信息资源，提高师生信息素养，培养信息社会需要的创新人才。

# 第三节 基于教学媒体技术的俄语教学

## 一、教学媒体概述

教学媒体是指教学活动中交流、传递信息的技术工具和手段，用于教学信息从信息源到学习者之间的传递。随着科技的发展，教学媒体发生了巨大的变革，对众多的教学媒体，如何根据具体的教学目标、内容及学习者的特征选择适合教师自身的教学媒体，并根据各媒体的特点优化组合以达到教学效率最大化，是个值得深入探讨的话题。

当代社会已进入信息时代，信息对人们的影响及人们对信息的依赖程度越来越明显。一切信息的传播都需要中介物，教育教学信息的传播也不例外。信息传播过程中的中介物就是媒体。

### （一）教学媒体的概念

教学媒体是指在教育教学过程中使用的各种工具、资源和技术，用于传递信息、呈现教学内容、激发学习兴趣和提供学习支持。它们可以是物理的、可见的实物，也可以是数字化的、虚拟的资源。教学媒体的应用可以丰富教学内容、提升学习效果、激发学生的学习兴趣和积极性。它们创造了多样化的学习环境，通过多感官参与和探索，促进学生的深度学习和理解。教学媒体还提供了个性化的学习支持和反馈，帮助学生自主学习、发展技能和提高学习成果。

然而，教学媒体的有效应用需要教师具备媒体选择和设计的能力，以适应教学目标和学生的需求。教师需要了解不同类型的教学媒体的特点和优势，根据教学内容和学生的学习风格选择合适的媒体。同时，教师还需要掌握使用教学媒体的技巧和策略，以充分发挥其教学效果。

教学媒体的应用可以提供更具吸引力和互动性的学习体验，帮助学生更好地理解和应用所学知识。例如，通过使用多媒体演示和视频，教师可以生动地展示复杂概念和实际应用场景，激发学生的学习兴趣。通过使用互联网资源和学习应用程序，学生可以在自主学习的过程中获得即时的反馈和指导，加深对知识的理解和掌握。

此外，教学媒体还有助于促进学生之间的合作和交流。学生可以通过共享屏幕、在线讨论和合作项目等方式共同探索和学习，促进彼此之间的互动和合作能力。

教学媒体在教育教学中起着重要作用，它们提供了丰富的学习资源和工具，丰富了教学内容，提升了学习效果，激发了学生的学习动机和参与度。教师的媒体选择和媒体应用技巧对于教学的成功至关重要，确保教学媒体与学习目标和学生需求相匹配，创造积极、富有互动和合作的学习环境。

### （二）现代教学媒体

所谓现代教学媒体是相对于传统教学媒体而言的。现代教学媒体都与电有密切的关联，都使用电作为动力，如幻灯机、投影仪、视频展示台、广播、电视、计算机等，所以又称为电化教学媒体。

现代教学媒体具有以下几个优越性：

①现代教学媒体能使教学信息即时传播到偏远地区且传播范围广阔，为实施远程教育、扩大教学规模和实现学习资源共享，提供了先进的技术支持。

②现代教学媒体不仅能传送语言、文字和静止的图像，还能传送活动图像，准确、直观地传送事物运动状态与规律的信息，有助于提高教学的质量与效率。

③现代教学媒体能记录、储存、再现各种教学信息，计算机还具有信息加工、处理并与学习者相互作用的能力，从而为个别化学习、继续教育、创建新型教学模式、促进教育改革与发展提供了物质条件。

## 二、教学媒体在促进俄语教学改革中的作用

教育的目的是使人们认识世界、适应世界并改造世界，促进社会和人类自身的发展。在这一过程中，媒体作为人体的延伸，对俄语教育将产生多方面的重大影响。通过教学媒介，教师可以将更广泛、更丰富的信息传递给学生，以拓宽他们的知识视野。同时，媒体可以提供多样化的学习资源和学习环境，激发学生的学习兴趣和主动性。此外，媒体还可以促进学生的跨文化交流和理解，拓展他们的国际视野。总之，媒体的应用将为俄语教育带来重要的变革和提升，为学生提供更全面、丰富和多样化的学习体验。

### （一）影响俄语教师的作用

在语言媒体和文字媒体阶段，教师是教学信息的主要来源，教师由具有丰富生产与生活经验的年长者担任。他们是极少数拥有"知识"的人，在教学过程中具有绝对的权威，对学生的教育全面负责。印刷媒体出现后，教科书和教师一样是教学信息的主要来源，学生不仅能向教师学，也可以向书本学。电子媒体阶段的到来，众多现代教学媒体的诞生，为学习者提供了丰富的学习资源和众多的信息渠道，俄语教师不必面对学生进行灌输教学，而是组织与指导学生去利用多种媒体资源进行有效的俄语学习，或者编制高质量的课件和网上课程去教更大规模的"学生"。

### （二）影响俄语教学内容

媒体的发展影响了俄语教学内容的变化。文字媒体出现，使书写成为重要的教学内容；教科书的出现，大大扩充与规范了教学内容。同样地，现代教学媒体的出现与应用会在更大范围影响俄语课程的开设与教学内容的更新。

### （三）影响教学方法

不同的教学媒体决定了不同的教学方法。在语言媒体阶段，教学媒体主要是语言、实物和人体器官，因此教学方法主要集中在口头传授、示范、模仿和联系等方面。然而，随着现代多种教学媒体进入课堂，以及计算机网络进入校园，可供选择的俄语教学方法越来越多。

多种教学媒体不仅可以辅助俄语教师为中心的课堂教学，还为学生的自主学习、小组协作学习和在线远程学习等教学方法的发展提供了物质条件。这些媒体的引入可以丰富教学资源和学习环境，为学生提供更多样化的学习体验。同时，教师可以灵活运用多种媒体，激发学生的学习兴趣，提高教学效果。

### （四）影响教学组织形式

多种电化教育媒体进入教育领域，正在引起教育的重大变革。近年来，现代教学媒体

被广泛运用于俄语课程教与学的各个方面。

### （五）辅助以俄语教师为中心的课堂教学

尽管我国学校的教育仍然以教师为中心的课堂教学方式为主，要完全改变这种模式可能需要相当长的时间。然而，通过引入多种教学媒体进入课堂，并将其与俄语教师的讲授相结合，可以创建一种新型的教学模式。这种模式能够优化教学内容，解决教学重点和难点，提高教学质量，缩短教学时间，提高教学效率，这样的改变将起到重要的作用。

### （六）创建以学生为中心的课堂学习模式

多种多样的媒体进入俄语课堂有利于实现以学生为中心的学习模式。通过利用多种媒体设置教学情境，采用发现和探究式的学习方法，学生在教师指导下通过媒体进行学习，不断发现问题、解决问题，达到掌握教学目标的要求。这种以学生为中心的俄语学习模式利用多种教学媒体的条件，并基于教学思想与理论，正在快速发展。

### （七）个别化学习

随着教育媒体的发展，特别是交互式计算机课件的开发与利用，为学生个别化自学提供了有利的条件。在个别化学习中，学生能自主去选择适合的媒体，媒体也能根据学生的知识水平和兴趣提供合适的内容，供学生进行有效的俄语自学，个别化学习的方式正在随着教学媒体的发展迅速发展起来。

### （八）利用媒体进行学生技能的训练与实践教学

一些媒体特别适合于学生技能的训练与实践。例如：在语言实验中，可以利用录音带训练学生的俄语口语听、说能力；在微格教学实践中，可以利用摄录像媒体训练师范生的教学技能。

### （九）利用媒体实施远程教学

无线电与电视广播、计算机网络的利用为教学信息传输提供了广泛和远程的可能性，这些媒体为实施远程教学提供了有利的条件，尤其在俄语远程教学方面近年来蓬勃发展。

多种多样的媒体开发与利用正在引发俄语教育的重大变革。我们应该积极进行媒体教学试验，深入了解不同媒体的特性和教学规律，创造多种有效的教学模式，推动教育改革和发展。

利用无线电与电视广播、计算机网络进行教学传播具有以下几点优势。首先，这些媒体具有广泛的传播范围和覆盖面，可以将教学信息传递到遥远的地区。其次，它们具有互动性和实时性，可以与学生进行实时互动和反馈。最后，多媒体技术的发展还为教学提供了更加丰富多样的表达和展示方式，可以激发学生的兴趣和参与度。

## 三、俄语教学中现代教学媒体的应用

在实际教与学的实践活动中，俄语教师很少只利用一种媒体进行教学，为了提高教学效率和教学效果，学校创设了系统化的现代教育技术设施与条件。在这里，我们主要论述与俄语课堂教学息息相关的多媒体教学系统。

多媒体教学系统是学校开展多媒体教学的重要设施与场所，是指以多媒体计算机和相关外围设备聚合成的一个教学系统，具体如下：

### （一）多媒体教室

1. 多媒体教室简介

多媒体教室也称为多媒体演示室。多媒体教室由多媒体计算机、投影仪、视频展示台、中央集成控制系统、投影屏幕、录像机、音响设备等多种现代教学设备组合而成，现阶段被广泛运用于课堂教学、培训、会议报告等多种场合。它能使俄语教师方便、灵活地应用多种媒体实施媒体组合教学，在俄语课堂教学中，可满足教学演示、示范教学等。多媒体教室的基本功能如下：

①演示各类多媒体教学课件，开展计算机辅助教学。

②播放录像、VCD、DVD等视听教学节目。

③播放各种声音信号，并能完成现场声音的录制。

④展示实物投影。运用视频展示台进行实物投影，以及投影各类幻灯片、投影片、照片、图片等。

⑤连接校园网络和互联网，使教师能够根据教学需要方便地调用网络资源，实现网络联机教学。

⑥与校园闭路电视网络连接，可接收闭路电视节目，进行电视教学。

2. 多媒体教室系统构成

在多媒体教室系统构成中，各种不同类型的教学资源通过相应媒体送入中央控制系统（中央控制器），然后通过计算机软件界面或桌面按键或遥控器进行操作控制，完成各种信号之间的切换，实现对音视频设备的全面控制。

其中，中央集成控制系统是多媒体教室的核心，利用集成控制系统可将各设备连接起来，实现对多媒体教室各设备的功能、电源控制和视音频切换等操作，大大提高了设备的利用率。根据控制方式的不同，集成控制系统可分为按键开关式、触摸屏式、软件控制式3种。

（1）按键开关式

它用线路连接各种媒体设备的控制信号，用手动按键开关进行操作。它是一种常见的按键开关式集成控制系统的控制面板，其特点是简单、可靠、价格低等。

（2）触摸屏式

它是通过触摸屏去控制主控机的输出，从而实现对各种设备与外设的操作与控制。其特点是技术先进、使用方便，但价格较贵。

（3）软件控制式

通过运行在多媒体计算机上的软件进行控制，软件界面也非常直观，使用方便。

3. 多媒体教室集成控制系统使用的注意事项及常见故障的处理方法

①投影仪不要频繁地启动。因为投影仪灯泡比较娇贵，并且工作处于高温高压状态，频繁关启既容易损坏也影响灯泡寿命。投影仪关闭与再打开时间间隔需要1~5分钟。

②系统使用完毕，将功放音量调至较小，屏幕升上去，关闭系统电源。

③若投影仪没有信号，在确保投影仪电源打开的情况下，在控制面板的信号选择功能区选择相应的设备。选择计算机媒体时，要先选择"计算机（VGA）"按钮，如果选择展示台、影碟机等则选择"视频（Vide）"，如果还没有信号，请重新启动集成控制系统再尝试。

④若计算机没有声音，在确保功放电源打开的情况下，连续按控制面板上"音量控制键"中的"加大音量"按钮；如果还没有声音，请检查计算机操作系统的声音设置是否"静音"或音量太小了，具体方法为双击桌面右下角的小喇叭图标。

### （二）多媒体网络教室

多媒体网络教室是指分布在一个教室范围内，用网线、多个集线器（hub）或交换机（swith）把所有的计算机连在一起而组成的教室。

多媒体网络教室是在普通单机机房或普通教学网络的基础上，通过音频传输卡、视频传输卡、信号传输线、控制部件、耳机及麦克风等设备，实现教师机与学生机之间的互联，实现各计算机之间屏幕、声音的实时交换，并且具有多种辅助教学管理功能的教学系统。

利用多媒体教学网，可以实时传输大量语音、图像信息。俄语教师能够将教学内容播放到所有学生的终端机，学生在终端上同步了解学习内容及俄语教师的每一步操作。教与学实现了讲讲练练，控制了教学节奏。有了它，俄语教师就可以充分利用图形、动画乃至声音，尤其是多媒体软件等丰富的教学资源，使教学模式和内容更加生动活泼、丰富多彩。

1. 网络教室系统工作原理

（1）教学系统工作原理

它的中心原理是将讲课教师计算机上的内容同步传输到每一台被控端（学生机）上，其网络管理功能可以让俄语教师方便管理教室中的多台计算机，达到计算机教室多媒体教学的手段。

（2）核心技术

其核心技术包括：

①音视频同步传输技术。多媒体教学中，教师多使用音视频广播进行教学，音视频传输的同步是教学品质保障的关键。采用高速动态局部截屏、分块萃取、资料快速无损压缩和数据传输补偿技术保证广播画面有效、快速地传输，保障图像质量。

②流媒体和音视频同步技术。通过流媒体技术进行网络影院和多路广播时，主被控端影音同步实时。采用音视频同步技术，主被控端接收数据流、播放VCD时，音视频同步，无延迟。

③鼠标、键盘底层拦截技术。教师遥控学生鼠标、键盘进行操作，学生操作教师机的鼠标、键盘进行演示，如同操作本机一样。

2.网络教学系统的分类

按照控制信号传输方式的不同，多媒体网络教学系统可分为硬件式、软件式两种类型。

（1）硬件式的网络教学系统

该方式需要给每台计算机安装多媒体传输卡，且教师机与学生机的多媒体传输卡不一样，各计算机之间直接铺设多媒体线路，用于传输视音频信息，还需要配置专用的控制面板。基于硬件的多媒体控制成本较高、安装复杂、升级困难等，目前已逐渐被软件式所代替。

（2）软件式的网络教学系统

软件式的网络教学系统是一种基于计算机软件和网络技术的教学平台，用于支持在线教学和学习活动。它提供了一个虚拟的学习环境，学生和教师可以通过网络进行交流、共享学习资源、参与讨论和完成课程任务。

软件式的网络教学系统提供教学管理功能，教师可以创建和管理课程、课程内容和学习任务。他们可以在系统中发布课程材料、布置作业、设定学习目标，并跟踪学生的学习进展和成绩。网络教学系统允许教师和学生共享学习资源，如电子书、课件、音频和视频文件。学生可以在系统中访问这些资源，随时学习和复习课程内容。网络教学系统提供交互式学习工具，如在线讨论板、即时消息、视频会议等，支持学生和教师之间的交流和互动。学生可以在讨论板上提问、回答问题、分享意见，教师可以提供反馈和指导。网络教学系统可以组织和管理各种在线学习活动，如在线测验、作业提交、小组项目等。学生可以通过系统提交作业、参与测验，并在系统中获取反馈和评估结果。网络教学系统具有学习跟踪和评估功能，教师可以跟踪学生的学习活动和进展，评估学生的学习成果和表现。学生可以查看自己的学习进度和成绩，了解自己在课程中的表现。网络教学系统鼓励学生的自主学习，提供学习支持和资源。学生可以在系统中自主学习、自主安排学习时间和学习步骤，并通过系统中的自主学习资源获取所需的学习资料和指导。

3.多媒体网络教室的主要功能

国内市场上多媒体网络教学系统的品牌众多、性能各异，但它们在基本功能方面差异并不大，主要包括常用的教学功能、教学管理功能和其他辅助功能三大类。它一般包括以下基本功能：

（1）广播教学功能

俄语教师可将自己屏幕上的画面或声音，立即广播给某个、数个、群组或全体学生。执行广播时可将学生的键盘和鼠标锁住。

（2）屏幕及语音转播功能

俄语教师可将任何一个学生的屏幕画面转播给其他学生机。

（3）屏幕监看及语音监听功能

教师可监看任何一个学生的屏幕及监听其语音。监看对象也可为任何人、组或全体。

（4）控制功能

俄语教师可利用自己的键盘控制个人、组或全体学生的键盘、鼠标，包括键盘的使用控制及锁定、文件传输、载入、键盘输入等功能。

（5）黑屏功能

提供教师将学生屏幕变黑的功能，并中断学生键盘的操作，以便使学生注意教师讲解及时制止学生不当操作。

（6）电子举手

学生遇到问题，可通过键盘电子举手，俄语教师通过屏幕和耳机立刻得知，直接与学生进行双向沟通、讲解。

（7）引入多路视频

俄语教师可以同时对两路以上的学生进行不同的多媒体教学，在向一路学生播放教师机音视频的同时，可向另几路学生播放外部引入的音视频（如电视、VCD）。

（8）联机考试

俄语教师可利用题库中的资料对学生进行当堂考试，并能进行实时阅卷和批改。

## 第四节　互联网下的俄语教学

### 一、俄语教学手段体系中的互联网

#### （一）互联网俄语教学的独特性

1. 教育主体的去中心化

教育主体是俄语教学的承担者、发动者和实施者。教育主体在传统的俄语教学过程中具有明显的主体性特征，对俄语教学的内容、方向、目标、过程、方法和结果都具有较强的控制性和掌握性，在俄语教学系统中具有十分重要的作用，并占据中心地位。随着互联网的出现和发展，网络环境下信息极度开放，信息获取机会日益平等，使互联网俄语教育者的信息占有优势逐渐丧失，过去"不对称"的信息占有状况和信息获取渠道被网络的开放性、平等性打破，教育主体已经不能独占俄语教学的"话语权"，其中心地位逐渐丧失。

2. 教育客体的自主性

与教育主体地位去中心化同时发生改变的，还有教育客体自主性的增强。教育主体的权威性和中心地位的逐渐流失，其实是网络环境下人们主体性扩展在互联网俄语教育中的一方面表现，相对于教育主体地位的去中心化，教育客体则表现出更多的主导权，自主性增强。教育客体也就是学生自主性的增强表现在：自由选择是否接受教育、自由选择教学内容和信息、自主选择教学方式方法、主动控制教学过程节奏等方面。

3. 教育介体的技术性

当互联网成为俄语教学的介体时，网络自身所具有的信息技术性必然使俄语教学的介体具备这样的特征，并伴随着教学内容、教学主客体、教学方式的变化。互联网俄语教学是以计算机技术、网络技术、通信技术以及多媒体技术、虚拟现实技术等为支撑的。利用这些技术可以自主交换和传输包括文字、数据、声音、图形、图像、动画等形态的俄语教学信息，彻底突破传统教学方法的限制，从而极大地提高俄语教学的效果。从这个层面上看，技术性不断增强的教育介体是互联网俄语教学最为基础的实现条件。

4. 教学过程的互动多样性

教育过程的互动性，是指作为学生与作为教育者的教师、管理人员等在知识、情感、文化等方面所做的交流互动和所形成的互动关系。这种教育过程的互动性依托于先进的网络技术和多样的网络互动平台，主要有网络论坛、BBS、网络聊天工具（如QQ、MSN、飞信、微信等）、E-mail、社交网络（如"人人网"的留言、站内信等）等。网络交流互动工具的多样性和功能的丰富性极大地满足了教育主客体之间的互动需要，使交流互动活动变得更加便捷。

5. 教学环境的虚拟与超越时空性

教学环境的虚拟与超越时空性指的是通过利用虚拟技术和在线学习平台等手段，创造出一种超越传统教室时空限制的学习环境。

（1）教学环境的虚拟性

虚拟性指的是通过虚拟技术和虚拟现实技术创造出一种仿真的、虚拟的学习环境。学生可以通过虚拟现实头戴设备或计算机屏幕进入虚拟的教室、实验室、文化场景等，与虚拟角色进行对话和互动，模拟真实的学习情境。这种虚拟环境能够增强学习的沉浸感和实际感，提供更丰富、具体和实践性的学习体验。

（2）教学环境的超越时空性

超越时空性是指学习不再受限于时间和地点的限制。学生可以通过在线学习平台、远程教学和视频会议等方式，在任何时间和地点进行学习。他们可以参与实时在线课堂，与教师和同学进行互动和讨论，共享学习资源和信息。这种超越时空的学习环境使得学习更加便捷灵活，学生可以根据自己的节奏和需求进行学习。

虚拟与超越时空性的教学环境带来了许多优势。首先，学生可以在虚拟环境中进行模拟实验、实践操作等，无须真实资源和设备，提高了学习的安全性和效率。其次，超越时空的学习环境使学习具有更大的自主性和灵活性，学生可以根据自己的时间和地点进行学习，适应个体差异。此外，虚拟与超越时空的教学环境还可以促进跨文化交流和全球合作，学生可以与来自不同地区和文化背景的学生进行互动和合作，拓展视野和增强跨文化意识。

6. 教学手段的针对性

网络是个内容形式多样的平台，它为我们多渠道的进行俄语教学提供了条件。因此，互联网俄语教学能够抓住学生的需要和兴趣，为学生适用，及时提供全方位的信息，进行个性化服务，有针对性地进行教学，以促进其个性的全面发展。

### （二）互联网俄语教学的具体路径

路径是指实现俄语教学内容的组织形式，是教育者对受教育者实施俄语教学时可以利用和选择的渠道。

1. 建设多样的俄语教学阵地

要进行互联网俄语教学，首先要有一个开展教学活动的阵地，这是互联网俄语教学的基础。

（1）加强俄语主题网站（网页）的建设

加强俄语主题网站的建设是为了提供丰富、专业和有针对性的俄语学习资源，满足学生和学习者对俄语学习的需求，主要有以下几种方式。

丰富的内容：俄语主题网站应该提供丰富多样的内容，涵盖俄语语法、词汇、听力、口语、阅读、写作等各个方面。网站内容可以包括课程材料、练习题、示范对话、语音和视频资源等，以满足不同学习者的学习需求。

专业的知识：俄语主题网站的内容应该经过专业编写和审核，确保准确性和可靠性。网站上的信息和学习材料应当基于权威的俄语教材和资源，由资深的俄语教师或专业人士提供。

交互和互动性：俄语主题网站可以提供交互和互动的学习功能，例如在线练习、测验和评估。学习者可以通过网站进行词汇练习、语法练习和听力训练，并获得即时的反馈和指导。

用户友好的界面：俄语主题网站应该具有用户友好的界面设计，方便学习者浏览和使用。清晰的导航菜单、简洁明了的布局和易于操作的功能可以提高用户体验，使学习者能够轻松找到所需的学习资源。

社区互动和资源分享：俄语主题网站可以建立学习者之间的社区互动平台，学习者可以在网站上进行讨论、分享学习心得和资源。这样可以促进学习者之间的交流和合作，拓展学习网络，增强学习动力。

不断更新和改进：为了保持网站的活跃和吸引力，俄语主题网站应该定期更新内容并进行改进。根据用户反馈和需求，不断添加新的学习资源和功能，提供更好的学习体验和服务。

加强俄语主题网站的建设可以提供优质的俄语学习资源，方便学习者进行自主学习和练习。通过丰富的内容、专业的知识、交互性和用户友好的界面，俄语主题网站可以成为学习者的重要学习平台和工具，帮助他们提高俄语的学习效果。

（2）建立网上俄语专题资料库

电脑具有极大的处理和储存信息的能力，应充分利用网络的这一特点，把俄罗斯文学、俄罗斯国情、俄罗斯文化、俄语词汇、俄语语法、俄语听力、俄语阅读等制作成丰富多彩、引人入胜的多媒体资料库，方便学生随时获取相关信息。

（3）建设网上俄语影院

观看典型的俄语电影能够提高学生俄语学习的积极性，也能增强学生俄语听辨、口语表达的能力。可利用这一优势，在互联网上建立相关的俄语影院，学生自由选择，各"点"所需、即"点"即看，实现个性化服务，获得俄语教学针对性、时效性、可视性、生动性、艺术性的高度统一。

（4）拓宽俄语网络沟通新平台

除了以上方法，还可以充分利用常见的沟通软件，如 BBS、博客、E-mail 等，进行俄语教学。

BBS 中有很多服务，例如讨论区、信件区、聊天区等，可充分利用这些服务进行俄语学术的交流。如果把 BBS 比喻为开放的广场，那么博客就是一种开放的私人房间。通过博客，人们可以充分利用超文本链接、网络互动、动态更新的特点，精选并连接互联网中最有价值的俄语知识与资源。

E-mail 作为互联网上的应用服务系统，具有传递迅速、功能强大、使用方便、安全可靠等特点，是对学生进行俄语教学的有效渠道。借助于 E-mail，教育者和受教育者的思想、情绪都可以处于放松的状态，双方能够在平等、和谐的氛围中进行交流，使受教育者能够畅所欲言，教育者能全面了解教育对象的思想实际，提升俄语教学的实效。

2. 开展平等互动的在线教学

（1）开设俄语教学虚拟课堂

目前，计算机和网络日益普及，无论是单位、社区，还是学校，都为开设和点击虚拟课堂创造了物质条件。虚拟课堂可以具备最完善的教学条件，配置一位或多位外形符合受教育者审美情趣的虚拟教授；虚拟课堂可以根据形势定期或不定期推出新的讲课内容，介绍相关的著名网站、期刊和书籍，介绍理论热点和动态、研究的思路和方法等。这样的讲课大大延伸了教学内容，提高了讲课的深度，突破了原有的讲课周期、课时限制、场地容量等局限，更加具有针对性和时效性。

（2）进行网上俄语讲座和咨询

利用专家、权威的学术魅力和影响力，不定期地把知名学者、专家的报告输入网络。让受众自由选择，可以倾听、可以下载，还可以与权威直接对话、交流，使专家的报告突破时空界限，从有限的"窄播"真正变成随时可调控的"广播"，名人效应可以让有限的专家资源发挥最大的教育作用。建立网上咨询系统，可以定期或不定期收集一些热点问题，安排教师在网上值班随时回答提问，也可以采用 BBS 和发 E-mail 的办法进行。

3. 建立一支高素质的网络俄语教学队伍

培养一支高素质的网络俄语教学队伍是成功进行网络俄语教学工作的先决条件和重要组织保障。因此，建立这样一支队伍至关重要。这支队伍需要具备扎实的俄语专业知识，了解语言教学规律,并且具备良好的网络技术能力和对网络文化特点的熟悉。他们必须主动将网络技术应用于俄语教学实践,能够在网络平台上开展有效的俄语教学。

建立高素质的网络俄语教学队伍要求俄语教学从业者具备深厚的俄语专业知识,包括广泛的辅助知识,如教育学、传播学、法学、经济学、管理学、心理学和历史学等。他们还需要具备较高水平的网络技术,能够熟练运用网络工具、管理网络资源,并能及时解决网络传播中的技术问题。只有将专业知识和网络技术有机结合起来,教师才能有效地利用网络开展俄语教学工作。这样的教师能够建立与学生的心理认同感,被学生视为值得尊敬和信赖的教育者。

在培养高素质的网络俄语教学队伍时,需要提供相关的培训和支持。教师可以接受专业培训,提升俄语教学和网络技术的能力。同时,学校和教育机构应提供必要的设备和技术支持,确保教师能够顺利开展网络俄语教学,并不断更新教学内容和方法,以适应不断变化的网络环境。

## 二、俄语网络教学资源的运用和研发

随着科技的进步和信息技术的迅速发展,使人类进入了日新月异的信息社会。网络技术的飞速发展,使得知识的传播与信息的流通变得前所未有的便捷。网络教学资源作为网络教育的核心组成部分,为整个网络教育提供了基础的教学体系及环境,为俄语的网络教学提供了强有力的保障。

### (一)俄语网络教学资源存在的主要问题

1. 重视程度不够

网络资源传播的特点是快速适应社会发展的需要,培养社会急需的行业人才。很多高校在办公楼建设、学校绿化建设、学生文明建设等方面取得的成效优异,但忽视了相应的网络资源传播平台的建设。如此局面造成的后果不仅是硬件重复建设所带来的资源浪费,也会影响当代学生融入当今信息社会的适应度。

2. 质量难以保障

课程内容的优劣成为影响网络俄语教学质量的首要因素。通过网络资源传播平台获取的资源一定要适合学生自主学习的特点,而并不是传统面授课程的简单翻版。基于网络的课程需要精心设计,不仅要求有高质量的电子学习教材,还需要利用传播平台优势,提供智能化的资源搜索,实现资源共享和必要的、充分的学习交互。同时提供较为完善的教学管理与服务。目前,我国的网络教育资源库的建设尚未完成,课件的制作水平参差不齐,网络资源传播平台的各项功能也在建设之中,学生通过平台进行学习也面临很多困难。因此,我们更要加强网络资源的教学支持,进行质量监督,保证学习者充分受益。

3. 学生技能不足

基于网络的教学资源传播平台并不只是一种学习手段,而是一种基于资源的、全新的自主学习方式。学生要进行有效的网络俄语学习,不仅需要有高质量的教材,更重要的是要有网络资源传播平台的掌控能力。这种掌控能力包括五点：一是熟练运用多媒体与网络的能力；二是通过网络获取信息、分析信息、综合处理信息的能力；三是自我监控能力；四是借助网络与人沟通交流的能力；五是组建知识结构的能力。从目前来看，学生还不太适应对着屏幕进行学习，且经常会产生"迷航"现象。

4. 师资力量薄弱

随着网络教育的发展，网络资源的规模将不断扩大，学生的学习要求更高，他们需要教师能够指导它们如何通过传播平台获得及时、准确的资源服务。网络俄语教学的主任课教师不但要从事网络教育课程的开发设计，还需要熟悉各种传播平台的操作和维护。教师除了主持学生在线讨论、对学生做出指导、批改作业以外，还应与各校教师多多沟通平台的使用心得，以求对学生的学习帮助最大化，这对教师提出了巨大的挑战。

### （二）课程资源点播平台的运用和研发

1. 课程资源点播平台的内涵

资源点播，指的是按照用户的要求播放视频、音频。它包含了娱乐、教育、商业等领域的多种应用，如娱乐信息点播、时事新闻点播、热门歌曲点播、课程资源点播、企业宣传片点播等。

所谓课程资源点播平台，就是指应用在数字技术、传统网络基础上，或者更新换代而来的创新型资源传播平台。课程资源点播平台与传统传播平台在理念和应用上有着本质区别，它在传播理念、传播技术、传播方式和使用方式等方面发生了质的飞跃，它既是传统传播平台形态层面的创新，又是传统传播平台理念上和应用上的创新。

从本质上分析，课程资源点播平台主要有以下三个方面的内容：

第一，课程资源点播平台通过整合网络上的大量原有课程资源以及用户自己创作的课程资源，按照不同类型（如课件、教案、视频、音频）进行分类和组织。用户可以通过操作指令（如观看、收听、评论、下载）随时随地获取所需的课程资源，以满足他们的不同学习需求。

第二，课程资源点播平台的使用非常便捷。教师或学生只需注册账号并登录平台，就能方便地查看当年、当月、当天甚至当时段最受关注的课程资源，进行观看、收听、评论或下载等操作。这种便捷性使用户能够灵活选择和学习感兴趣的课程资源。

第三，课程资源点播平台具有交互性。用户可以根据个人需求选择适合自己的课程资源，并根据需要指定课程资源的起始时间。这种交互性使得课程资源点播平台成为一种交互式的学习平台。与传统的传播平台相比，传统平台事先安排好了课程资源的播放顺序，用户只能 passively 地选择和观看课程资源，缺乏对课程资源的控制和交互式操作的能力。

2. 课程资源点播平台的功能模块

课程资源点播平台主要分为：用户权限管理（包括管理员和超级管理员的权限管理）、用户信息管理（包括管理员信息管理）、用户查询管理（包括管理员查询）、课程资源查询管理、课程资源文件信息管理五个主要模块。

（1）用户权限管理模块

本模块主要功能是用于登录验证。主要通过登录获得角色和权限。细节方面是先查询是否存在此用户，然后判断密码是否正确，之后判断该登录者的角色，再判断该登录者的角色是否有执行该功能的权限。不同角色的登录者所拥有的功能不同，所以对应的权限判断也不同。

（2）用户信息管理模块

本模块主要功能是对用户信息的操作，包括增加、删除、修改、查询等操作，这里提到的用户信息包括注册后的会员信息以及普通管理员的信息。用户管理信息模块具体的功能实现也和角色及权限相关。比如，游客注册时所执行的新会员信息添加功能；会员修改自己的信息是执行的会员新信息修改功能；管理员修改会员信息、删除会员信息是执行的会员信息修改、删除功能；另外，超级管理员具有最高的功能，如创建普通管理员、修改自己信息、修改会员信息、修改普通管理员信息、删除会员、删除管理员等。

（3）用户信息查询模块

本模块功能是查询用户信息，根据角色及权限不同，执行的功能也不同，会员没有权限查询其他会员信息，管理员能够通过用户名查询会员信息，超级管理员能够通过用户名查询会员信息和管理员信息。

（4）课程资源查询模块

本模块功能是查询课程资源，和用户信息查询不同，课程资源查询不限定角色和权限，所有用户都可以通过课程资源名称进行实时查询，也可以通过课程资源类型查询。

（5）课程资源管理模块

本模块功能是对课程资源进行增加、删除、修改、查询操作，和用户信息管理一样，不同的角色和权限，对应的操作功能不同。课程资源管理模块中的查询功能如同课程资源查询模块中的查询功能一样。游客有观看和查询视频的基本权限，但只有会员才有上传课程资源的权限及功能，会员也可以列出自己的课程资源列表、修改自己课程资源，也可以删除自己已经上传的课程资源；管理员可以查询所有课程资源，形成列表，可以修改任何课程资源，删除任何不合适的课程资源；超级管理员对课程资源的操作权限和管理员相同。

### （三）虚拟现实技术在俄语教学上的运用与研发

虚拟现实技术能将三维空间的意念清楚地表示出来，并产生视觉、听觉、触觉和嗅觉等多种感官的刺激信息；同时，它可创建可视化的真实情景，使学习者能直接、自然地与虚拟对象进行交互，以各种形式参与事件的发展变化过程，并获得最大的控制和操作整个环境的自由度。这种呈现多维度信息的虚拟学习和培训环境，将为学习者掌握一门新知识、新技能提供前所未有的新途径。因此，该项技术的发展可应用于俄语的教育教学。

1. 虚拟现实教学的要素分析

虚拟现实教学是传统教学与信息技术相结合、适应现代人才培养观的一种新型教学模式。它为学生提供了进入虚拟空间进行教育的机会,创造了一种全新教学形式。广义上,虚拟学习环境包括虚拟的教师、虚拟的教室、实验室以及虚拟的研讨等,教学活动在这种虚拟学习环境中进行可以被称为虚拟现实教学。而狭义上的虚拟现实教学则是利用虚拟现实技术构建一个虚拟学习环境,再现知识的实际应用场景,讲授重要知识内容,进行理论总结,并引导学习者通过视觉、听觉等感官接收信息。这种教学方法激发学习者的学习兴趣和创新意识,引导他们发挥想象力,开展创新思维活动,实现双向交互。

虚拟现实教学的目的是提供更加身临其境的学习体验,增强学生的参与度和学习效果。学生可以通过虚拟现实技术沉浸式地参与到学习活动中,与虚拟的环境和对象进行互动。这种互动性和沉浸感能够激发学生的好奇心和探索欲望,促进他们在学习过程中的深入思考和创造性思维。

（1）虚拟的教师

虚拟教师可以实施虚拟教学,可以承担"导航"和"解惑"的任务,指导和帮助学习者获得所需要的学习资源,防止出现"信息过载"和"资源迷航"。根据网络教学资源回答学习者的相关问题,对教学计划、教学方法、教学内容进行补充、修改、重组,进行因材施教,并与其他教师交流合作。

（2）虚拟的学习者

在虚拟现实教学系统中,虚拟学习者的概念得到了广泛的拓展,不同年龄、不同身份、不同地域的人可以走进同一堂课进行学习、讨论。学习者不是按照智力水平、年龄组织起来的,而是按照个人所需组成的学习团体；学习者通过各自的化身进入虚拟学习环境来参与学习。

（3）虚拟的教学资源

虚拟教学中的教学资源是数字化资源,如一段文本内容、一次虚拟实验、一个多媒体课件等。教学资源虚拟化可以解决随着招生规模不断扩大,学校资源紧缺、试验设备陈旧及更新缓慢等日益突出的问题,同时也是一种在新的技术支持下解决我国教育均衡发展的有效方式。

（4）虚拟的学习环境

虚拟学习环境不是指一个教育网站,也不是仅有二、三维技术和虚拟现实技术支撑的系统。它包括知识空间、学习者的角色和辅助工具等。

任何一个虚拟学习环境都是一个知识空间。它为访问者提供各种各样的信息。对于虚拟学习环境的知识空间,必须满足知识信息的获取、扩充,提供知识信息来源,知识信息保留,技术升级和知识信息共享等。

虚拟学习环境所提供的是学习者组织和共享知识信息的活动,这些活动包括写作、提供分析、学习报告、读后感等。然而,学习者并不局限于这些活动,事实上,他们已成为知识信息的提供者、问题分析的提出者,问题评价的参与者。正是这些活动,使得学习者在虚拟学习环境中的角色不再是一个被动的参与者,而是成为学习的主体。这一角色转换，也与"以教师为中心"到"以学习者为中心"的新的教育理念相吻合。

现实学习环境通常包含课堂、图书馆、正式的学术交流、信息交流等。同样地，虚拟学习环境也必须提供多种工具实现信息提供、协作交流、学习和管理等诸多功能。如虚拟学习环境设计者提供了自我学习和"在线教程"辅助，自我学习是基础，而"在线教程"是可以进行交互的辅助工具，自我学习和"在线教程"辅助是两种教育方法的应用整合。

2.虚拟现实俄语教学中的学习方式

（1）自主学习方式

自主学习是一种非实时的、自由度较高的学习方式。学习内容是以超媒体形式分布于网络中，如文档、视频、多媒体可见、网络课堂和教学案例等。这些信息存放在各地的服务器上，学习者可以通过已知的 URL 地址找到要学习的网站，或者借助搜索引擎，以一定搜索格式找到详尽的信息。学习者对找到的内容，可以自由地选择浏览、下载、在线学习等。这为学生实现跳跃式学习提供了条件，因而极大缩短了学生成才的周期。

（2）协作学习方式

虚拟学习环境为基于协作的学习提供了良好的交互平台，个体以分布式的学习状态参与到学习个体与伙伴的对话、讨论、角色扮演等形式的学习过程中，互相帮助、互相讨论和争论、互相对当前掌握的知识进行评价、互相填补理解，从而达到学习知识、提高协作能力的目的。

对交互功能的深层次开发，主要反映在两个方面，即技术上向智能化发展和教学应用上为自主学习服务。从技术上讲，交互功能向智能化发展，实际是指由机器主动向用户主动发展。教学应用上为自主学习服务的特征是，教学内容是按照学生的兴趣和水平提供的（具有适应性），学生在学习过程中可以主动地提出问题，让计算机回答。这时计算机回答的答案不是在编程时预置的，而是从数据库中调出有关数据按照预置的规律生成的。

（3）发现式学习方式

发现式学习方式，也称为创造式学习方式。虚拟现实学习是创造性的学习。虚拟现实技术使学习者超越现实的三维空间和物理的四维空间，进入充满想象的虚拟社会和多维世界，这是最具魅力的个性化世界。在这里，学习者能进行创造性想象，在最佳心理状态下凭借从网上获得的大量知识和信息，按照全新的和最优化的思路，组合和匹配，突破旧的框架和思维定式，提出新的思想和新的学说。

发现式学习的优点主要体现在五个方面：①增加学习者的信息量。学习者在解决问题时，需要参阅大量的资料，需要与他人讨论协作，互相学习；②增加了知识建构的机会。学习过程需要协作完成，需要与别人共享自己的探究结果，客观上增加了知识的运用和意义建构；③让学习者能直接感受到学习的成果，提高学习者的兴趣，培养了自信心；④让学习者在问题解决中学会运用知识，发现知识，提高了知识的系统化、结构化；⑤培养了发散思维能力，培养了创新能力。

（4）沉浸式学习方式

多感知体验的沉浸式学习主要是利用虚拟现实技术与计算机网络技术，使学习者在虚拟学习环境中获得与真实环境中同样的体验，从而产生"沉浸感"，可以多感官地感知学习内容。具体地说，就是采用以计算机技术为核心的现代高科技生成逼真的视、听、触觉一体化的特定范围的虚拟环境，用户借助必要的设备，以自然的方式与虚拟环境中的对象进行交互作用、相互影响，产生等同于真实环境的"沉浸"式感受和体验，从而启迪智慧，萌发新意。

沉浸式学习的沉浸感有赖于两个方面，逼真的三维环境的建构和多感知传感器及其跟踪技术。逼真的三维环境可以产生视觉上的真实感，而传感器技术，可以产生其他感觉的真实感。通过多种感知的真实，学习者能够"真正"地参与到环境中，同三维的环境和虚拟的人物进行交互式的交流，可以对环境中的物体进行全方位的观察或空间移动，并且在移动时能够感受到物体对于操作者的反作用力，使学习者与环境融为一体。学习者能够完全沉浸在虚拟空间中，他的视觉、听觉、触觉、运动觉等都积极地参与到学习中，这对学习的速度和效率是极其有帮助的，往往给学习者留下很深刻的印象。

3.虚拟现实俄语教学中的教学方法

（1）情景模拟教学法

情景模拟式教学是指通过对事件或事物发生与发展的环境、过程的模拟或虚拟再现，让受教育者理解教学内容，进而在短时间内提高能力的一种认知方法。它具有直观、高效、启发性强、便于组织、安全可靠、更接近实际的优点，它注重已有知识及专家经验的系统推理和教学策略，有助于学生智力开发和能力培养，对改进教学质量有着深刻的影响。在这种方法中，学生成为某社会文化练习中的一个参与者，练习中学习技巧和社会过程是同步的。

情景的程度依赖于模拟协作的环境。情景模拟教学法的进行方式主要包括以下几种。

第一种，使用虚拟教学器材展开模拟教学。虚拟教学器材有电子练习器、设备模板、实物模型、仿真电路示教板、录放音设备、影像摄录设备等。使用虚拟器材进行教学，能把讲解要领、实际操作、验证效果等教学环节有机地结合起来，有效解决受教育者不能及时地对所学（练）技能自检的难题，增强了教学的仿真程度，使学生身临其境。同时，还可代替实际器材，节省了大量的设备购置资金和配套保障器材。另外，不受教学场地和气候条件的影响，能缩短教学时间，提高教学效率。

第二种，借助计算机辅助系统展开模拟教学。计算机辅助模拟教学，是指借助于计算机软件环境或网络环境展开模拟教学，这种方式是建立在相似理论、计算机技术、控制理论、系统工程基础上的一种先进的现代模拟方式，为战略思维、世界眼光、当代科技、技术应用课程的教学，提供了一种高技术手段。

第三种，创设具体的情境，展开角色演练。根据模拟演练方案中确定的角色、任务、步骤、背景等，进行虚拟演练。它特别适合于对事件的发展过程的模拟，如模拟某笔与俄罗斯外贸业务的洽谈过程，模拟涉外场合俄语口头交谈过程等。

在教学环节上，要科学设计。一般来说，内容完整、步骤规范的模拟教学，应当包括以下七个环节：设计模拟教学方案；创设虚拟的教学环境；选择模拟角色与演练任务；模拟演练准备；模拟演练实施；模拟效果（结论）验证；讲评。创设教学环境时教师必须熟悉模拟事件涉及的基本理论、正确方法、一般发生过程，能够预见到模拟演练展开后可能出现的思想分歧、不同结论和有关困难，仔细分析不同角色的地位、作用、处境及应当具有的能力。对于必须借助技术设备或模拟器材方可展开教学的课程，教师在课前必须熟悉模拟器材的性能、原理、操作规程、使用方法。

在教学目标上，要准确定位。在运用模拟现实方法组织理论课程的教学时，应把缩短理论与实践的差距作为运用模拟手段的指导思想，把培养和开发受教育者的思维能力、提高受教育者分析与解决实际问题的能力作为教学目标。在建立教学模型、编写模拟方案、拍摄（录制）背景影音资料片、编写计算机模拟程序时，要努力创造具有显著仿真特色的演练环境，以促使受教育者在仿真环境中独立地思考对策，判断是非，让他们把分析、判断与解决实际问题的方法学会，灵活运用，更好地把握模拟教学内容的精髓。

（2）启发探索教学法

杜威认为，思维的作用就是"将由经验得到的模糊、疑难、矛盾和某种纷乱的情境，转化为清晰、连贯、确定和和谐的情境"，科学教育不仅是让学生记忆百科全书的知识，同时是一种过程和方法，他主张教学应当遵循以下五个步骤：一是疑难的情境；二是确定疑难的所在，并从疑难中提出问题；三是通过观察和其他心智活动，提出解决问题的种种假设；四是推断哪一种假设能够解决问题；五是通过实验验证或修改假设。

根据杜威提出的"思维五步"，启发探究教学法步骤包括：①教师利用虚拟现实技术给学生创设一个情境，学生在特定的情境中提出科学的问题，如通过观察、实验和研究图片等，引导学生提出问题；②让学生根据已有的知识和经验，针对解决问题提出各种假设；③根据假设加以整理和排列，使探究过程井然有序，并利用多种途径和形式收集有价值的证据；④对所收集的证据进行筛选、归类、统计、分析和综合处理，运用已有知识证明自己的假设，对问题做出科学的解释；⑤检查和思考探究计划的严密性、证据的周密性、解释的科学性，以对结论的可靠性做出评价。如果结论与假设不吻合，则需重新确定探究方向；⑥解释自己探究计划及在探究过程中形成的见解，并认真听取他人的意见，对不同的意见进行讨论，充分交流探究结果，最后形成结论。

教师在以上六个步骤中主要是充当"点拨"这一角色，就是适时对学生进行启发、指点、引导，让学生根据自己已有的生活经验和知识经验，用自己的思维方式去探究、去发现、去创造，使学生学会在原有知识经验的基础上对新知识进行加工、理解、重组，达到主动建构并形成新知识的目的。

启发探究教学法从学生的已有经验出发，充分调动了学生的学习积极性，学生的学习体现出自主性、探究性、合作性，锻炼了学生的推理及思维判断能力，培养了学生的科学探究能力，增强了学生的团队精神和合作意识，提高了学生的学习效率，促进了学习目标的完成。

（3）计算机仿真教学方法

仿真教学是运用实物、半实物或全数字化动态模型深层次揭示教学内容的新方法，是计算机辅助教学的高级应用。计算机技术、多媒体技术和通信网络技术的发展，为计算机仿真教学提供了很好的技术基础。这些技术已广泛应用于各个专业领域，促进了生产、管理和社会生活的发展，也为计算机仿真教学创造了良好的条件。

计算机仿真教学主要是用影像、图片、声音、文字等，介绍客观事物的信息；通过软件开发、人机对话，虚拟客观事物的状态、运动方式及过程。学生在校期间，不可能参加所学专业（课程）的各项实践活动，但是，可以把相关的具有教学示范意义的人类实践活动复制出来，制作成由影像、图片、声音、文字等组成的多媒体课件。对于一些人的视觉无法接触到的事物，都可以通过计算机虚拟来实现。计算机仿真教学信息量大、教学效率高、可重复性强、对教学环境的适应性强、学生可参与性强，是一种重要的现代化教学手段。

### （四）移动终端传播平台的俄语教学

进入21世纪，科技的高速发展，给移动通信设备的不断升级提供了保障，移动通信的覆盖面积呈快速增长趋势。普及、应用主流的移动终端设备如智能手机、平板电脑、便携阅读器等，成为更加创新性的网络俄语教学的资源平台。

1.移动教学

这里讲的移动教学主要是指教学通过不同类型的移动设备，通过校园网的"云"端进行的创新性教学。

与学校传统的多媒体教学中的"固定性"不同，移动终端最大的优点就是"可移动性"。以平板电脑为例进行说明，由于它不但具有正常的上网功能，而且体积小巧便于携带，屏幕尺寸还有多种规格，它可以称得上是移动教学的最好设备。

那么，平板电脑的传播优势又是如何体现的呢？这就依赖于校园网内强有力的后台——"云"的实现。

简单来讲，"云"即一种在网络上搭建的虚拟服务器。学校的教师可以将自己编写的PPT、WORD文档、EXCEL表格、音视频资料等上传到云服务器。在内部校园网内"云"支持下，平板电脑设备在教学中就变得十分有用了。因为所有的资料都在"云"内，平板电脑变成一个媒介，与教室内办公的其他设备都仅仅是"云"端计算后显示的图像或声音内容而已。

"云"的校园网建成后，教室可以按照计划先在一两个教室进行试验，开展教学。当学校老师们对平板电脑的操作熟练之后，再推广至每个教室。那时，教室里不再像原来的多媒体教室那样：投影仪、计算机、中控及七线八线等一大堆物品。相反，教室里只要有一台无线投影仪就可以了。上课的教师只要带着平板电脑来进行授课就可以。由于平板电脑有校园网内"云"的支持，它可以完全实现目前教师熟悉的所有电脑功能，并可以利用平板电脑的新功能开展教学。

2. 移动学习

这里讲的移动学习主要是指学生人手一台移动设备，抛弃传统的书本学习进行的创新性学习。

通过移动终端，学生可以轻松便利地连接学校网络教学平台，通过"多终端同步互动"轻松地加入异地课堂学习当中。这样即使学习者未在学校内，也可以通过移动终端进行自由学习，轻松地实现视频互动。

通过移动终端，学生可以如同真实课堂环境一样实现异地在线学习，比传统课堂增加了许多有用的交流手段和工具。例如在俄语音视频交流的过程中学生之间不仅可以进行文字交流，还可以通过移动终端进行小组讨论、协作而不会互相干扰，甚至可以在学习过程同步进行笔记记录或资料查询。虽然学校教学中移动终端的普及程度并不高，但是移动学习是未来教学的必然趋势。

3. 移动教学与移动学习的关系

移动教学是基于学生移动学习而"教"的，是移动设备辅助教学的一种形式，其主动权掌握在教师手中。在移动教学中，像黑板、投影仪、PPT等辅助教学的工具，无非现在换成了移动终端。

移动学习是基于移动教学而"学"的，是学生利用移动设备进行学习的一种形式，其主动权掌握在学生手里。在移动学习中，像书本、笔、笔记等学习工具，无非现在换成了一个移动终端。

总的来讲，移动教学与移动学习是两个相辅相成的概念。移动教学因为移动设备控制在教师手中，只要教师掌握并习惯使用后，就能很好地为教学服务，很快地看到效果。因此，移动教学是可以全面推广的，这点与推广多媒体教室相类似。但移动学习则由于移动设备是掌握在学生手中，在我国现阶段教学模式未发生改变的情况下（以教师为"主"的教学转变为以学生为"主"的教学），难免造成一些教师和家长都不愿意看到的情形：学生使用移动终端上网、玩游戏的兴趣远高于老师教学给他们带来的兴趣，于是学生移动学习的成效就不好。

在移动教学与移动学习的相互作用过程中，学校的教师起到关键性的作用。因为他们要即时适应时代信息科技的发展，将最新、最适合的信息传播平台挖掘、普及。因此，学校应该加强对俄语教师的信息技术的培训。只有这样，才能保证学校的俄语教学能够与时俱进，长久稳健地发展。

# 第六章 俄语教学与大学生心理特点

## 第一节 大学生心理发展的特点及教育、教学对策

### 一、人的心理发展

人的心理发展是指人从出生到成年、再到老年的心理发展变化过程。并不是所有的心理变化都叫作发展。人的心理变化有时是暂时的，如由某个事件引起的心理变化经过一段时间可以恢复，这不叫作发展。

#### （一）人的心理发展的一般特点

1. 心理发展的阶段性和继承性

心理发展的阶段性和人的年龄有关。人的一生按照年龄的特点可分为婴儿期（0~3岁）、幼儿期（3~7岁）、童年期（7~12岁）、少年期（12~15岁）、青年期（15~25岁）、成年期（25~65岁）、老年期（65岁以后）。每一个年龄阶段共同的心理发展特点叫作心理年龄特征。现在我们主要探讨的是其中一个年龄段，不是青年期的全部，而是17~23岁的知识青年（大学生）。

以思维发展为例，小学生的形象思维起着重要作用，他们的抽象思维与感性经验相联系。小学生的作文从看图说话开始，而不是由议论文开始。大学生的思维具有高度的概括性，具有辩证逻辑思维能力，其思维特点是具有批判性、创造性。

心理发展的继承性表现为发展的连续性。前一阶段的发展是后一阶段发展的前提和准备，后一阶段抛弃前一阶段无用的东西，产生出与前一阶段有本质不同的新东西。心理发展不可能跨阶段，如青年期既继承了少年期的特点，又有自身的特点，少年期的某些特点消失了，代之以青年期的本质特征。

2. 心理发展的稳定性和可变性

心理发展的每一阶段变化过程和变化速度大体上是稳定的，如婴儿出生以后动作的发展有先后顺序，趴、爬、坐、站、走等。大脑有一个成熟和发展的过程，这是心理发展稳定性的生物前提。心理发展又和知识的掌握有一定的关系，学生掌握知识是循序渐进的，心理发展与之同步。同时，心理发展是一个不断地从量变到质变的过程，稳定性是相对

的，可变性是绝对的。这种矛盾对立的统一就是人的心理发展的动力。

可变性指人所处的社会条件不同、教育条件不同，从而形成的心理发展水平不同。在教学中，如果我们过分强调大学生心理发展的可变性，就会夸大社会条件、教育条件的作用，如果过分强调大学生心理发展阶段的稳定性，就会忽视社会条件和教育条件的重要作用。

3. 心理发展的共性与个性

人的心理发展阶段的共同特点称为共性，其中的个别差异为个性，如大学生年龄阶段属青年期。青年期又可分为初期、中期、后期，大学生属于青年中期，和整个青年期心理发展有共同的特征。在大学生中年龄相同的人思维水平不同，这些都是教学针对性的出发点。

**（二）影响心理发展的因素**

影响人的心理发展因素十分复杂，了解其中的基本因素对我们的教学工作是十分有益的。

1. 遗传、生理因素

人的心理发展是以个体的遗传基因为基础的。即使经过专门训练的高级动物或者患有大脑畸形的儿童，他们的心理活动也无法与正常人相媲美，因为他们没有正常人所具备的遗传基因。

遗传物质是指人从自己父母的遗传基因中获得的生物特征，主要是大脑的结构特征。遗传素质功能有三个方面。①为心理发展提供可能。素质影响人的能力和智力的发展；气质类型（高级神经活动类型）影响人的性格的发展。②在一定程度上制约心理发展。例如，人在童年时期所具有一定的遗传素质的生理机能的成熟直接影响心理的发展。③遗传素质不能保证心理的发展。长期脱离人类社会的人不具备人的心理。

不承认遗传的作用是偏面的，过分夸大遗传的作用也是不对的，学生在外语学习中存在个别差异，但是"生来笨"的学生是没有的。

2. 社会环境因素

社会环境是人的心理发展的外部条件。社会环境包括社会生产方式、政治经济制度、社会组织、文化传统、风俗习惯、家庭和社会环境。社会环境决定人心理发展的水平、速度、方向和个性差异：如双胞胎自出生后就生活在两个不同的国家，社会条件很不相同，他们长大以后心理发展会各不相同，即使他们的遗传素质是相同的。在环境问题上我们也要反对两个极端：一是反对环境决定论；二是反对无视环境的作用。正确的态度是利用好的环境，改造不良的环境以利于身心发展。

3. 学校教育因素

学校教育是一种特殊的社会环境因素，其对象是受教育的学生，是一种有目的、有计划、有组织地通过学校教育推动青少年发展的外部条件。

学校教育因素有下列特点：①排除心理发展的自发性和盲目性。没有受过教育的儿童与在学校接受教育的儿童心理发展水平完全不同。学校教育有导向和矫正的作用,一般社会环境影响是自发的、无计划的。②学校教育对一般社会环境的选择性。学校利用社会环境的积极影响巩固教育成果,抵制它的不良影响。③学校教育受社会制度及教师能动作用的制约。

4. 主观能动因素

一个人一生接受家庭教育和学校教育的时间并不是很长。一个人即使有良好的素质,有良好的环境,受到良好的教育,但是个人不去奋发努力,不去自觉地参加社会实践,心理也不能得到充分的发展。

一个人的主观因素是不能低估的。当然,心理发展不完全以主观努力为转移,人的心理发展是多种因素综合作用的结果。

## 二、大学生身心发展的概貌

俄语中"大学生"这个词源于拉丁语,意思是掌握知识的人。"校长""系主任""教授"等词从大学产生时候起已使用了很久(在英国、法国始于十二、十三世纪)。

我国大学生目前仍是经过全国统一考试进入高等院校,大多是正规的全日制应届高中毕业生。年龄趋于"年轻化",入学年龄一般为17~18岁。青年期通常划分为三个阶段:青年初期(15~18岁)、青年中期(18~22岁)、青年后期(22~25岁)、当代大学生基本上属于青年中期,平均年龄为20岁。

### (一)大学生生理发展水平

1. 形态(身高、体重、胸围等)

大学生身体各器官已基本发展成熟。由于性激素对脑垂体活动的抑制作用使大学生的身高、体重和各器官的增长发展速度逐渐缓慢下来。大学生的骨骼变得粗壮,颜面骨迅速发展,有了成人的面部特征。大学生的肌肉主要向横向发展,重量和肌力也明显增加,接近成人水平。20岁左右的大学生肺活量逐渐达到成人水平,但是动脉血管的成熟晚于心脏,造成暂时性的血压增高。

2. 性机能

大学生性腺机能基本成熟,男女生两性差异明显,性的生理冲动扰乱了原来的心理平衡,性的体验敏感、丰富。

3. 神经系统

大脑皮质的发展已达到成人水平,兴奋和抑制的过程基本平衡。第二信号系统的调节能力迅速增强。

大学生处于长身体的时期,他们的新陈代谢很旺盛,需要及时补充能量、营养,文体活动、劳逸结合都是不可缺少的。

### (二)大学生心理发展概貌

大学生年龄段有许多积极面,但是也有消极面。总的来讲,大学生心理发展往往落后于生理的发展，大学生在心理发展上迅速地走向成熟，但又没有完全成熟，低年级大学生尤其如此。下面我们用俄语专业问卷来说明大学生心理发展概貌，这些自我剖析有一定的代表性。

1. 成人感、独立感增强

"还在中学的时候我就觉得自己已经长大，不喜欢父母把我当小孩。考上了大学，离开了父母、家庭，住进了大学生宿舍，成人感一下子强了起来，我好像已进入社会，开始独立生活。""生活起居要自己料理，自己照顾自己。学习制度和中学大不一样，要学会自己安排时间和支配时间。过去事事由老师和家长做主，现在和老师关系疏远起来，除了集体，许多事情要自己做主了。""当了大学生，父母、亲戚朋友、老师都很重视自己，我觉得，自己的社会地位变了，我很希望有独立性，不希望受到约束和干涉。""到了二年级，同学们常摆出成熟者的姿态，因为又来了一批新生，而实际上自己还没有真正成熟……"

2. 精力充沛、有理想

"考上大学更增强了自信，现在浑身有使不完的劲，我看到周围的同学也都踌躇满志，准备大干一场。""同学们都充满着理想，满怀着希望，步入了大学校门，个个心中都有自己的目标。一切都是新的，一切都那么美好！""大家都把入大学当作从零开始，大家都想有所成就，充实而有意义地度过大学时光，做一个有丰富知识和才干的社会需要的人。"

3. 智力发展和情感发展迅速

"在大学里可以从许多方面获得知识：在课堂上、在图书馆里、在系内外的讲座上、在交往中，完全不像中学生时一门课一本教科书了。学习的专业性越来越突出。独立思考能力大大提高，学习知识和解决问题相结合，时时都需要动脑筋。""我感到，在大学里情感上的变化很大。对未来的向往，对国家需要的责任感，对开创新局面，对变革的渴望，对社会时弊的憎恶，对一切美好东西的审美意识……文化层次提高，性情、修养也有了变化。"

4. 内心矛盾加多

"的确矛盾不少。初期对大学生生活很不习惯，很不适应。理想中的大学有着一种神秘色彩，现实中的大学与想象中的有距离。比如，5~6个人一个宿舍，很挤，很不方便。""到了二年级对环境已经适应，同学之间彼此也有了了解。原以为自己是中学的尖子，相信在大学里一定会一帆风顺的。可是天外有天，自己与同学相比还差得很远。在大学里与他人比较的范围极其广泛，学习成绩、知识水平、经济状况，甚至外表等都会影响人的情绪，对学习产生影响。""在三年级学习抱负和学习方法的矛盾令人苦恼。这一阶段虽然课程很多，但是由于离毕业还有一年，精力还是集中的，只是不知道怎样才能提高得快。""四年级有很多压力，有很多矛盾，如现有的水平和未来工作需要的矛盾，选择职业中的矛盾等。"

## 三、当代大学生心理发展的特点

目前世界性的大学生生理成熟提前，我国的大学生提前了一年多，生理发展是心理发展的基础。当今,从大环境讲,时代不同了;从小环境讲,大学的学习、活动、生活方式均和中学不同。大学生心理发展有其自身的特点。

### (一)有较高的思维能力

有人称当代青年是思考的一代,大学生青年可以说是其中的代表。大学生思维能力在迅速提高。

1. 理论型的逻辑思维

高中生已开始在进行抽象思维时由"经验型"转向"理论型"。逐渐摆脱具体形象和直接经验的限制,通过概念进行合乎逻辑的抽象思维。大学生由于专业训练的需要,常将所学的概念、原理、法则、公式运用于解决实际问题。因此,系统地论证、揭示事物的本质和规律的能力明显提高。同时,因系统的马列主义课程的学习,辩证思维能力加强,开始自觉地注意到一因多果,全面地考虑问题。

2. 独立性和批判性思维

大学生思维的独立性表现为乐于发表个人主见,自己对事实得出结论,希望对方同意自己的观点,并且要求对方的观点要有说服力。大学生思维的批判性表现为遇事问个究竟,不轻信盲从,用批判的眼光看待周围的一切。

3. 创造性思维

创造性思维是以发散性思维为主导的,思考者从多种设想出发,尽可能做出合乎条件的、合乎规律的多种解答。大学生学习活动为学生创造力的发挥提供了可能性。理工科大学生在学习期间就有实际发明,人文科学大学生也常有论文见于报刊。高等学校大学生的毕业论文生动地说明了大学生创造性方面的潜力。

大学生在思维能力的发展上存在较大的个性差异。高、低年级之间,男女生之间发展水平不尽相同,并带有专业的特点。一些大学生在认识问题时容易主观片面,或者过分自信、固执己见。

### (二)有丰富的情感世界

大学生的情感随着知识水平、文化水平的提高而日渐深厚。人的主要情感(道德感、理智感、美感)在大学生身上进入了较高的层次,能够代表当代青年与众不同的风貌。当然,大学生的情感还具有不稳定性,但是他们的情感随着年龄的增长、社会经历的增长而日臻完美。

1. 道德感

道德感是人的举止行为是否符合一定的道德准则而产生的情感。当别人或自己的思想品德符合公认的道德标准时的欣慰、满意、敬佩的情感,或者相反、不满意、责难的情感,道德感和国际主义、爱国主义、集体主义情感联系在一起,和义务感、责任感、自尊感、荣誉感不可分割,爱国主义、集体主义情感在大学生道德感中占首要地位。道德感有继承性,祖先的、先辈的、父辈的美德,高尚的道德情操是中国大学生情感的主流。

2. 理智感

理智感是人在智力活动中产生的体验，也称智力情感。大学生的智力情感和他们的认识活动相联系，如新奇感、求知欲、惊奇、困惑、怀疑、满意等。大学生智力情感很发达，既在学习活动中产生，又促使他们的思维活动的积极化。大学生的理智感是创造力、取得学业成就的强大动力。

3. 美感

美感是人对事物美的体验，这种体验是人在鉴赏和创造自然美、社会美、艺术美中产生的。大学生对美的体验水平可以称为审美能力，审美能力包括鉴别美、欣赏美和创造美。大量地阅读文艺作品、欣赏音乐、在大自然中陶冶、观赏美术作品，听各种讲座，参加各种文体活动，与周围的人交往，特别是在投入时间最多的本专业学习中的美的体验与创造，是大学生进入青年期审美能力的高峰。

美感和道德感有关，道德的重要标准是善，善也是美的内容。人要"既善且美"，美感和理智感有关，美是智慧，美感推动着理智感的发展。

### （三）自我意识明显增强

自我意识是人对自己和自己与周围关系的一种认识，包括自我观察、自尊心增强等内容。这一问题涉及前面没有提到的意志力（行为的目的性、自觉性、毅力、自制力等）。

1. 自我观察

在大学集体生活中，我经常观察着自己也观察着他人，在自我观察时很想知道自己的形象。

2. 自尊心增强

"我觉得班级里不少同学自尊心都很强，这是对自我价值的确认。不过分的自尊心还是很好的，如为当一名大学生感到自豪和光荣。但是，毕竟我们还不成熟、敏感、自我控制能力不强，容不得他人的否定，禁不住打击了"。

### （四）世界观基本形成

世界观是人对自然、对社会和对人生问题的一个总的看法。世界观的形成需要一定的心理条件。首先，需要系统地学习马克思主义理论，了解社会发展规律。了解历史，思维发展要达到一定的水平，能够抽象地概括对客观世界、对社会的认识。其次，要有一定的自我意识，只有对自己进行思考才能参与改造世界的实践。最后，个体有较为明确的社会义务感。大学生均有未来职业的定向，这是参与社会实践的前提，世界观（人生观）的核心成分是理想。理想是人向往的目标，大学生的理想是多种多样的，主要有两个方面：一是生活理想（好的物质文化生活、幸福的家庭）；二是职业理想（社会理想），大多数大学生都想为国家的富强做出自己的贡献，为国争光。

## 四、教育教学对策

教育教学对策就是教育教学总的原则，可以归纳为八个字：理解、鼓励、引导、帮助。理解学生并不容易，真正地理解学生需要爱心、耐心。一般来说，在理解学生方面，青年教师优于中老年教师，鼓励学生的每一个微小的进步，少用生硬的批评是十分重要的。多肯定学生的优点会激励他们进步，使学生勇于自责，有利于自我教育，引导意味着诱导，提倡和风细雨。大学生常常有许多自己不能很好解决的问题，教师应当给予他们真诚的、具体的帮助，为了做好教育、教学工作，要从大学生心理发展的矛盾入手。下面谈谈大学生心理发展的主要矛盾及解决矛盾的参考意见。

### （一）理想与现实的矛盾

青年的理想并非虚无缥缈，不着边际，不过，他们的抱负水平往往高于现实。理想与现实的矛盾表现在现实水平低于理想，因此，极易产生不理解、不满意、悲观失望情绪。其结果，或是正确对待，走出苦闷，振奋精神，积极学习、生活，或是消极处世。

①理想中的外在条件与现实中的外在条件的矛盾。现实中的大学校园、宿舍、教室、生活条件、学习条件、同学间的关系（包括与异性的关系），师生关系与一些学生的理想相悖。一些人感到失望，由此得出结论："唉，大学也不过如此"（一年级学生容易产生这种矛盾）。②理想中的"我"和现实生活中的"我"的矛盾。一些学生要求独立自主，但是现实中并不具备很强的能力。一些学生过去一帆风顺，很自信，现在常遇波折（如学习不适应等）而处处被动（低年级学生容易产生这种矛盾）。③对职业的理想和现实可能性的矛盾。每个大学生根据自己的优势、爱好、物质标准，对职业都有较具体的考虑，而现实具有局限性，如就业选择的范围、用人单位的倾向影响着学生的情绪和对学习的态度。

解决矛盾的参考意见：

第一，帮助学生正视现实，去掉不切实际的要求，帮助他们适应环境，愉快而积极地生活，成为生活的主人。

第二，帮助学生实事求是地评价自己，找出被动状态中的积极因素，在此基础上提出对自己适中的要求，同时，在方法上给予具体指导。

第三，帮助学生乐观地对待一切可能产生的困难，使他们懂得人生是苦乐矛盾的统一，生活不可能处处按照自己的设计去进行。

### （二）情绪与理智的矛盾

情绪与理智的矛盾指的是大学生情绪的不稳定与理性的矛盾。大学生在情绪体验方面既充满激情、朝气蓬勃，又容易冲动、不冷静，有时盲目狂热、不计后果。情绪的不稳定是由于需要与现实不符时采取了过激的态度，而辩证思维能力和意志力还欠缺所致。同时，由于大脑皮质暂时难以完全控制，性激素分泌增加而处在兴奋亢进的下丘脑使青年情绪带有很大的冲动性和爆发性。情绪上的矛盾既有心理上的原因，又有生理上的原因。

解决矛盾的参考意见：第一，帮助学生首先平复激昂的情绪，使他们懂得"退一步海阔天空"，冷静是解决问题的前提。第二，帮助学生首先从自己找原因，先做自我分析。

第三，帮助他们寻求解决问题的方法。第四，帮助他们总结教训，在教训中学习，提高审度问题的能力。

### （三）心理的闭锁性与寻求交往的矛盾

大学生喜欢活动与交往，希望周围有更多的人理解自己，成为自己的朋友。他们的自我意识增强，越来越注意自己在集体中的位置、他人对自己的评价等。随着自尊心的增强，他们不再像少年那样坦率，而越来越表现出一种内心的闭锁性，这是他们能适应环境的一种表现。他们不轻易向不了解自己的人透露心中的秘密，他们对强迫说心里话产生反感，这种孤独感对大学生身心健康是非常不利的。

解决矛盾的参考意见：第一，真正理解大学生心理发展的这一特点，尊重他们。第二，真诚地接近他们，平等地对待他们，做大学生的知心朋友。第三，要耐心，不能急躁，一时不能解决的问题应该等待时机再解决。

## 第二节　俄语专业各年级学生的心理特点及教学针对性

这是一个新的课题。我们之所以在这里专门讨论各年级学生的心理特点，是因为各年级学生除了有大学生共同的心理特点外，还有其自身的特点。如果教师在教学中考虑这些特点，教学就会更符合客观规律，更有针对性，就可以进一步提高教学效果。

年级心理特点与各年级教学任务有关，每一个年级都有与其他年级不同的心理状态。例如，在积极的心理状态方面：一年级抱负水平高；二年级自信心强；三年级求知欲旺盛；四年级渴望自我实现。在消极的心理状态方面：一年级容易自卑或好高骛远；二年级容易安于现状；三年级容易兴趣下降；四年级容易纪律散漫。这些概括性的特点是教学阶段学生对教学任务反馈的表现形式。

年级心理特点还和学生年龄变化有关。虽然大学生时代属于一个年龄段，17～21岁或18～22岁，为青年中期。但是其间不同的年级，心理状态不尽相同。例如，二年级学生一年前入学时不知所措，一年后已能指导新生。三年级学生心理上日趋成熟，四年级学生增加了紧迫感。学生未来就业性质，发挥学生专业技能的可能性大小，生活物质条件的变化均影响各年级学生情绪状态和学习态度。

近年我们在一、二、三、四年级都进行过教学实验，我们将在各节分别谈谈教学针对性。由于实验的范围有限，一些做法可能没有普遍意义，不过，希望它们有一些参考价值。

## 一、一年级教学法

### （一）一年级教学目标

1. 语言技巧项目化

（1）单音测验

当众录音（有准备，3个句子或一小段课文），当众听音，讲评（另一次）。即兴读教材练习中的句子，讲评。

（2）语调测验

按照口试的方式专门为查对调型的掌握。要求学生在有准备和无准备读一段课文中反映出来。

（3）变格、变位测验（以变位为主）

教师要求学生对教材中的常用动词进行正确变位，在变位专项测验中重音不对，算变位不对。

（4）动词接格测验

专门检查教材中常用动词的接格关系（带前置词和不带前置词）。

（5）一致关系测验

传统的连成句练习是检查一致关系的好方法，不过，它属于机械性练习。简短的、快速的问答可以检查学生一致关系方面的技巧。

（6）词义替代测验

教师要求学生写出指定词的替代词，这是同义词方面的练习，我们认为在一年级也可以进行，因为，这是学生学习词汇一定会遇到的问题。教师在课上讲解时不必过细、过深。检查词的替代，一方面，可以检查学生对词义的理解（常常可以用替代词去解说一个生词）。另一方面，可以将学生所学词汇按近义归入系统，以备选用。

2. 言语技能专题化

一年级学生应当掌握以生活主题为主的基本交际能力，并且能独立地运用（如果学生处于真实语言环境中，可以独白或对话）。《基础俄语》的交际题目共20个，分为三大类。在教学中首先要突出每一课文的交际主题。最后，教师要进行对每一主题交际能力的检查。如学生应当会针对每一交际主题向对方提问。

3. 扩大词汇量

过去我们在高年级教学中提出扩大词汇量，扩大知识面。看来，这件事最好从一年级做起，一年级课程单一，学生容易挤出时间，学生记忆力强，中学又学过俄语，这些都是有利条件。实践证明，没有一定的词汇量，听不懂，也无法说，交际则落空，所以，在一年级也要打下基本词汇量的基础。《基础俄语》（1、2册）词汇表中没有收进补充课文的生词，我们将补充课文和导论课部分的生词列入词汇量。第一册应为700词，第二册应为1360词。练习中还有一部分积极词汇应当列为积极掌握，加上教师有所补充，共2300词左右。此外。我们在教授旅游材料时，学生接触生词850个，有2/3应当掌握，备初步导游所用。全学年词汇量为2800～3000词。为了学生掌握所学词汇，我们时而进行单项生词测验，听译或看译（俄译汉），使学生比较扎实地积累词汇。

### （二）一年级学生学习过程的特点

1. 学习动机和学习兴趣

目前，我国需要俄语人才，特别是年轻人才。近年俄语专业毕业生分配形势看好，专业对口，学以致用，这增强了一年级学生学习的动力。当前，一年级学生学习动机冲突较少，动机问题，也就是专业思想问题，不突出。学生学习兴趣普遍较高，原因有三个：①专业俄语和中学俄语有很大差别。大学专业俄语课型很多，如口语、笔语实战课、实践语法、视听说、阅读等。听说机会多，学生感到新鲜、有趣。②教学内容接近生活，学生能用俄语谈生活，感到乐趣。③一年级是大学生生活道路重要的转折点，学生有较高的抱负水平，这为专业兴趣的培养创造了良好的条件。

2. 认知过程的特点

一年级学生在观察力（感知、理解）、思维能力等方面的困难多于其他年级，在思维方面更容易受到母语思维的干扰。一年级学生喜欢直观、生动、形象的学习方式。在记忆方面，记忆力强，但是常常使用最简单的记忆方法，即不断地重复同一个内容，而运用逻辑识记的能力较差。在想象方面，一年级学生想象力丰富，但是受俄语水平的限制，他们有许多想表达的不会表达，或者"汉化"严重。一年级学生处在俄语思维的初级阶段，他们更习惯机械地运用语言知识。一年级学生的认知风格均有不同程度的偏颇。入学初期喜欢死记硬背，常以记熟单词、理解课文、记住规则为主，对课上大量的听说训练感到很不适应，或者茫然不知所措。除了笔语作业外，预习、复习方面均存在不得法的问题。课下如何学习、如何支配时间、如何会学习，对于刚刚离开父母和中学教师的一年级学生来说，是个刻不容缓、亟待解决的问题。

3. 情绪、情感、意志过程的特点

一年级学生在情绪、情感方面有许多积极因素，如有朝气、热情、积极、好奇心盛、求知欲强。什么都想知道，什么都想问个究竟，渴望成功，渴望成为专家。在意志力方面，一年级学生虽然自制力较弱，但是，大多数学生学习刻苦努力，苦练精神历来在一年级学生身上最突出。当然，一年级学生也存在一些消极的情感、意志因素。①松懈情绪。经过无数次同一目的的考试的一年级新生直到高考这最后一次拼搏才得到喘息，精神上、体力上都很疲劳，一部分人想休整一下，结果，不知不觉在休整中度过了许多时光。②自卑感。有自卑感的学生通常在教学班中占较大的比例。自卑感，一方面，在学生无力战胜困难中产生；另一方面，在和其他同学的比较中产生。刚升入大学一年级的学生由于高考中榜，一般来说，自信心和自尊心都有所增强，他们对周围的事物很敏感，一旦发现别人比自己强得多，就觉得"矮半截"。③好高骛远。一些学生入学前有较好的俄语基础，入学后他们按照过去的标准来评价自己的水平，误认为教学内容太浅，把课程当成咀嚼过多次的馒头，感到没有味道，不愿意在基本功上下苦功，转而用大部分时间、精力去读课外的东西，由于难度大，自觉能力差而事倍功半。其结果，认为基本功练习过于枯燥的学生落在了脚踏实地苦练的同学的后面。

### （三）一年级教学原则及其实施

1. 优化结构原则

优化结构是指优化教学内容的结构，也就是优化教材的整体功能，优化教材各个部分和各个部分的相互联系。对教材进行一定的取舍和调整是教学的常规之一。应当指出的是，按照系统论原理，从优化教材入手是提高教学效果的根本途径之一。我们应当将教材看成一个综合整体，将它的每一个部分看成子系统，这些子系统不是孤立地存在。教师要使子系统协同活动，取得比它们加起来之和大得多的整体效应。例如，《基础俄语》（1、2册）的结构是，导论课（12课），基础课（21课）。基础课的每一课的结构是，对话（2~4个）、对话部分练习、课文、课文部分练习、补充课文、语法、语音等。这是单一的结构，直线序列。如果以多向结构代替单一结构，在不增加学习负担的前提下，可以使学生既多学又乐学，一举两得。我们在实验班对教材的使用做了以下改革。

（1）导论课与基础课同步

一年级学生怀着极大的兴趣和求知欲跨进高校大门，为时一个半月的导论课是他们熟悉而又没有掌握好的课题（中学时学过几年俄语），缺少新鲜感，比较单调的话音练习往往使学生口干舌燥，影响学习兴趣和求知欲。而直接进入基础课，符合学生入学后的心理状态。学生希望先"进入角色"，学习课文，然后再分析语音、语词的弱点，逐步去纠正它们。因此，我们决定导论课与基础课同步进行，将导论课分别插入基础课，即每一课基础课包括1~2课导论课的教学内容。

基础课之中的话音部分待导论课语音教完之后，依情况选用。已掌握的单音、音组不再重复，该舍则舍，该取则取。例如，采用其中调型练习，既有助于学生认识调型的特点，又有助于模仿调型。需要认真对待的是，一开始进入学习课文要把好语音关。我们在课上始终是教师带读，课下学生听录音，最初阶段只要求学生读好课文中的2个句子，录音，听音（课上），中期要求学生读好指定的课文段落，不正式检查朗读全课，保证发音准确。

（2）各个环节为课文服务

按照教材的结构，每一课始于对话，补充课文在主课文之后，从优化结构的原则出发，教师可以将对话、课文、补充课文协调起来考虑。如果前两者与课文的交际主题关系密切，则统一使用，将对话和补充课文作为课文最好的补充；反之，可作为阅读材料，因为如果目标分散，则效率会大打折扣。

（3）充实课文

课文本身也是一个系统。教材由于种种限制不可能充分反映学生生活。教师可以编写一些联系学生生活实际的短文，使学生在较为理想的情境中进行交际练习。

2.严格训练原则

严格训练，打好基础是多年来师生的共识。这里着重谈谈严格训练中要注意的心理因素。严格，不言而喻，指的是教师认真地教，学生认真地练习，不能粗心大意，马马虎虎，以及对待练习中的错误采取不姑息的态度，这无疑是很重要的。

常言道："严师出高徒"，然而，这里的"严"字有多方面的含义。①一丝不苟。例如，教材中学生容易出错的地方，教师应当要求直到说对为止，绝不含糊。②与人为善。缺少爱护的严格达不到预期的效果。严格不是冷漠、无情、官腔十足。③严中有宽、宽中有严。教师应当既严格，又宽厚（不苛刻），要求要合理。当学生普遍感到困难时，教师要宽，要通情达理。当学生有了克服困难的可能时，教师要动员学生情感，努力去达到目标。④不能急躁冒进，操之过急。不顾条件，形式主义的严格要求会产生很大的副作用。

3.愉快教学原则

愉快教学原则对每一个年级的教学都是需要的，对一年级教学尤为重要。愉快教学原则是指师生在愉快的心境中进行教与学，愉快教学是最佳教学。乐学早在孔子时代就受到重视，也是古今中外许多教育家的一贯主张，然而，愉快教学属于现代教育思想体系，是世界教育发展的一个趋势。就外语教学来说，愉快教学与传统教学区别在于：

（1）愉快教学主张"乐学"，传统教学主张"苦学"

传统教学强调学生在教师认真施教下勤学苦练、多读、多听、多说，一遍、十遍、几十遍地练习，直到学会为止，中心是"苦学"二字。愉快教学不悖于刻苦学习，但是不怕吃苦并不等于必须吃苦，更不等于苦吃得越多越好。化繁为简，变难为易，省时省力，轻松愉快地学完是可能的。教师要使学生乐学并不容易，善教的功夫在课下，乐学在课上。

（2）愉、快教学重视心理因素，传统教学重视精神因素

精神因素与心理因素不可分割，但也并非等同。精神与物质相对应，心理与生理相对应。精神因素强调理智，学习目的、态度、学习毅力等。不过，精神境界很高的学生也会有严重的心理障碍。例如，学习目的明确的学生会产生自卑和其他心理失衡，而心理障碍只能用相应的方法解决，并不能全靠精神支撑。愉快教学重视心理因素，将消极因素降到最低点，使每一个学生在最佳的、健康的心理状态下进行学习。愉快教学的核心是将学生从消极心理状态的影响中完全解放出来，积极、轻松地投入眼前学习。

（3）传统教学对个性发展不够重视

愉快教学提倡作为教学主体的每一个学生都应当得到主动的发展。在俄语教学中我们见到个性发展的不均衡性，不是所有的学生都受到一样的关注及帮助，课上个人的练习量有很大差别。一些本来也有愿望发言，但由于舌涩口笨，胆小的学生得不到练习的机会，有一部分学生的积极性没有调动起来，他们的情绪是不愉快的。当今社会需要的人才除了知识、能力、品德以外，还要有良好的心理素质，而良好的心理素质要在良好的学习环境中形成。如自我锻炼、自我调节、自我控制，善于开拓局面，有较好的合作能力、心理承受力等。愉快教学要求教师给每一个学生提供充分发展个性的机会。

4.愉快教学标准

（1）学生学习兴趣盎然

关于学习兴趣我们已经专门讨论过了，概括地说，教师要做到：①使教材易于为学生接受。学生眉头紧锁，则无兴趣可言。②将枯燥的材料变得有趣。③增加一些材料的情趣。④练习形式新颖、多样。

（2）学生学习成绩提高

练习机会多，失误有所减少，成绩有进步等。学习上的成功是愉悦的源泉。

（3）课堂气氛和谐

师生交往友好，练习配合默契，情绪舒展、高涨。

一年级实验班师生一致反映，他们愉快而紧张地度过了一年的时光，尝到生动地教、愉快地学的果实。

## 二、二年级与三年级教学特点及教学提示

二年级与三年级教学称作学习的"黄金时节"，虽然分别属于两个教学阶段，但是有共同的特点，如学生情绪专一，较少受外界干扰，教学较为稳定，如果进一步开发潜力，改进不足，可以取得突出的教学效果。

### （一）二年级教学目标

1.帮助学生进一步掌握语言知识，提高运用积极词语的能力

在二年级，教师将通过许多较好的范文（改编的文学作品）培养学生对俄语的基本语感和俄语语言修养。

2.帮助学生发展独白能力

二年级教学要求学生叙事时表达出一定的思想感情，有基本的描写能力和议论能力。叙述不是完全按照课文情节复述性的，而是有不同的角度（第一人称改为第三人称，或者相反），针对不同交际对象的，这样的独白能力是一年级学生欠缺的。

### （二）二年级学生学习过程的特点

1.适应了大学生生活

二年级学生情绪稳定、精力充沛，许多学生雄心勃勃，对未来充满信心。

2.提高了对专业的认识和学习俄语的自觉性

二年级学生能够有针对性地进行学习，同时认识到听、说、读、写不可有所偏废。

3.连贯语表达出现困难

二年级教材和一年级教材风格迥异，一年级学生升入二年级因教材内容的变化，在连贯语表达上出现了困难。

### （三）二年级教学提示

1.细心指导学生发展连贯语，进一步增强学生的学习信心

二年级学生学习情绪稳定，然而，也会由于学习方法的不适应产生新的心理压力，

以致影响学习信心和学习积极性。教师可以帮助学生归纳与所学题目有关的词语和句式，以便学生能够正确、顺畅地叙述所需内容，并且可以举一反三，叙述其他类似的故事。

此外，一些叙事文往往本身情节生动感人，而缺少议论，而议论是学生表达中非常需要的。所以教师要有计划地向学生提供铺垫词语。这样，使学生既能用俄语表达最基本的思想感情，又避免了使用自选词语。

2. 拓宽教材题材，增添教材的时代信息

《基础俄语》(3、4册)也是一部内容十分丰富的教材，但是从宏观上看，离现实较远，涉及社会生活、文化生活的内容少，几乎没有介绍现代生活的，大多是关于革命和战争年代的故事，建议教师做一定的改造。如舍去议论科学意义的课文，选择提供科学知识本身的课文，将补充课文作为正课文，不"沉浸"俄语故事之中，代之以某些音乐小常识，借一带而过的艺术家，较详细地介绍一下俄罗斯艺术，介绍伟大画家的艺术活动及其他享有盛名的艺术家，见缝插针增补俄罗斯民俗民情常识等。总之，打开教材的窗户，开阔学生的眼界。

3. 提高基本言语能力的幅度

如果学生是教学中的雕塑品，一年级时就要使它"雏形"可见，二年级时就要初具风采，而不要等到毕业时才见端倪，各年级教学都要得到强化、优化。二年级教学有时平稳有余，变化不足，二年级学生应当在基本言语能力方面有大幅度提高。如口语、笔语言语成品质量明显提高，用词丰富了，句式有变换、严重错误大大减少等。教师可以在一学年中组织1~2次独白语表演活动，通过准备，大家多上一个台阶，使每个学生的潜力得到发挥，迈出大的步子，使一些有条件的"尖子"脱颖而出，使学生在二年级（尽管能力有限）就达到一个全面发展的水平，无论是听，还是说，是读，还是写，都有一个良好的基础。

## 三、三年级教学目标

三年级是承上启下关键的一年。学生既无一年级的不适应，也无毕业班的压力。他们求知欲旺盛，学习独立性增强，兴趣爱好更加广泛，然而，他们的俄语学习兴趣由于一些原因，与基础阶段相比，有下降趋势。三年级教学要求是：

### （一）帮助学生提高综合运用语言的能力

二年级学生升入三年级会有一种"上坡"的感觉。一般来说，三年级教材的题材、体裁比基础阶段有较大的变化，不再多于叙事文（故事），而有相当量的说明文、议论文。它要求学生除了字面上理解课文之外，还能够揭示主题内涵，谈出自己对课文中所提问题的认识，综合运用词汇、语法、修辞等表达手段。

## （二）帮助学生获得初步的独立工作能力

这里指的是独立地理解有一定难度的语言材料和独立地表达有一定深度的见解。在教学中我们见到，一些学生对语言材料的理解似是而非，或者理解基本正确，但是表达能力薄弱，两者之间拉开了较大距离。所以，三年级教学既需要弥补基本功方面的不足，又需要在语言的整体素质上有较大的进展。

## （三）三年级学生学习过程的特点

1. 强烈的成就感

结束基础阶段进入提高阶段的三年级学生感到充实而自信。对扩大知识面、迅速提高言语能力要求迫切。三年级学生自我意识明显增强，善于自我观察、自我评价，经常思考未来，对毕业后的去向已有设想。提高阶段在客观上给他们以压力和促进，他们的求知欲和成就感是提高学习积极性的有利因素。

2. 学习差异扩大，独立工作能力亟待培养

如果说，低年级学生学习水平相对整齐，那么高年级学生学习水平会出现较大差异。在提高阶段学生的学习方法大有调整的必要，习惯于模仿、复述等学习方法的学生在独立表达个人见解时显得被动。三年级学生的一些心理压力表现为自己对自己的口语、笔语表达能力不甚满意，但又不知从何处着手。

## （四）三年级教学提示

三年级教学的一个首要问题是满足学生的求知欲，增强学习兴趣。三年级学生学习负担重、课程多而分散，学生为了"应付"各个方面而不知所措。实践课的枯燥和教学方法不妥会使学生大为失望，虽然他们急切想提高水平，但是事与愿违。相反地，如果兴趣回升，甚至高于基础阶段，学生意气风发，有学习热情，那么心理上日趋成熟的三年级学生所爆发出的学习能量是低年级学生不能比拟的。我们建议教师想方设法提高课上的效率，减轻课下负担，同时，在独立工作能力上给每一个学生以具体指点，使得一些科学的治学方法能对学生以后的独立学习和工作有所裨益。

1. 改善知识结构

未来工作对于俄语专业毕业生的知识面要求很高，然而充实知识结构主要指学习教材。三年级教材的涉猎面要有一定宽度。虽不能无所不包，但也要能反映现代社会生活的主要方面。在所学教材基础上，以蛛网形的方式再扩大。

2. 培养综合语言能力

学生在基本功方面的弱点在于技巧未达到要求，在自由表达时还会出现错误的语言形式。建议减少一些填空等单项练习，增加综合运用练习。如回答中型问题，说明一个观点，营造一段情境，讲述一件事情，要求表述清清楚楚、扎扎实实，切忌逻辑不通，不知所云。有的院校为考查学生前言的综合能力进行过全面的测试，取得了经验。我们受到启示：为何不可将综合能力的主要要求告知学生，使他们胸中有数，并可随时自我

检查。

例如，词法（某些名词的变格、某些动词变位、带 ся 动词、被动形动词、动词体、运动动词、前置词、数词等）；句法（句子成分的一致关系、无人称句、时间从句、条件从句、目的从句，防止句式单调等）；词汇（常用动词的接格关系、常见成语、常用同义词辨异、礼貌用语等）；修辞（语体、词汇使用的得体性，防止冗长、累赘等）；语音（克服明显的口音及怪调等）。

课堂的模拟交际练习，如座谈、辩论、角色表演等均有助于学生综合表达能力的提高。教师要做好讲评，使学生有所参考。

3. 训练思维的逻辑性

这是独立语言工作能力的一个重要标志，抓不住语言材料的逻辑性，不能正确理解，不能把握表达的逻辑性，口语、笔语成品则杂乱无章。条理性是语言工作者应当具备的基本品质之一。

①要求学生查原文词典，正确了解词在上下文中的意义，要求学生用原文自己去解释词语。②要求学生自己列出每篇课文提纲。③要求学生扼要地说明课文每一部分中心思想和概述全文。学生习惯于"细致入微"，而不会"一语道破"，逻辑性见长式的学生不多，部分学生仍旧开口便是第一人称。所以，教师还要训练学生人称的转换及防止代词连篇。④训练论证能力。一些学生议论能力肤浅，常以"好的""不好的"代之，这主要由于思想上的"苍白"，思维活动贫乏，学生无话可说。为此，教师要多设群言堂，迫使学生开动思维机器，相互启发，相互学习。如果没有对立面，教师自己提出反问，充当另一方，同时，提供一些论证的表达手段，帮助学生构思论证要点。

## 四、毕业班教学法

毕业班、一年级教学在教学法上都有相当大的独立性，有必要作为专门的课题来研究。下面，介绍我们在四年级实验班的教学情况，谈几个问题：①毕业班实践课教与学的一般情况；②毕业班实践课教学特点、目的和任务；③毕业班实践课教学原则；④毕业班实践课教学方法的实施。

### （一）毕业班实践课教学特点、目的和任务

教学实践表明，毕业班教学和三年级教学有许多不同。毕业班教与学的相互配合直接关系到送出校门的人才的质量。因此，有必要研究并且制定有其自身特点的毕业班俄语实践课教学法。

1. 毕业班学生的特点

毕业班学生这样描述他们自己的特点。

①"我们考虑问题越来越实际，毕业班每一个人都要为跨入社会大门做出选择。随着第四学年的开始许多现实问题接踵而来，前途、工作、恋爱、家庭……少了些低年级学生的新鲜感和单纯，多了些忧虑和困惑……"

②"我们在专业学习上越来越希望能够实用。工作迫在眉睫,最担心的是知识贫乏而不实际,能力低下。我们希望巩固住过去学过的知识,新的知识不必精而深,但求泛而广,以适应未来各种情景的需要和工作中的再学习,我们渴望多一些实际本领。""我们还需要一定的社交能力,适应社会的能力,独立处理问题的能力。"作为实践课教师我们深知毕业班教学工作的复杂性、难度和不固定性。可以说,这就是毕业班实践课的教学特点。

2.教学中存在的问题

长期以来,毕业班教学中存在刻不容缓需要解决的问题。①教学内容陈旧,信息量小,脱离实际。既不能引起学生的学习兴趣,又不符合社会的需要,从事教育情报的同志认为,人才培养和使用的效率很大程度上体现在对信息的占有量和利用率上。我们的教学内容应当反映国内外生活,否则,所培养的人才难以在国内外交往中起到桥梁作用。②教学要求不切合实际,练习缺乏明确的交际目的。过去我们更强调高年级语言材料的合乎规范,这是很正确的。但实际上"阳春白雪"多于"下里巴人",有益于理解,而不利于表达,特别是不利于最基本的言语交际。与以俄语为母语的人在一般口语、笔语交际活动中所使用的语言手段相比较,我们教给学生的语言手段有时反而难而偏,不够大众化,学生掌握了不少生僻的用法,而许多日常交际用语却不能脱口而出,还没有形成自然交际能力。③教学组织不符合毕业班学生的心理特点。四年级学生的心理发展趋于成熟,学习自觉性、独立性增强,渴望自我发展,有强烈的成就感,智力情感的发展处于最佳时期。他们的学习潜力具有良好的爆发性,希望练习形式富于挑战性、创造性、言语成品能够独立完成,或者是即兴之作。学生自我实现的要求得不到满足是我们工作不得力的一个标志。

3.毕业班实践课教学目的和任务

在为社会培养全方位的合格的俄语人才的总目标下,在巩固学生已往三年的学习成果的基础上,将教学推向新水平,取得新成果。①大力扩大学生的词汇量。现代国际、国内生活各个领域的基本词汇和热门话题的俄语说法毕业生都应当略知一二。②大力培养学生未来工作所需要的基本交际本领。课上创造最佳条件,进行人为的、接近未来工作要求的角色交际活动。③大力培养未来工作所需的心理素质。

**(二)毕业班实践课教学原则**

外语教学法以哲学、语言学、心理学、教育学为理论基础。我们在确定毕业班俄语实践课教学原则的时候需要从总体上考虑与外语教学有关的四组教学原则,即教学论(教育学)原则、语言学原则、心理学原则、俄语教学法原则,并且结合毕业班教学阶段特点提出起主导作用的教学指导思想。

1.强化原则

外语教学的强化原则的本质是使学生在最短的时间内掌握最大量的知识和技巧,并且得到运用的最佳效果。对于时间少、任务重的毕业班教学来说,采用强化原则势在必行。

（1）教材内容的强化

信息量大、有一定弹性（由教材中的某一种信息引出另一种信息）、实用（每篇语言材料专题词语集中）。

（2）练习内容的强化

突出训练带有问题情景的、解决具体交际任务的实用交际能力，语言材料的掌握在交际活动中受到检验。

（3）教学组织的强化

师生集中最大精力，最大限度地提高课上效率，减轻课下负担。

2. 针对性交际原则

针对性交际原则早已为广大外语教师所接受，并且作为主导的教学原则运用在教学之中。作为毕业班教学，在贯彻针对性交际原则时应当有针对性，要针对社会发展的特点、社会对外语人才需求的特点。近年来，苏联教育心理学家正在研究"积极教学""衔接性教学"，反对教学、科研、生产脱节，主张尽量缩短大学生适应工作的时间，强调教学活动体现未来工作的特点。

在教学中，我们应当培养学生未来工作需要的最基本的交际本领。如提问的能力（获得信息）、答问能力和表述能力（传递信息），包括会用礼貌用语等。从目前情况看，翻译工作是毕业生主要的就业方向。笔译、口译课应当着重培养实用能力。

3. 个性发展原则

在以交际活动为主要任务的课堂教学中，学生和教师的个性发展问题是绝对不能忽视的。一切教学法措施（教学材料的组织、采用的教学手段、教学方法、练习等）的作用都要通过学习者的个性（需要、动机、能力、积极性、智力及其他个性心理特点）这个多棱镜折射出来。为此，我们要注意做到以下几点。①建立良好的课堂心理气氛（积极向上的、团结互助的、轻松愉快的）。课堂心理气氛直接影响课堂活动效率，教师起决定作用，理想的课堂气氛可不受班集体自身特点的制约，也不受课堂以外的各种因素的制约，仿佛演员置身于配合默契的排练场，有特定的氛围。②观察、研究、发展每一个学生的个性，发扬他们积极的心理品质（求知欲、成就感、创造精神等）。克服消极因素（缺乏信心、胆怯、害怕出错、不求上进等）。③完善自己的个性（专业知识、教学技巧、心理品质）。

### （三）毕业班实践课教学方法的实施

无论是基础阶段教学，还是提高阶段教学都在不断解决矛盾中前进的。有些矛盾在毕业班更加尖锐。目前，实践课应当是对传统课的扬长避短，符合当今社会要求的，新型的综合实践课。①教学内容要贴近多方面的生活实际，教材应当是普及性的。②突出口语交际，重视笔语交际，提倡有准备的独白作品先写后说，以提高言语成品的质量，笔语作业要有要求，并力求实际。③接近现实的交际练习有利于在理解的基础上带动表达。④交际活动有利于知识与能力相结合。⑤学习新材料不必太精，也不能太泛，要在量中求质。

⑥对话与独白能力的培养在毕业班教学中更加相互依赖,从交际本质看,对话能力仍要加强,表达个人看法。个人对人和事的态度既是对话,也是独白。⑦毕业班对基本功的要求没有降低,只是有其自身的特点,掌握大量语言材料中的词汇、语法、修辞手段和文化知识难点是深化基本功的得力手段。⑧交际能力和基本功相辅相成。交际活动是最好的锻炼基本功的场所,真功夫只有在不断的交际中才能获得。以上是我们对八种矛盾的粗浅认识。下面,谈谈教学实验的一些具体做法。

1.知识的传授

（1）知识面的范畴

国内外社会生活主要领域的一般词汇；人文科学、自然科学基本知识；文化常识；时事新闻知识等。

（2）知识传授的途径

通过教材,并且在可能条件下通过教材引出教材以外的知识；利用报刊新闻及有声资料等。

（3）知识传授的办法

教师在各种传授知识的场合均可以先提出问题,学生各抒己见。然后教师明确正误,解释含义,举一反三。知识的信息量要大,毕业班学生的求知欲潜力达到最高点,教学的知识性深受学生的欢迎。它为学生交际能力的培养提供了有利的条件。

2.实用交际能力的培养

（1）怎样练习

教师在讲解课过后,用一次课的时间作初步巩固（补遗、专题词语归纳、必要的问答、听补充材料等）。接着,他马上带领学生进行模拟角色交际活动,经常变换形式。角色由教师分配。各种岗位上的"负责人"的角色使学生感到新鲜,增强他们的责任感和准备言语作品的严肃态度。主持人由学生组任,教师有时可担任活动中的次要角色,他在活动中不是教师,不要打断各角色的发言。活动结束后,恢复教师的角色,进行以鼓励为主的讲评,热情、诚恳。然后指出带有普遍性的错误,对一般错误采取宽容态度。在说母语的人的言语中常出现重复、停顿、违背标准语规范的情况,也有不很恰当的句子。看来,我国学生的俄语言语错误的纠正有一个过程。

（2）怎样挖掘教材的交际潜力

①当教材内容比较丰富,常用词语比较集中,并可分配角色时,教师将其加工,用于接近现实的交际活动。②当教材内容不适合于角色练习时,可以"因地制宜",使教材为我所用,组织其他方式的交际活动。

3.心理素质的培养

近年我们认识到,必须提早培养学生未来工作所需的心理素质。尽管课堂不是工作现场,但是在毕业班教学中注意这个问题十分有益。以口译工作为例,要培养学生：①高度责任感,将个人得失抛在脑后。②百折不挠的精神,不被困难吓倒。③大胆、沉着。

具体做法是：①始终强调翻译的责任，翻译对交际双方的重要性。②创造实践机会，如当众讲话、回答问题、主持活动、当众测试等。③设置障碍。训练学生发挥个人潜能，独立摆脱困境。

# 第七章 俄语教学中学生学习兴趣与认知能力培养

## 第一节 大学生俄语学习动机、兴趣的培养

俄语教学和其他科目一样，包括认知过程、情感过程、意志过程。认知过程是理解知识和运用知识。情感和意志不是学习的内容，但是需要培养与激发，使它们很好地参与认知过程，积极的情感、意志品质能够直接提高学习效果。值得强调的是，学习动机和学习兴趣是学习的内在动力，也是学习活动的心理前提。

### 一、需要、动机、兴趣

#### （一）人的需要和动机

1. 需要的概念

人的需要是人在生活中感到某种欠缺而力求获得满足的一种内心状态，它是人自身或外部生活条件的要求在头脑中的反映。"需要"推动着人的积极活动，没有"需要"，活动就会中止，而需要是不会因一时得到满足而终止的，"需要"带有动态的性质。一种需要得到满足后，又会产生新的、更高的需要。

2. 需要的种类

我们可以从不同的角度对人的需要进行分类。

（1）按照需要产生的根源可分为生理性需要和社会性需要

①生理性需要

生理性需要是人脑对生理要求的反映，包括人的生存的一切需要。人的生理性需要受社会条件的制约，也随社会的发展而发展。如当今人的饮食结构和几十年前大不相同，人对进食的需求进入了更高、更科学的层次，因为社会发展了，人的生活水平提高了。

②社会性需要

社会性需要是人脑对社会需求的反映，如对劳动、求知、交往、成就的需要等。社会性需要是在生理需要的基础上，在社会实践和教育的影响下形成和发展的。社会性需要也

受社会生活条件的制约，如当今人求知的需要和社会的进步与科学技术的发展分不开。

（2）按照满足需要的对象的性质可分为物质需要和精神需要

①物质需要。对衣、食、住、行等生活物品的需要，对劳动、学习、科学研究用品的需要，它包括人的生理性需要和社会性需要。

②精神需要。对交往、认知、创造的需要等，如当今对审美的需要已反映在人活动的各个领域。

以上分类是相对而言，许多需要不能截然分开。如对食物的需要既是生理性需要，也是物质需要，对书刊的需要既是物质需要，也是精神需要。

3.需要的层次结构

人的需要是一个复杂的问题，是按不同层次组织起来的系统。有低级、高级之分，是不断发展的。为了教育、教学的需要，为了了解大学生需要的特点，这里有必要介绍一下美国心理学家马斯洛的需要层次理论，马斯洛将人的需要分为七级。

（1）生理需要

生理需要是人的基本需要，与生存有关，其中最主要的是饥和渴的需要。

（2）安全需要

安全需要是为了避免危险和为了生活有保障，也是人的基本需要。

（3）归属和爱的需要

归属和爱的需要是对参加和依附于一定的组织的需要，接受他人的爱和给予他人爱的需要。如果爱的需要得不到满足，人就会感到孤独和空虚。

（4）尊重的需要

尊重的需要是对自尊的需要，需要信任、自信等情感，需要他人尊重和认可等情感。人的尊重的需要得不到满足，会产生自卑感。

（5）认识的需要

认识的需要是通过认知的需要来克服障碍，解决问题。

（6）审美需要

审美需要是对完美的需要（秩序、对称、完整、和谐等）。

（7）自我实现的需要

自我实现的需要指极度发挥个人潜能的需要，实现个人价值的需要。马斯洛指出："音乐家必须作曲，艺术家必须绘画，诗人必须写作。人必须成为他能够成为的人，我们称这种需要为自我实现的需要。"马斯洛认为，自我实现者大多数是中年人或年长的人，或者是心理发展比较成熟的人，他们是少数。大多放人只是在第三、第四级需要的层次上度过一生。歌德、贝多芬、爱因斯坦等人是"自我实现"的代表。

马斯洛的理论带有假设性质，还缺乏实验依据，他是离开了人的社会实践谈人的自我实现的，但是，马斯洛的理论在科技革命深入发展的时代有积极意义。重视人的需要的演进，创造性潜能的充分发挥对当代大学生的培养至关重要。

4. 动机的概念

动机是人为了实现某一目的而行动的原因。人的各种实践活动都是有原因的，或者说是有动机的。恩格斯指出："就个别人说，他的行为的一切动力都一定要通过他的头脑，一定要转变为他的愿望的动机。"动机是在需要的基础上产生的，没有需要也就无所谓动机，但是需要必须达到一定的水平，有具体的目标才能变为动机。例如，有上大学需要的学生在大学招生的条件下才会有报考某一学校的动机。动机引起人的活动，又指引活动前进，同时可以维持和加强活动，动机停止，活动不可能进行。如对想转系的学生来说，他原来的动机减弱直到消失，已不能维持原来的学习活动。

5. 动机的种类

人的行为十分复杂，行为的原因更为复杂，把人的动机截然划分为几类是不可能的。这里只从不同的角度谈谈动机类型的问题。①按照动机的产生分为生理性动机，社会性动机（成就动机、交往动机等）。②按照动机的性质和社会价值可分为高级动机、低级动机，前者符合社会发展规律，后者违背社会发展规律。③按照动机持续作用的时间可分为长远的（间接的）动机、暂时的（直接的）动机。

## （二）学习需要和学习动机

1. 学习需要

学习需要是学生对知识本身的向往和追求，是在社会环境和教育的影响下形成和发展的。社会（包括家长和教师）需要青少年通过学习成为社会所需人才。这种客观的"规范需要"如果变成学生自己的需要，就产生了学习动机。所以说，学习动机是社会和学生自己的这种客观要求在头脑中的反映，这表现为学习的意向或愿望。

2. 学习动机

学习动机是推动学习的内部动力。学习动机和一般动机一样十分复杂，我们也只能从不同角度对它进行相对的分类。作为教师，我们应当认识和把握学生远景的、间接的动机和近景的、直接的动机。振兴中华、为祖国的繁荣富强而学习这一远景动机是绝大多数中国大学生（包括在海外学习的中国学生）在改革开放新时期的共同需要，是他们生活的目标。当然，也有的学生是为获得知识，取得文凭，只为了个人发展。这两种远景动机是不同的，大学生的近景动机和他对专业学习的态度相联系，大多数学生将专业作为自己未来的事业，有志为国家的科学事业贡献自己的力量，少部分学生学习专业主要是因为愿意从事脑力劳动（不从事体力劳动），在城市生活，少部分学生学习专业只为了继续学习，继续受教育，或者是奉父母之命。学习动机有很强的社会性，受社会和教育的制约，如过去学生的学习动机是为了高官厚禄，或是求得温饱等。今天大部分学生学习是为了我国四个现代化，为了社会进步，同时也为了个人在事业上有所成就，生活幸福。

## （三）兴趣

兴趣是人积极探究某种事物的认识倾向。兴趣的本质特征是：

1. 兴趣是在需要的基础上，在活动中发生和发展起来的

人对某种事物产生了需要，才会对事物发生兴趣。在较低需要的基础上产生的兴趣比较短暂，如饥饿的需要得到满足，对食物就不那么感兴趣了。在精神基础上产生的兴趣比较长久，能引起浓厚的兴趣。兴趣实际上就是需要的延伸，它表现出对象与需要之间的关系。因为我们之所以对一个对象发生兴趣，是因为它能满足我们的需要。

2. 兴趣和认识、情感密切相关

如果我们对某一事物没有认识，就不会对它产生情感，也就谈不上对它发生兴趣。相反，我们对事物的认识越深刻，情感越丰富，兴趣也就越浓厚。

3. 兴趣有不同的发展层次

（1）"有趣"是兴趣发展的最初水平

如我们常常被身边的事物或人所吸引而感兴趣，带有直观性、盲目性、弥散性、不稳定性。

（2）"乐趣"是兴趣发展的中等水平

当"有趣"趋向专一，和活动联系在一起，变成"爱好"就成为"乐趣"。如打球、下棋的乐趣。乐趣有专一性、自发性、坚持性。

（3）"志趣"是兴趣发展的高水平

"志趣"和人的远大目标相联系，如对美术的志趣。志趣有自觉性、方向性、坚持性，并且有社会价值。

在兴趣的层次上有明显的个性差异。有的人志趣产生得早，而有的人的兴趣长期停留在初、中级水平。

## （四）学习兴趣

学习兴趣是积极探求学习对象的认识倾向，学习兴趣是在求知需要的基础上发生，并且通过学习活动逐步发展的，它是过去学习的结果，也是提高今后学习成果的手段。

1. 学习兴趣形成的条件

（1）学习兴趣要有明确的学习动机来激发

如果学生了解学习内容的实际意义，就会产生学习的需要，从而产生兴趣。

（2）学习兴趣有赖于掌握知识的水平

如果学习效果好，就越学越有兴趣。

（3）学习兴趣受情感的制约

轻松愉快地学习、有感染力地学习促进兴趣的提高，而顽强的意志有助于兴趣的保持和发展。

2. 大学生兴趣的特点

（1）广泛性和多样性

据中国心理学家调查，高校文科生兴趣广泛者占60%，理科生兴趣广泛者占50%。大学生兴趣的广泛性是令人羡慕的（正在成长时期渴望多知，有发展自己的时间与空

间等）。

（2）集中性和稳定性

上述调查表明，高校文、理科 80% 的学生对自己的专业感兴趣。专业兴趣是大学生的中心兴趣，对专业的钻研使专业兴趣日趋稳定。当今教学更加突出能力的培养，这有助于大学生的兴趣发展成志趣。

学习积极性是学生在学习活动中的一种自觉能动的心理状态，包括多种心理因素，如学习动机、学习兴趣、学习注意等。学习兴趣是学习积极性中很活跃的心理成分，学生学习积极性往往因兴趣而转移。学习有兴趣，可以变被动为主动、变苦为乐。教师正确地激发学生的学习兴趣，是学习的最佳动力，我们所说的提高学生学习的积极性也就是学生学习动机和兴趣的激发和培养。

## 二、学习动机、兴趣的激发和培养

我们在这一节里将要讨论俄语专业学生学习动机的一般情况，以及讨论在俄语实践课上激发和培养学习动机和兴趣的问题。在本章第三节专门探讨提高阶段学生积极性问题。

### （一）俄语专业学生的学习动机

俄语专业的学生的学习动机主要可以分为两大类：远景动机和近景动机。远景动机是指个人的学习与社会目标的关系，比如，成为一名杰出的俄语专家；而近景动机是指个人与当前学习活动的关系，如掌握俄语的基本语言知识和提高口头和书面表达能力。影响俄语专业学生学习动机的因素与其他专业的学生相似，包括客观因素和主观因素，其中社会条件和教育是客观因素中起决定性作用的因素。在我国，外语学习的动机具有一定的不确定性，往往受到社会条件的制约。动机源于需求，学习俄语的动机的稳定性和持续性主要依赖于社会对俄语人才的需求。

社会对俄语人才的需求量大增，社会俄语人才过剩，社会需求不大，就业率不高是俄语学习动机被动、下降、消失的直接原因。左右学习动机的主观因素主要是学生的学习效果。研究表明，成绩较好的学生学习动机指向学习活动的最终目的，有较高的确定性，成绩差的学生的学习动机有较强的情景性。

### （二）俄语专业学生学习动机的激发和培养

俄语实践课的教学实践表明，课堂上近景学习动机和直接兴趣对教学效果具有重要意义。在俄语实践课的教学中，也和其他学科的教学一样，必须调动学生的学习积极性，这种积极性的重要心理因素就是学习动机和学习兴趣。在前面我们已经提到学习动机主要分为远景的、间接的和近景的、直接的两种。过去我们比较重视学生的远景动机，并且认为，这个问题一旦解决，学生就会自觉地，或者应该自觉地完成学习任务，无论对俄语有无兴趣都应该努力学好。与此同时，则比较忽略学生在课堂上的近景动机和学习兴趣这样一些重要的心理因素，甚至认为，只能靠自觉，不能凭兴趣，似乎一讲兴趣，就是兴趣主义。

在课堂上，近景动机和直接兴趣与学习活动有着直接和紧密的关系，它们具有很强的具体性和实践性，并且对学习具有直接的推动作用。正如古人所说："知之者不如好知者，好知者不如乐知者。"在课堂学习中，近景动机和直接兴趣推动学习的心理机制主要包括成就感和求知欲。这种渴望可以让学生全神贯注和充满热情地学习和探索。在学习过程中获得的新知识和技能会带来心理上的满足，产生愉悦的情感体验，从而激发进一步的学习兴趣，使学生越学越热爱学习，成绩也越来越好。相反地，如果没有兴趣，学习成绩通常不佳，成绩越差，兴趣也就越少。

为了激发学生在课堂上的学习积极性，在俄语实践课程中，教师应引导学生将远景动机和近景动机相结合，将自觉性和兴趣结合起来，充分发挥激发和保持学习积极性的作用。教育心理学中通用的激发和培养学习动机的原则和方法同样适用于俄语实践课的教学，但为了取得良好的效果，必须结合学生在俄语实践中的心理特点来应用这些原则和方法。此外，教师可以采用以下方式来在俄语实践课上激发学生的学习动机。

1. 明确、生动地提出每课的目的要求

阐述每一课的教学内容在日常生活中的实际意义及它在整个学科体系中的位置，能够引发学生对学习内容的关注，并激发他们的求知欲和探索精神，进而激励他们更加积极地参与学习。

在实践课上，明确每节课的具体内容是相对容易的，然而，弄清楚某一课的语言知识的实际意义及其在俄语体系中的位置可能较为困难。例如，在一堂教学课上，教师通过讲述一个由于小数点错误导致整个工程失败的故事，能够极大地激发学生的探索精神。然而，在外语实践课上，仅仅告诉学生忘记某个或某些单词在未来的工作中可能造成的问题，对学生的心理激励作用可能是有限的。这意味着，仅从语言角度明确要求和意义，对学生的探索精神的激发作用相对较弱。因此，为了有效地激发学生在课堂上的近景动机和兴趣，最佳做法是从主题和文体的角度来解释课程中语言材料的交际功能，并将学习俄语的长期需求与当前的学习内容联系起来，使课堂教学的要求成为学生自己的需求，从而培养他们的主动积极态度。实际经验表明，可以采用以下两种方法。

（1）内容综述的方法

这种方法强调学习材料的交际功能，如《саша》一课讲的是一位青年医生萨莎因疏忽误诊致使病人死亡，为此受到处分，他深感内疚和懊悔。后来他吸取了教训，在新的工作中认真负责，以忘我的精神治好了不少病人，重新赢得了人们的信任（这里为了叙述方便，均以《саша》一课为例，希望能起到举一反三的作用）。在上这一课之前，教师可以向学生讲明语言材料的交际意义，告诉学生，他们可以通过青年医生从犯错误到改正错误，从失败到成功的经历，以及在这一过程中他的思想感情和心境的变化学到许多关于就医、诊断、治疗等医疗方面的词语。学了这一课，有了这一课主题的有关表达手段，可以迁移到表达这一主题的其他情景，如可以谈自己的一次生病，也可以介绍某位医生的治病经历。不掌握一定的词汇和表达手段是不可能进行口、笔语交际性的交谈和叙述的。讲明学习某一课能够学会哪些语言交际本领，对学生是有吸引力的。

（2）技能测试方法

教师可以在学习一课时先提出一些问题，请学生回答，如"有哪些同义手段可以表达愉快、幽怨、快乐、悲伤、振奋、抑郁？""俄语怎样表达狂喜时的手舞足蹈、欢呼跳跃，烦恼时的坐卧不宁，悔恨时的顿足捶胸？"学生经过思考做了力所能及的回答之后，一般的心情是对自己的回答不满意，但是，又感到需要掌握这些表达手段，从而产生强烈的愿望和兴趣。这时，教师在简要指出回答中的缺陷以后，说明新课可以帮助提高这方面的交际能力，能起到较好的动员作用，这就是技能测试法。这样做，比较容易激发学生课堂学习的兴趣；反之，只讲通过这一课可以学习和巩固哪些语言材料，对学生课堂学习积极性的推动作用不大。因为，对这种千篇一律的课堂教学要求，学生久而久之就麻木了，因此，要避免教学方式的单调、枯燥。

2. 创设问题情景，启发学生积极思维

在讲解新的语言材料时，围绕新课内容，充分调动已有的知识和技能，创造问题情景，能够促进学生积极思维，激发和保持学习动机和兴趣。

与其他学科不同，在俄语实践课讲解中所接触的新词汇和表达方式与过去所学往往没有逻辑上的紧密联系，一般靠判断、推理不能解决问题，因此，仅从课文新的语言材料中提出问题，创设问题情景，往往是启而不发，或者启而乱发，使学生积极性发挥受到限制，容易形成消极、被动的状态。所以应当充分运用已有的知识技能来启发学生积极思维，比较行之有效的方法是在讲解中穿插语言材料的替换练习和根据课文内容提出分析性问题。

（1）替换练习

《саша》一课中有关于"忧郁的"词汇，教师可以引导学生说出各种关于"忧郁"的表达方法，这样可以促使学生开动脑筋，积极发言，使他们能够在回顾、整理旧知识的基础上，高效率地理解和掌握新的表达手段。同时，教师还可以在归纳的基础上告诉学生更多的替换形式，但要注意讲清各种同义手段的共性和差异。与此同时，应该简明扼要地指出它们在意义、程度、语体上的区别，这样才能切实达到归纳的目的。引起"顿悟效应"，得到前所未知的信息，使学生在语言理解和交际技能方面有扎实的提高是讲解课保持学生学习兴趣的重要条件。

（2）提出分析性问题

在讲解中也可以根据课文内容。如《саша》中有这样一段描写：年轻医生误诊造成病人死亡之后，"他急促地在船舱来回走着。不时抓起教科书，但又马上放下，地板上满是烟蒂"。就这一细节教师可以提出："这说明什么？""萨莎在事故后的心情是怎样的？"这样一些启发式的问题，创设问题情景，激发学生解决问题的强烈愿望，引导他们进入"心求通、口欲言"，既想解决，但又颇费思索的状态。当学生思维活动活跃起来之后，教师及时给予启发，这样能学得主动。在解决问题中语言功能和适用情景结合，掌握语言材料的交际功能可以激发和保持课堂学习兴趣。

3.用新颖的教学方法激发学生探究心理

教师在教学中应该根据大纲，结合具体情况，创造新颖生动的教学方法，使学生在知识、技能上有提高，精神上感到愉快。这是调动学生课堂积极性的又一环节。

在俄语实践课上，可以用听、说、读、写、译多种手段变换形式，发挥多种感官神经通路的作用，能够较充分地调动整个大脑的功能，有助于激发学生课堂学习的积极性。这一点是与其他一些学科和课题不尽相同的。但是，在培养俄语技巧和技能的实际练习中分解性的单项练习占很大比例，容易使学生感到单调、枯燥。另外，练习内容往往是约定俗成的语言基础知识，需要机械记忆的内容比较多，要求进行分析、综合、比较、抽象概括的内容比其他课型和学科少，大脑皮质难以均衡地参加学习过程，因而容易引起疲劳，在实践课的复习巩固时更要注意这一点。为此，在复习巩固时要组织多角度、多角色、多层次、多情景地创造性练习，以练习内容和形式的新颖性吸引学生，激发他们的探究心理，使他们在创造性的、有所收获的练习中得到精神上的愉快和满足，从而激起进一步学习的兴趣。

（1）评价形式要多样化

对比较简单的练习项目可以只做简单的肯定："正确。"对比较复杂的项目，即便回答得很好，也要做分析性评价，如肯定其全面（问题的各个方面）、准确（概念、用语）、深刻（从现象到本质）等。这使学生更清楚地看到自己的成绩，也能够帮助他们进一步概括提高。对那些基本正确的回答或表述要通过分析性评价，既充分肯定学生的成绩，又指出他们的缺点，这会推动学生进一步提高的愿望和兴趣。

（2）难度要适当

每课的练习任务既要和已有的知识、技能有联系，学生通过思索、探究能够解决，又不是学生靠简单重复过去的语言材料就能完成的。"跳起来摘下的果子比地上捡起来的好吃"，但是若明知跳起来也摘不到，就没有跳的积极性了。教师应当准备好高度不同的"果子"，使不同"身高"的人都能吃到跳起来摘的果子。

（3）因材施教

这一点对缺乏学习兴趣、学习差的学生尤其重要，提出的任务过于简单，会被认为这是照顾他的低水平，伤及自尊心。提出的任务过于复杂，回答不上来，也会挫伤积极性。因此，要努力创造条件，帮助他们在练习中获得成功，吃到他们跳起来也能摘到的果子，尝到学习的甜头。然后，及时给予肯定和鼓励。心理学研究成果和教学实践都表明，利用刚刚得到的积极的情绪体验和刚刚留下的鲜明的记忆表象，对学习成绩及时评价比不及时评价对学习兴趣和学习成果的巩固能起更大的促进作用，从而使学习兴趣不断增强。切不可使他们失败的时间过长或连续失败，因为消极的情绪体验不仅会使他们失去兴趣，甚至会失去信心。

（4）创造和谐课堂气氛

好的课堂气氛使师生良好情感得以维系，良好的课堂心理气氛是有效教学的必备条件，也是教学中重要的情感因素，运用与否非同小可。良好的课堂气氛培养和保持学生的学习兴趣，提高学生的学习效果。在建立和谐的教学气氛方面起决定作用的是教师，教师重视自身的情感对学生的激励作用是健康的师生关系和课堂气氛的主要依托：①教师对教学工作充满热爱之情，他对俄语的钟爱和文化素养，他工作的热情感染着学生。②教师热爱每一个学生，对他们寄予最大的期望，耐心地帮助他们获得进步，这些都温暖着学生。③教师公正，真诚对人、对事，他将大家团结在自己的周围，在课堂活动中师生始终相互帮助、配合默契。不少学生反映，他们喜欢在轻松愉快的课堂里学习，在这里好像难以掌握的东西也变得容易了。

## 三、高年级学生学习积极性问题

高年级学生学习积极性有不可忽视的特点，具体如下。

### （一）高年级学生学习的心理特点

1. 对俄语的兴趣增长，专业思想水平提高

高年级学生对俄语有更深的了解，更加明确专业的意义。从心理发展进程来说，他们在生理上、心理上趋向成熟，自我意识增强，一般能够自觉地对待学习，学习兴趣更加浓厚，更有专业特点。总的来看，大多数学生对学好俄语充满信心。

进入提高阶段以后，理解能力与表达能力拉开距离，"想说的不会说，会说的不想说"，担心知识技能不足而不能胜任未来工作等，促使高年级学生产生新的需要、新的动机。他们迫切希望在专业知识、技能的广度和深度上都能上一个新台阶，强烈要求扩大知识面，同时把以往所学的知识系统化，增强实际业务能力。

2. 要求自我发展、自我实现

大学生随着自我意识的增强希望更多地表现自己，实现自身的价值。在自我实现过程中，大学生会感到满足，体验到一种愉快感，得到一种施展才能的自由。

在提高阶段，学生要求自我发展的标志是要求独立作业，胜任独立作业，在高年级学生看来，这是成熟的表现。学生在独立完成作业时有自我实现的动力，独立作业难度大，富于创造性，同时，有效的自我发展还有助于职业准备。

### （二）高年级学生学习积极性的激发

1. 选择高质量的教学材料

教材应当提供多方面的信息和丰富的语言表达手段，保证知识的数量、质量、广度、深度、有益、有趣，材料要符合学生实际水平，同时也应有一定难度，以便挖掘学生潜力。否则，内容简单、空泛，主题不集中、枯燥、信息量小的教材不能满足学生的求知欲，影响学习积极性。

2.突出教学材料的交际主题,提高课文的交际价值

如果引导学生紧紧围绕课文交际主题进行叙述交谈、议论、争论,他们便能够获得积极的情绪体验,从而提高学习积极性。

为了强化课堂的交际功能,使交际主题更加集中,教师可以选出教材中最有价值的部分,舍去一些不重要的部分(消极掌握),同时,补充一些和主题有关,但教材中欠缺、学生未来需要的东西(学生对此十分欢迎),当然,补充应当适当,不要喧宾夺主。在巩固所学材料时,教师可采用适当的形式,把教材的主要部分和辅助部分有机地结合起来,达到突出主题强化材料功能性的目的。教师在每次课上根据需要提供背景知识、国情常识,每天的"5分钟新闻"(国内外大事)都是活生生的教学材料,短小实用。教师还可以提供一些和课文有关的其他新的信息,如进一步揭示主题思想、主要人物的性格特征,对课文中所提出的问题发表不同看法等,提供新的思路、新的表达方式,可以帮助学生思考、想象、创造。学生在问卷中写道:"我们喜欢这种无所不包的俄语实践课,因为这样的课开阔眼界。""可以说,我们点燃了新的求知欲,有一种强烈的愿望想好好学习,知识越多,越感到不足。"教师创造性地加工教材可以激发学生对课程的兴趣,没有对知识的兴趣,也就不可能有运用知识的兴趣。

3.采用灵活的教学形式

一般来说,每一篇教材原来并非具有很好的交际性质,教师应当钻研教材,改造教材,精心设计,灵活的、有针对性的教学形式,使教材更好地为言语交际训练服务。

4.有针对性地做词汇工作

为了提高学生的言语质量,做一定的词汇工作还是必要的。词汇工作的重点是想方设法地增进学生对俄语词义的理解的深度,从而达到词汇运用的得体性。我们这里所说的词汇工作与传统词汇工作不同。学生常为不会区分词义、不会运用同义词和近义词而苦恼,为此,可将以专题言语交际为目的的词汇工作分为两个部分。一是归纳同一主题的词语(包括已知和新知),其中还可以分类以求得举一反三、扩大广度、系统整理的作用。二是同义词、近义词辨异。辨异的词来自课文,教师可综合以往所学帮助学生更深一步地掌握好课文中的词。

5.充分地发挥学生的自主性

激发高年级学生学习积极性应当从发挥他们的自主性做起。为此,可以采用下列活动形式和活动方法:

(1)优化组织每一次课的开头和结尾

每一次课组织教学所用的时间不多,但是非常重要,关系着这一课是否成功。为了更快地将学生带进语言情景,教师应当按照交际性原则来开始每一次课的教学。

(2)鼓励学生亲自动手

学生应当在预习的时候使用原文词典,自己去发现问题、解决问题。教师在学生自学基础上与他们一起讨论,解答疑难,寻找性练习、猜测性练习能够发挥学生的独立性、积

极性。

（3）使学生有更多的机会独立地自我表达，发表议论

学生们喜欢以不同的身份在讲台前做3~4分钟的发言。如在学习《致我的年轻朋友》一课以后，学生以学者的身份在母校校庆会上发言。即使在提高阶段也不应当否定角色游戏、教学小品的作用。实践证明，它是模拟真实交际最有效的形式。变换情景、变换角色（当然不是任意杜撰，而要合乎情理）能够激发学生的练习动机，使他们创造性地运用知识。在角色活动中学生体验到独立自主性，不拘束，不紧张。依托课文，一般都能找到适合角色表演的主题。

# 第二节　俄语教学过程中认知能力的培养

## 一、俄语专业学生认知过程的特点

### （一）俄语观察力的培养分析

1. 观察力的概念

观察力是有目的、有计划、主动的知觉活动能力，不是单一的视觉活动能力，而是多种分析器官的综合活动（视觉、听觉、触觉、嗅觉等）。同时，观察力也不是单一的知觉活动能力，包括精细的注意力、知觉能力、记忆力、思维能力，以及情感、意志等个性因素，含有理解、思考成分，是有意知觉的高级形式，是一种获得第一手材料的认识能力。

2. 俄语观察力的特点及个性差异

学生要学好俄语，必须具有良好的语言观察能力。大学生的观察能力大大优于中学生，在抽象逻辑思维的参与下，在反复观察的基础上，其观察能力比较深刻，能够逐渐地洞察到事物的本质，而且较少受情绪等因素的干扰，观察能力具有一定的敏锐性。然而，俄语专业学生（包括非俄语专业学生）由于俄语知识不足，适用语言的经验不足，俄语语言观察力与他们所具有的一般观察力之间有很大的差距。良好的观察力的主要特征是强烈的求索精神，审视并发现他人容易忽视的东西。在俄语实践课上我们观察到，具有良好语言观察力的学生能够提出其他学生没有注意到的、令人深思的语言现象。从观察类型来看，有的俄语专业学生视觉能力强，他们在阅读时常能细心揣摩；有的学生听觉能力强，属于对有声资料的观察。从观察的能动性看，有的属于主动观察型，有的属于被动观察型；从观察的深度看，有的学生属于精细型，有的属于粗略型。

3. 俄语观察力的培养

（1）语言搜索能力

语言搜索能力是语言的发现能力。目的明确的寻找性练习（寻找所需语言现象）可以

培养学生对语言的搜索能力（词的搭配、修辞特点、多种多样的语法手段），有助于学会地道地运用语言知识，学生很欢迎这样的练习形式。练习要求较高水平的观察能力，寻找性练习激发学生的好奇心、成功感，学生在完成这类练习中精神十分专注，并且可以从中体验到搜寻的快乐。

（2）语言猜测能力

语言猜测能力是正确判断、精心观察事物的结果。在学生视觉活动和听觉活动中如果处处借助词典，常影响以上两种知觉的速度，因此，教师要帮助学生根据上下文，根据以往的知识、经验猜测某种语言现象的内涵。

（3）语言对比能力

语言对比能力是感知语言现象的一种强的能力。

### （二）俄语记忆能力的培养

大学生正处在记忆的最佳年龄阶段，他们的记忆品质得到全面的发展，他们的记忆敏捷、持久、精确，他们的逻辑记忆力显著提高。在记忆方法上，大学生掌握了不少适用于自己专业的有效记忆方法，如提要法、解意法、序列法、联想法、谐音法、编组法等。

俄语专业学生，一般来说，记忆方面没有太大的困难。俄语的读音和书写基本一致，这给记忆生词带来了方便，俄语语法规则严格、系统，在记忆上有优越性。俄语词汇派生能力强，构词有一定规律，学生可以通过同根词记住一些词。

1. 将语言材料分段

将课文迅速分段，列出提纲是逻辑识记的重要方法之一，也是符合记忆规律的。我们每教授一课都应该与学生一起讨论，将它分段，提出小标题，分出支撑点，联成一个统一的系统，以简化的方式识记，并且保持在记忆中。一篇材料有了条理，记忆就变得容易起来，也便于回忆。

2. 按照交际课题组织记忆

目前，学生所学材料均按专题安排，这是合乎交际原则的，交际均有主题，教师可将与主题紧密相关的材料列入积极掌握。教师应当帮助学生首先记住与主题有关的词语、句式，并且在课堂交际中深化记忆。高年级的语言材料量大，如果主次不分，会影响记忆效果。按照交际主题记忆也就是分类记忆。

3. 在言语情景中记忆

学生在言语情景中运用知识，新知识便自然而然地储存起来。

4. 以多种形式的复习与测试巩固记忆

外语的复习应当是变换形式的言语练习，如先练习对话、问答、叙述，后练习口译、采访等，朗读是记忆的好方法。小测验最好一课一测，减少遗忘。

### （三）俄语思维能力的培养

1. 俄语专业学生思维能力的特点

思维能力指人制作思维产品的能力。大学生思维能力发展的特点是：①抽象逻辑思维占优势，大学生可以充分理解课题的各种逻辑关系，按照逻辑顺序自觉地去解决问题。②提高了思维的独创性和批判性。大学生在思维活动中常常自省，注意自己和他人的思维方式，对思维活动采取审视的态度。在大学生思维中出现了对思维的思维，对规则的认识，对事物的偶然性与必然性、无限性与有限性的思考。能够进行假设性推理，思维活动有自己的特色。

俄语专业学生思维能力的高低主要体现在学生理解语言材料时能否抓住本质，举一反三，在表达思想感情时思路是否清晰，是否符合逻辑顺序和思维，是否具有一定的深度。

外语专业学生思维能力的培养有其特殊性。学生思维的发展与母语学习应该同步，而他们的外语思维或从零开始，或大大落后于母语思维。俄语思维能力的培养是一个困难而漫长的过程。这里，我们先谈谈学生应当具备的基本思维品质。

2. 学生基本思维品质的培养

（1）敏捷性

思维的敏捷性是指思维迅速、正确。①俄语交际本身就要求思维高度敏捷，否则，会有碍于交际或贻误工作。为此，教师要鼓励学生勤于练习，学生只有勤练，才会有敏捷的思维能力。②言语练习始终要求一定的速度。教师要求在尽可能正确的情况下快听、快说、快读。

（2）灵活性

思维的灵活性是指思维的应变性。教师要细心培养学生思维的灵活性：①一题多解。用不同的方式回答同一个问题。②帮助学生学习摆脱言语困扰，这也是训练思维灵活性的方法。教师帮助学生开动脑筋扬长避短，在紧急情况下想出解决问题的办法，不因缺少词汇或句式而束手无策。

（3）逻辑性

思维的逻辑性指思维的条理性。教师可以这样做：①训练学生运用演绎法和归纳法，学习语言材料；②要求学生口、笔语表达中的条理性，要求他们首先报告自己的提纲；③帮助学生学会概括。

（4）独创性

思维的独创性指思维的独立性和新颖性。①鼓励学生独立地提出问题、频繁地提出自己的观点；②鼓励学生提出与众不同的问题，并且给予评价。

（5）批判性

思维的批判性指思维活动的自省态度。学生在言语练习中，在讨论、争论、辩论中抒发个人见解以培养一种对客观真理的追求精神。

### （四）俄语想象力的培养

①扩大词汇量，扩大知识面。学生俄语想象力和他们的知识面分不开。②设计发展想象力的练习，如造句、续句、续情景、续故事（教学班每个人轮流一人一句续出一个故事）、续见解（对一个问题的看法）及作文等（有的学生造句能力低下，除了一些原因以

外，想象力贫乏也是症结所在）。学生很喜欢这样的，可以发挥想象余地的作文。③给学生留有想象的余地。教师要防止一讲到底，应当随时给学生留有提问、发表不同看法的时间。④多用直观。教师要多用直观，要使用生动的比喻，教师自身的语言要丰富、形象，有感染力，使学生浮想联翩。如这样的描写俄罗斯新年枞树可以将学生带进富有情趣的想象力王国。⑤想象力的培养与培养语言正确性相结合。有不少学生有丰富的想象力，当他们尚不能正确地用俄语去想象时，将发达的汉语想象力带进俄语表达中，他如果不考虑自己的俄语水平，想什么，就说什么，不顾俄语的语法规则和用词规则，则必然造成俄语表达中的混乱，所以俄语想象力要与语言正确性相结合。

### （五）俄语注意力的培养

1. 合理地运用无意注意

教学突出重点，教学法多样化而新颖，激发兴趣，多种感官的调配适当，使学生自然而然地投入练习中去，这是利用无意注意。

2. 合理地运用有意注意

提高学习的自觉性，强化克服困难的意志、努力是运用有意注意的最佳途径。

3. 合理地运用两种注意的相互转换

在教学中，过多依靠有意注意，学生容易疲劳，并且注意力会分散，过多依靠无意注意不利于学生学习自觉性的培养、不利于意志力的发展，要利用两者的转换，上课之初需要组织有意注意。

当学习新的、有难度的材料时又常调动有意注意进行认真思考和理解，适当的直观或有趣言语练习形式又使学生转到无意注意。下课前一段时间，学生注意力容易涣散，教师应当巧安排，最好组织有趣的、轻松的集体性练习以集中注意，调动有意注意。

## 二、语言基本功的训练

### （一）技能的形成与技能迁移

知识的掌握包括理解（由不知到知，由浅知到深知）、巩固（记忆、保持）、应用（由认识到运用）。技能是人通过练习获得自动化的动作方式或智力方式。动作方式指书写的技能等，智力方式指借助内部言语在头脑中默默地完成阅读、写作等，自动化是指有意识的控制作用减少到最低限度。

1. 技能形成的因素

人的技能不是天生就有的，而是练习的结果。练习是学生技能形成的基本途径。对于学习外语来说，多练是培养技能的有效方法。练习的要求如下。

（1）目的明确

教师讲明练习的目的，可以调动学生的学习积极性，教师提出练习步骤，先后次序及具体要求可以促进技能的形成。

（2）明确练习方法和提供有关知识

练习时，教师要做说明，并且进行示范，然后让学生自己练习，如果还缺少某方面知识，教师应当予以补充。

（3）练习分步骤进行

练习不能跳跃，违反认识规律，应当先简后繁。练习速度也应当是渐进的，开始缓慢，慢慢加快。

（4）练习次数和练习时间要分配适当

技能的形成和提高需要时间的保证，俗话说，"功到自然成"。教师组织学生做一种练习的时间不要过长，分散练习和集中练习要结合起来，练习形式要多样化。

（5）及时宣布练习结果

宣布练习结果时应以鼓励性的评价为主。

2. 迁移规律的运用

知识的迁移指一种学习对另一种学习的影响。先前的学习对后来的学习产生影响称顺向迁移，后来的学习对先前的学习产生影响称逆向迁移。一种学习对另一种学习起促进作用称正迁移；反之，称负迁移。其中正迁移又分为水平迁移（举一反三，触类旁通，把已知运用到相同的情景中去）、垂直迁移（先前掌握的较低层次的概念有助于学习较高层次的新概念）。学习迁移是学习的必然产物，学习的正迁移对学习具有重要的意义。

（1）学习迁移的因素

①学习对象之间的共同因素。学习内容共同因素较多，则正迁移明显。②已有经验的概括水平。共同因素是正迁移的必要条件，但不是唯一的条件。学生原有知识的概括水平越高，正迁移的可能性越大。如学生掌握动词变位法的概括水平并不一样。概括水平高的学生在遇到特殊动词时，就会运用已知来解决新的变位问题。③分析问题的能力。学生对事物之间的关系观察越敏锐，越容易产生正迁移。学生分析能力的高低直接影响迁移水平，如学生对语法关系的分析能力。迁移是一种复杂的心理现象，不仅受上述因素的影响，还受学习者本人主观条件的制约，如疲劳、缺乏兴趣、精神紧张、注意力不集中及知识掌握不牢都影响迁移的效果。因此，教师应当在教学中创造条件促进学习的积极迁移。

（2）迁移规律的运用

①突出事物的内在联系。如同义词辨异就是分析它们之间的内在联系。②突出基本概念。抓住事物的本质，提高学生的概括能力有助于正迁移。③应用比较的方法，防止干扰，俄语学习中应当多使用比较的方法。如俄语汉语在某一方面的比较、俄语语体之间的比较、词义之间的比较，都可以积极地防止干扰。④在巩固先前学习的基础上转入下一步学习。如果两种技能都没有达到巩固的程度，那么这两种技能就容易相互干扰，或其中一种干扰另一种。

（二）俄语基本功的训练

这里，我们想进一步揭示俄语基本功的本质，它与言语交际能力的辩证统一及提出对俄语基本功训练的建议。

1. 俄语基本功的概念

俄语基本功是俄语基本知识、基本技能的总称，主要是指学习俄语的学生和俄语工作者驾驭语言形式的本领，也就是口语、笔语表达的准确程度。

俄语基本功和俄语交际能力是一对知识与能力的矛盾，当它们不能统一的时候，教师往往只突出模仿和大量反复练习，克服语言形式的错误，促进正确习惯的形成，或只突出交际，不注重纠正错误，以免打断交际练习的进程。应坚持两者的统一，使正确的习惯在交际中形成，在言语交际中培植基本功；交际能力以基本功为基础，交际能力与交际准确性融为一体。俄语教学的最终目的则是培养能够准确而流利进行交际的俄语人才。

2. 俄语基本功训练的原则

（1）系统性原则

俄语语音、语法、词汇知识的讲授和练习应当系统。教学实践证明，凡是不符合系统性原则的教学安排，最终还要按照语言系统再加工，事倍功半。因为：①俄语语言知识是一个严格的科学系统；②系统学习有助于认识这一语言的本质特点及内在规律；③有助于学生自我检查。

（2）模仿性原则

模仿是学习外语的重要手段，不但为俄语学习的基础阶段所必需，而且也为提高阶段所必需。①模仿有助于学生积累越来越多的纯粹的外语表达方式，它有助于学生摆脱母语的干扰，并促进用外语思维。②模仿有助于积极思维。大家通常认为模仿是被动思维的过程，但是要模仿得准确无误，正是积极思维、正确理解的结果。③模仿是掌握技巧的好方法。模仿常常要求多次重复，一丝不苟，对待俄语的难点（一致关系、支配关系）更应如此。

（3）限制性原则

限制性原则指在基本功训练时限制随意交谈。培养学生口语、笔语的准确性必须从一开始做起。学生的表达要与所学内容同步，要符合学生现有水平，不切实际地随意运用语言，必然导致语言的不纯正，借助母语表达方式会产生"汉化俄语"教师要引导学生多用所学表达思想，一时尚不能表达的则着眼于今后，宁缺毋滥。

（4）严格检测原则

基本功训练尤其需要较为频繁的检查、测验，以及时了解教学效果，及时弥补不足。实践证明，勤于检查的教学班，水平较为齐整，技能较为扎实。

3. 基本功训练的主要形式

一方面，可以采用现有的、经过实践考验的、行之有效的练习形式；另一方面，也需要不断开拓，创造新的形式。这里从俄语特点出发提出五项主导性的口语、笔语练习形式。

（1）形式变化练习

俄语形式变化的准确性和自动化程度能够反映学生的基本功水平。这方面可有下列形式。①构成性练习。②填空练习。③替代性练习。④完形练习。

（2）选择性练习

语言判断力是一种重要的能力，课上课下均可采用下列多项选择的练习形式。

（3）综合性练习

此种练习的目的是培养学生在连贯语中掌握语言形式，获得技巧。除了一般的问与答，教师可以组织角色问答，既有真实感，又提高了水平。

（4）模仿性练习

低、高年级学生均很欢迎既配合课文，又有新意的练习。这种练习训练听力、记忆、言语的准确性，可以较好地巩固所学。

（5）课外练习

唱歌、朗诵、演戏等活动是巩固语言知识，获得技巧、技能的良好途径。

## 三、基本言语交际能力的培养

俄语专业学生能够获得基本的言语交际能力，是俄语教学最终所要达到的目标。俄语交际能力指用俄语传递信息和交流思想感情的能力，包括理解能力和表达能力，即听、读（理解）、说、写（表达）四种能力和翻译能力，在日常交往中外语（俄语）交际能力特别指口头表达能力。

### （一）培养基本言语交际能力的原则

1. 动机性原则

在我们运用交际性原则组织教学时，首先应当贯彻动机性原则，也就是激发和培养学生的交际需要和交际动机，更确切地说，教师要注意培养学生的交际意识。交际意识是对交际重要性的认识，并且善于用外语进行交际活动，是否具有强烈的交际意识往往是学习者成败的最重要因素之一。优秀的语言学习者愿意实践……愿意在各种交际场合将自己浸泡于语言运用之中，即使他的能力并未达到这个水平。学生的交际积极性如果不高，往往是由于他们没有感到交际的必要性。①在认识上的问题，学生认为交际能力是未来工作中的事。②教师没有提供有实际意义的契机，没有使学生有自然的交际需要。③学生没有交际习惯，或存有其他心理障碍，如怕出错丢丑等。

2. 合作性原则

在课堂言语交际活动中师生之间、学生之间必须有良好的合作关系，否则活动无法进行。①教师有较好的交际能力和交际热情，教师重视学生交际能力的培养。②教师要培养学生的集体感，课堂活动中的每一个成员，无论水平如何，都应相互支持和帮助，同喜同忧。③教师是学生交际的伙伴，教师对学生要尊重、平等、友好。苏联外语教学心理学文献中十分强调师生的教学合作性。

3. 功能性原则

学生学习一门外语时，不可能也没有必要掌握全部语言手段，而教师也无权改变整体语言结构体系，所以唯一的可能是确立一些言语模式（就像飞机模型一样，它在结构与功能上和它的原型一样），训练学生掌握它们。我们在选择和使用教学材料时应当突出它们的交际主题，教学目的是帮助学生能够就常见的交际话题进行言语活动，如交际题目包括学生生活、专业学习、社会文化生活、有关国家概况、国内外政治、经济形势等，这是一定范围的、最低限度的、基本的交际活动，可以据此设计情景。

4.阶段性原则

获得交际能力是掌握一门语言的高级阶段。学生言语交际经验是日积月累的，不是一蹴而就之事。教师在组织交际练习时，必须由浅入深、循序渐进，练习如果超过了学生的能力，则会挫伤学生的交际积极性。交际活动一般分为模拟性的和真实性的两种。课上的交际活动主要是模拟性的，其特点是有准备的（学习语言材料），有组织的（教师安排）言语活动，情景、人物是假设的。教学交际应当根据不同的学习阶段来安排。①开始应安排以学习规则为主的交际练习（如为学习某一格而开展的对话）。②既学习规则，又学习交际的练习，也可以叫作准模拟交际练习（如初步巩固新材料的练习）。③注重交际内容的练习，真实交际则注重的是内容。如用于综合巩固所学材料的"座谈""辩论"等。

## （二）交际能力训练的基本形式

我国俄语教学是在缺乏真实语言环境下进行的，要培养学生最基本的言语交际能力就必须创造人为的交际条件，并且使人为的交际情景最大限度地接近真实。《视听说》课型使用现代化的视听技术手段组织教学，但是口语、笔语实践课仍旧是在普通的教室里进行，陈设仅为桌椅、黑板、讲台，角色为教师与十几个学生。怎样进行练习才是交际性的，怎样能较好地培养学生的俄语交际能力呢？我们在这里只讨论最基本、最典型的交际练习形式。

1.座谈性练习

这种类型的练习包括讨论、争论、辩论，"讨论"在低、高年级均可采用，只是难度、深度不同，争论、辩论适用于高年级。在以上练习中学生的身份没有变，他们仍以大学生的身份就某个问题发表各自不同的看法。座谈性练习接近真实交际，当我们模拟自己置身于俄罗斯时，我们首先面临的就是和俄罗斯人就一般生活问题、一般社会问题、文化问题进行交谈。在课堂组织争论的时候，教师要选好题目，以激发每一个学生发言的愿望。

2.角色表演练习

在角色练习中，学生将扮演不同的角色以完成不同的交际任务。角色练习适用于低、高年级，不过，低年级采用的次数可多于高年级。教师在组织角色练习时要注意以下几点：①角色来自课文，或是课文的拓展，或替换课文中的角色。②角色练习不拘一格，使学生进入贴近生活的情景是角色练习的主要目的，可以是角色间的问答，也可以是仿戏剧小品。③角色不分大小，教师应当公正地分配角色，使每一个学生的练习没有太大悬殊，主角不一定由上线学生扮演，合理地分配角色会产生良好的心理效应。

3. 交际得体性练习

交际中注意场合，不同的社会身份及交往的礼貌用语是十分重要的，建议学生完成下面类似的练习。

### （三）关于语法课贯彻交际性原则的特点

语法课是学习俄语的重要课型之一，是需要按系统教授的，然而需要创造情景，使学生在情景中去掌握它。语法课贯彻交际性原则有一定难度，这里对如何在语法课上贯彻交际性原则问题做些探讨。

1. 教学组织定式的改变

语法教学需要打破传统教学模式的束缚，即仅仅侧重于理解规则。教学应从一般的语言技巧训练转向贯穿整个教学过程的交际思维，努力使教学更加贴近真实的交流场景。

①创造俄语语言环境。师生应当尽量多地使用俄语，语法课也是学生学习交际的好场所。使用汉语只是在必要的时候作为手段，如解释概念、进行翻译等。②按情景原则安排教材。激发学生自然的交际需要和交际动机。③交际性原则贯彻语法课的每一教学环节。

2. 充分利用语法课本身的机制

虽然语法课没有像口语、写作实践课和视听说课那样的交际环境，但是它可以利用其特有的优势。语法教材与其他语言实践课程的教材不同，它是一种高度概括的教学材料，包含词汇变化规则、句子构造规则，并配以解释概念的示例句子。如果语法课能够强调其系统性和完整性，并着重介绍学习俄语的难点以及我国学生在学习俄语语法时面临的主要挑战，并通过按主题进行集中训练来提升交际能力，那么语法课在教学中的作用是无法被其他课程替代的。在运用语法课的特点来实施交际性原则时，可以从以下两个方面着手。

（1）情景性的语言技巧练习

过去语法课的常规练习不能全部否定，在语法教学中还应当保证相当量的语言技巧练习，但是，应当选择一般交际需要的、实用的、有生动情景的句子。此外，单句语言简练，用意明确，单位时间练习量大，获得的技巧能够为综合性交际练习打下基础。背诵式的变格变位仍不可少，它正是为了准确的交际，并且有助于交际过程中最容易出错的一致关系、支配关系方面的自我检查。情景是交际的灵魂，没有情景，交际也就不存在了。因此，在我们组织单句练习时要防止盲目性，为练而练的倾向，也就是说，不能只要求语法正确，不考虑有无交际价值。

（2）积极安排一定数量的交际练习

语法交际练习（指口头交际）主要形式可以是在学习语法规则基础上问答、对话。问答、对话应当紧紧围绕语法课题，重点明确，不必过多扩展，以免主次不分。

## 四、俄语创造性思维能力的培养

### （一）培养学生质疑问难的学习态度

这是一种求索精神，是获得知识和技能的强大推动力。在教学实践中，我们见到部分学生始终"平安度日",很少提出问题,这很影响他们思维能力的发展。清代郑板桥说:"学问,学问要拆开来看。学是学,问是问。只学而无问乃一钝汉耳。"明代陈献章说:"学贵知疑,小疑则小进,大疑则大进。"托兰斯曾就培养学生创造性思维向教师提出五点建议:①尊重学生提出任何幼稚,甚至荒唐的问题。②欣赏学生表现出具有想象与创造性的观念。③多夸奖学生提出意见。④避免对学生所做的事情给予肯定的价值判断。⑤对学生的意见有所批评时应当解释理由。我们在俄语教学中就是要鼓励学生方向则一,手法可二,角度可别,不困守一隅地解决言语交际课题。

### (二)将课堂教学变成解决言语交际课题的教学

这里我们将专门谈谈问题性教学原则,以培养俄语创造性思维能力。问题性原则旨在用提出问题和解决问题的方法培养学生获得知识和技能,这一原则越来越受到各国教学法专家的重视。建立问题性教学体系是个自然的现象,是时代的要求,心理学和教育学发展的结果。关于问题性教学的思想产生于教授一些专门的理论课题,如演讲课、专题课、讲习班等。近年在教学、物理、化学、历史课教学中问题性原则的研究日趋深入,然而,这一原则对外语教师来说还感到陌生。没有任何一门教学科目与问题性原则相悖,没有任何一门教学科目不能采用它。

不难看出,问题性原则改变了传统教学的结构。学生不是获得现成的知识,而是在教师的指导下,通过自己的努力,按照解决问题的途径去学习知识。在运用知识时,不是复述课文(信息复现式的),不是按照课文叙述的顺序回答问题,而是通过紧张的思维活动去解决问题。学生在发表对某一问题的看法时,有说明,有议论,有评价,在论证自己的观点时,进行创造性思维,以说服对方,对对方的看法表示赞同或反对等。学生在克服言语表达上的困难、克服自身的弱点、在认真思考中发展自己的认知能力。

问题性原则和交际性原则是外语教学的两个主导原则。不言而喻,教学的交际性又是在解决问题的过程中实现的。我们可以确信,问题性原则就像发动机一样推动着教学全过程,使学生在解决问题中科学地、独立地掌握语言。应当说,这就是问题性原则在外语教学中所占的地位。

任何课程均应当按照提出问题和解决问题的原则来组织。解决问题所带来的益处是什么也不能替代的。为了得到亲身体验,我们也在教学中进行了这方面的探索,实践证明,十分有效。用俄语说清楚这一问题要涉及许多方面:青年的学习、工作、休假、未来物质状况、服饰、青年人与长辈的关系、青年人之间的关系、道德价值观等。问卷表明,学生喜欢问题性教学。①向他们提出了有吸引力的、富于挑战性的、催促他们立即回答的问题。②向他们提出了有难度的问题。他们必须"动员"自己的全部已知和新知。③课堂上创造了无拘束的、紧张思维的气氛。学生增强了用俄语表达思想的能力。

实验表明,外语教学中运用问题性原则的好处在于:①学生很快地成为教学的主体。学习的课题变成了学生自己的需要、自己内部的动机,从而提高了思维的积极性和掌握语言的积极性。交际任务是由教师确定的,学生一旦接受它们,就成了解决问题的主人,他们会想方设法地攻下这一问题堡垒。②学生提高了获得知识的自觉性。学生在传统教学法指导下习惯于记忆、复述、复习，学生在问题教学法自导下学会探求问题的本质，投入解决问题之中。③由于富有成果的思维活动，学生的情感、意志品质也得到提高，增强对科学、对所学语言的浓厚兴趣，高级情感不断发展，智力情感得到升华。

下面，谈谈实施问题性教学原则的途径。以问题性原则为主导的外语教学和其他课程的教学一样，包括三个阶段：激发动机阶段、认识操作阶段、评估小结阶段。

第一，激发动机阶段。教师明确主题、教学目的、内容和时间，以及掌握这一课题的实际交际意义，教师强调学习这一课以后可以就这一热点问题进行讨论。

第二，认识操作阶段。教师用提问的方法介绍学习内容，学生以参加讨论的方式接受新知识，也就是通过积极思维，解决问题、掌握新的语言现象，也是通过解决问题（交际课题）运用知识。此时，教师要考虑到学生心理特点，认识水平、需要、兴趣、生活经验等。在第二阶段教师可以提出下列问题：①说明性问题。②因果性问题。③假设性问题。

第三，评估小结阶段。教师总结练习的成绩与不足，并且具体分析学生言语成品的优缺点，此外，就典型错误进行讲评。问题性教学的另一特点是鼓励学生提供多种答案，甚至是针锋相对的。

## 五、学生学习风格的指导

### （一）学习风格的一般概念及形成的因素

学习风格也称为认知风格，指学生学习中使用的模式化方法（形成一定的程序或方式），学习风格有鲜明的个性，小学生、中学生和大学生的学习风格不同，每一个大学生的学习风格也不相同。从学习的心理过程来讲，学习风格包括感知风格、记忆风格、思维风格等。例如，面对新的语言材料，有的学生注意它的个别情节而忽视整体思想，也就是"见树不见林"或"见林不见树"，当然，也有不少学生"既见树又见林"。在记忆方面，不少学生习惯于视觉记忆，而不习惯于听觉记忆，在思维方面，有的学生总是借助母语来思维，在分析、比较、抽象、概括的语言能力上每个学生也都有自己的风格，学习风格形成的主要因素如下。

1. 智力水平

对于中线和中下线智力水平的学生来说，他们适合以教师指导为主的学习风格。教师讲介新的语言材料的条理性和循序渐进地组织言语练习使他们收到好的学习效果。对上线智力水平学生来说，他们喜欢多思索，多发表自己的看法的学习方式。对于学习困难的学生来说，他们欢迎生动直观的学习方法，反复地练习，平稳的速度。

2. 气质类型

活跃型的学生学习灵活、反应快，但不够踏实。镇静型的学生学习稳健，有毅力，但有时固执、懒散。气质类型会影响学生的学习成果。

3. 以往的学习体验

学生过去学习中的成功或失败的体验常常是形成他们学习风格的因素。例如，一个学生用某种方式学习获得很大成功，那么这种学习方式就会固定下来，成为他的学习风格。如果用某一种方法学习失败了，他就会放弃这种学习方式。

4. 教师的教学风格

教师的教学方法也是他的治学方法和认知风格，直接影响学生的学习风格。同时，学生的父母，平常接近的人的学习风格也对他们产生潜移默化的影响。学习风格是个复杂的问题，以上因素并不能概括问题的全部。

### （二）俄语学习风格的培养

俄语学习风格不是一成不变的。学生不良的学习风格（如只注重死记硬背）要得到矫正，不适合的学习风格要得到改进（如中学生学习俄语的某些方法），科学的学习风格要得到培养和训练。要改变学生已有的学习风格相当不易，教师应当循循善诱、持之以恒。下面介绍四种科学、有效的学习风格，教师在教学中可以宣传这些方法，有意识地将这些方法传授给学生，变成他们自己的学习方法。

1. 条件化的学习风格

条件化的学习风格指学生善于将掌握的语言知识与它们使用的条件、场合结合起来。一些学生在学习一课语言材料时，往往只知道一些词语和句式在课文中的用法，能够记住它们，应付提问，复述或一般性表述，而并不知道在其他交际场合如何运用。将学生的已知条件化是指：①掌握语言现象的搭配范围。②掌握语言现象的修辞特点和得体性。对于常用的词都应当附有语体条件，如中性体、口语体、书面语体等，对于常用词语和句式都应当附有使用场合。

2. 结构化的学习风格

结构化指学生掌握的知识列入科学的系统，大系统中有小系统。知识除了上述的条件化，还必须归入一定的系统，分门别类，形成单元，以备随时提取。

3. 熟练化的学习风格

这一风格指基础知识的掌握达到自动化的水平。人们在用外语交际的时候，供思索的时间是有限的，达到自动化的技巧可保证有效地解决交际课题。

4. 执着实践的学习风格

这是外语学习的独特风格，如果只习惯于阅读、记忆，而不千方百计地利用机会去练习外语，那是不能真正掌握一门语言的。某些中学外语学习风格不适于大学阶段，必须改变。

下面简单描述一下具有好的学习风格的学生是如何学习外语的。

课上学习：①有强烈的交际动机。②利用一切机会练习，别的同学回答时，自己自言自语说出答案。③稍有不解，立即提问，绝不一知半解。④当别的同学说错时，自己能自言自语说出正确答案。当自己发言时很警觉可能的错误，当有错时，力求纠正之后，再继续说下去。⑤当遇到读、听语言材料中的难点时，能够动脑筋去猜测。

课下练习：①注意朗读。②能够时时处处将所学知识、技能分类，归入系统。③注意分析语言现象。④常常自己问自己："这件事俄语怎么说？""这一想法用俄语怎么说？"

课外交往：①注意多用俄语交谈，不怕出错或他人笑话。②用心使用学过的词语、句式。③以练习俄语为目的，去找人谈话。④以学习俄语为目的，去听广播、看电影。

## 六、语言失误分析

对学生语言错误的分析是教学法中的一个重要问题，对学生语言的研究（错误分析）也正是应用语言学的研究对象之一。

### （一）对学生俄语语言错误的认识

语言错误的产生是一个正常而复杂的现象。我们常常为学生五花八门的错误而苦恼，也为了纠正学生的错误花去不少时间，似乎对真正改正它们失去了信心。但是，作为教师，我们对待学生的语言错误还是要采取积极而乐观的态度。①学生语言错误的产生十分复杂，恐怕比语言规则本身还要复杂。学生对一种语言的理解和使用受母语、社会因素、心理因素及使用时的具体条件的制约，也和学生的文化水平、生活经验、个性特征、动机、兴趣、情绪等有关。②学生学习初期的错误将逐渐减少与消失。③许多错误是言语能力发展中的错误。④错误在所难免，试图纠正所有的错误是不可能的。

### （二）语言错误的性质

学生语言错误包括非言语错误（事实错误、逻辑错误）、言语错误（只在笔语中出现的错误，如正字法错误、标点符号错误；口语、笔语均可能出现的错误，如语法错误、词汇错误、修辞错误等）。

加拿大应用语言学家哈姆莱将学生错误分为三种：①失误。由于粗心大意，考虑不周而产生错误，学生能够立即纠正。②曲解。指学生未能掌握应该掌握的知识而犯的错误。这类错误应该做到有错必纠。③差错。差错指错误涉及尚未学过的语言现象。错误的产生和学生的学习风格有关，教师在帮助学生纠正错误时，也要帮助他们改进学习方法。

### （三）学生语言错误产生的心理因素

1. 智力因素

学生产生错误和他们感知语言知识的程度有关，如一些学生没有真正理解动词变位的特征。此外，与逻辑思维能力有关，包括：一种是因果关系不清，事物发展顺序交代不清；另一种是过度概括，和儿童语言中常有的将规则简单化、高度划一的现象相似，即套用语言规则而忽视规则的限制。

2. 非智力因素

调查表明，疲劳、情绪紧张、惶恐不安、注意力分散，或专注某些非语言方面的活动可增加差错。有的教学法专家认为，要判断学生错误首先不是按照听者的逻辑，而是按照说话人的逻辑，分析学生说话的动机，了解他想说什么。此外，错误多少也和学生的积极性有关。一些学生勤于练习，除了用已知手段外，还尝试用没有把握的词语和句式，因而错误加多，而另一些学生则过于小心，说、写最简单的话，因此错误较少。

英国应用语言学家科德将学生错误分为四种模式，可供我们参考：①遗漏。②添加。③选择词错。④词序不当。

### （四）改错策略

**1. 教师要树立正确的改错态度**

应该是以一种善意的、实事求是、温和文雅的方式进行。这种方式是帮助性的，而不是指责性的，要使学生感到纠正错误是对事不对人，语气和蔼可亲、循循善诱，而不是埋怨指责、生硬刺耳，教师绝不能有过激的言行，或者使学生感到难堪。如果教师总是以这种良好的态度纠正错误，那些期望在教学过程中得到指导的学生便不会对纠正错误感到反感。

**2. 不能姑息语言形式的错误**

教师对学生语言规则的错误要从一开始就及时严格予以纠正，要一丝不苟，哪怕需要学生重复多次，直到正确为止。当学生最终能纠正错误，教师要真诚地给予肯定，使学生相信"功夫不负有心人""有志者事竟成"。教师要培养学生严谨的学习作风，不提倡不顾准确性的随意表达，强调最大限度地运用已知。当然，也不可矫枉过正而妨碍学生主动性和创造性的发挥。

**3. 对交际活动中的错误采取宽容的态度**

①纠正交际活动中的主要错误，不要事无巨细，以分散学生注意力。②不要中途打断学生发言。③纠正错误不可放在整个交际活动结束之后，以免因遗忘而达不到效果。

**4. 训练学生自我纠正**

教师应当启发学生自己发现错误，总结错误规律。

### （五）语言失误具体分析

这里主要谈笔语错误的分类，改正和防范的原则和措施也适用于口语错误。

**1. 错误进行分类的必要性**

对错误不进行科学的分类，在教学上不但不能有效地纠正学生的错误，反而会增大错误的重复率。一些常见的错误几乎在每一届学生的作业中都曾出现，有的学生还把它们从一个年级带到另一个年级，这将直接影响学生对语言知识和技巧的掌握。同时，如果学生在学习中不能对错误进行分类，不了解每一类错误的性质及其产生和多次出现的原因，也不可能采取正确的、有针对性的防范措施，就不会养成独立分析错误的习惯和改正错误的自觉性。尤为重要的是对错误要进行正确分类，否则将导致理论上和方法上的不正确结论，或者导致各类错误性质的混淆。

**2. 错误的分类原则**

语言是交际的工具，在对学生笔语作业中的错误进行分类时，应该考虑它们在哪些方面影响交际、阻碍交际。一般来说，言语交际要求准确性、逻辑性、正确性，这三点也应该成为我们对学生笔语错误进行分类的一般原则。此外，我国学生由于受到母语的干扰，造成许多汉语式的俄语错句，在分类时也应予以注意。

（1）准确性

准确性要求讲话、写文章符合所反映的事物的实际情况，违反这一要求的错误称事实上的错误。这类错误不是言语错误，因为没有违反语言规范，但是却与事实不符。

（2）逻辑性

逻辑性要求讲话、写文章符合人的思维规律，符合逻辑规则，合乎事理，违反这一要求的错误称为逻辑错误。逻辑错误主要表现在：①概念范围不清（部分和整体不能并列，不同范畴的概念不能并列，大类、小类不是平行关系，而是包含关系）。②自相矛盾。③因果无据。④语无伦次。

（3）正确性

正确性是指言语必须符合语言规范，即符合拼写法、标点、词汇、成语、语法及修辞等规范。

违反语言规范的现象称为言语错误，言语错误又分为非修辞错误（不符合拼写法、标点、词汇、成语、词法、句法的规则）和修辞错误（指破坏语体的统一，表情色彩不当等）两大类。汉语式的俄语错误既有非修辞性的，也有修辞性的，我国学生笔语错误中言语错误是主要的，因此，在教学中应该加以正确地分类，以便更好地防范和纠正。为此，我们在这里专门讨论一下。

①非修辞错误的分类。在非修辞错误中首先是拼写法、标点方面的错误，这类错误比较容易识别，不用多加分析。这里着重谈谈词汇、成话、语法方面的错误。

词汇错误。词汇错误既包括用词错、搭配不当、混用同义词、同义反复，也包括用词不符合时代特点或生造词，错用发音近似的词等。

语法错误。语法错误包括词法错误和句法错误。词法错误的类型很多，除了构形方面的错误外，学生经常在名词的数、前置词、代词及动词的时体方面出错。句法错误经常出现在支配关系、一致关系，形容词表语、定语，形、副、动词短语，同等成分，复合句中的主从联系、词序及引语等方面。

②关于修辞错误。从学生笔语错误来看，他们所犯的修辞错误大致有：混用不同语体的词、语义重复、使用多余的词、重叠（ΠOBTOP）、词汇贫乏、句式单调、追求华丽辞藻等。

对错误进行分类的目的在于有效地进行防范和纠正。

①事实错误和逻辑错误都是非言语错误，纠正这些错误不是靠一些单项性的练习所能奏效的，而要在提高学生认识事物的能力及逻辑思维能力的基础上逐渐加以解决。教师应当多分析典型的逻辑错误，引导学生克服诸如概念范围不清、自相矛盾、因果无据、语无伦次等毛病。这方面工作要持之以恒，不能操之过急。②对于笔语错误中的非修辞错误首先要进行归类，然后采取多种方式防范和纠正。教师应当分析造成这些错误的心理过程，

即弄清学生为什么这样想，这样写，对症下药地予以防范和纠正。③教师往往认为学生的修辞错误是难免的，因而容易原谅，没有采取积极的防范措施。实践证明，一年级教学中也应该作关于语体属性的简单介绍，否则在较简单的叙述文作业中，也会因错用许多文语词、庄严词而造成语体的混乱。在高年级教学中除了注意词的修辞属性之外，还应该有意识地强调词语的表情色彩。实践课应当和写作课、修辞课相辅相成。④对于汉语式的俄语错句教师要指出错误的具体性质，在汉俄对比中帮助学生纠正这类错误。汉语中广泛使用连动式、兼语式，而俄语中相应的结构较少。

# 第八章 俄语教学中的教师与专业人才素质培养

## 第一节 高校俄语教师身势语分析

在高校的综合俄语课堂上,教师通常通过运用丰富的语言、整齐清晰的板书、PPT等视觉工具来进行教学,以实现预定的教学目标和效果。综合俄语课程在高等教育机构的俄语专业中起着关键作用,旨在提升学生的综合技能并展示他们的俄语学习水平。在教学的各个环节中,教师和学生需要不断地进行信息的交流和互换。为了帮助学生牢记课堂上的关键知识点,教师的"身势语"起着不可替代的作用。

"身势语"是一种"体态语",指的是在信息交流过程中,通过身体动作或面部表情来表示和传达特定含义的非言语状态和行为。在教师与学生的信息交流中,虽然语言和文字是传达信息的重要途径,但在学生接收到这些信息后,需要进行进一步的加工和理解,而"身势语",包括教师说话时的表情、动作、眼神、手势,以及教师的穿着、课堂上与学生的距离和时间观念等,是直接传达给学生的信息,不需要学生进行额外的加工。教师的身势语能够以更直观的方式向学生传达关键知识点,并成为学生做出正确判断的重要依据。在高校的综合俄语课堂上,教师的"身势语"往往以潜移默化的方式对学生产生特殊的影响。

### 一、教师身势语是对学生的心理暗示

语言是人类交流的重要工具,它不仅是文化的载体,也是搭建不同民族和国家之间文化交流的桥梁。在高校的综合俄语课堂上,教师和学生通过信息交流,将抽象的俄语单词和语法知识转化为学生在情境对话和实际交流中的应用能力。在这一过程中,身势语的恰当使用具有至关重要的作用。这不仅能够确保教师传递的信息与学生的思维有效对接,还能使抽象的知识变得更加生动和具体,进而激发学生的学习兴趣。

值得注意的是,目前在中国,许多高校的俄语专业学生起始时并没有学习俄语的基础,而且在学习过程中,他们通常需要克服第一外语(通常是英语)的干扰。在这种情况

下，教师适当地运用身势语，例如微笑和鼓励的姿态，可以为学生创造一个轻松和积极的课堂氛围。

举例来说，学习俄语的初级阶段通常是具有挑战性的，学生在这个阶段可能会感到缺乏自信，特别是在学习字母、拼读音节或单词时，他们可能会担心犯错误。在这个时候，他们可能在内心自动地将俄语与英语进行比较，试图找到适合自己的学习方法。然而，如果此时教师展现出皱眉、叹气或不耐烦的身势语，学生可能首先会对自己产生否定感，进而他们的思维过程可能会被中断。这种情况可能会干扰学生的逻辑思维，导致他们忘记原本清晰的知识点。这样"不成功的经历"，会导致学生接下来每次回答问题的时候都是不自信的，包括考试，即便复习得很充分，学生也会对答案的选择迟疑不定。相反地，教师的一个肯定的眼神，一个善意的微笑，都会让学生信心倍增，思路打开，恍然大悟，学生也会用坚定的眼神传达自己已经听懂并能接受所学知识的信息，学生与老师形成了一个相互促动和推动的良性循环，教师的讲课热情也会倍增，原有的知识点会再次扩展和延伸，学生在有限的课堂上收获更多的知识。可见，俄语课堂上教师正确地运用身势语，对师生来说，是一个"互惠互利"的双赢过程。

对于没有任何俄语基础的学生来说，背诵课文是一项具有挑战性的任务。以学习字母和音节拼读为例，即使在这个阶段的课文单词简单且篇幅短小，学生仍然可能会觉得困难，因为他们还没有建立起俄语的语法体系和概念。在这个过程中，学生往往需要不断地艰难地阅读，然后通过记忆来掌握内容。

在这种情况下，如果教师只是盲目地追求教学进度而不考虑学生的接受能力，这很可能会给学生带来压力和心理负担。然而，通过适当使用身势语，如领读时的语气、语调，鼓励式的微笑和自信的眼神，可以有效化解学生内在的压力和负担，激励学生主动尝试，一旦成功，学生会清楚自己学习的能力是没有上限的，让学生牢固地树立一定能学好俄语的决心和信心。

## 二、教师身势语在高校综合俄语课堂教学中的作用

学生在课堂上保持高度的注意力是决定其听课效率和取得优秀成绩的关键因素。影响学生注意力和课堂效果的因素是多方面的，包括教师的教学水平、语言组织、授课方式，以及学生自身的学习兴趣和态度等。

从教师与学生的第一次见面和第一堂课开始，教师的身势语就在向学生传递信息。通过教师的肢体动作、表情和姿态，学生可以初步了解这门课程的性质，以及他们应该如何去学习这门课程。例如，教师如果以充满热情和活力的方式进入教室，并在讲解时使用生动的手势和表情，这可能会向学生传达这是一门富有活力和互动性的课程，需要他们积极参与。相反地，如果教师表现出冷淡和消极的态度，这可能会让学生认为这门课程是枯燥和无聊的，从而影响他们的学习动力和注意力。

## （一）更易于教师在课堂教学中传达给学生实时教学信息

1. 教师的身势语是对容易走神的学生变相的提醒

在一个五十分钟的课堂里，学生的注意力可能只会在特定的时间点或时间段集中，很容易有分心的情况。在这种情况下，如果教师以高声斥责的方式处理，可能会引发学生的心理反感，尤其是对于大学生这个年龄段的学生，他们更倾向于接受教师通过非言语方式来处理问题。例如，教师可以通过调整语调，例如，适当延长发音，或者在讲解中暂时停顿，或者提出一个问题让学生思考，以此来吸引分心学生的注意力。这种方法以更为委婉的方式将学生的注意力重新引回到课堂，既没有损害学生的自尊心，也给了学生一个自我调整的机会，同时也赢得了学生对教师的尊重。

此外，教师应注意避免出现被忽视的"视觉盲区"，要时刻环视整个班级，让每位学生心中明确，全班学生毫无例外都是课堂参与者，都要积极思考，老师的问题不是专门只给个别同学或者是学习成绩优秀的学生设置的。因此，巧妙的"用眼睛说话"可以帮助教师更好的组织课堂教学，与学生交流情感，达到预期效果。

2. 教师的身势语为性格内向的学生提供主动思考和回答问题的动力

通常情况下，性格内向的学生会积极思考问题，答案在心里早已得知，但往往因为性格影响，压抑、踌躇和不断自我否定，使学生无法主动举手、起立，或者是对教师有眼神的暗示。待其他学生回答完问题，即便是自己的答案是对的，但心中还是有消极情绪存在，自我对抗的心态依然会左右着学生。教师要善于发现这类型的学生，并给予学生眼神的鼓励，学生会有主动举手并回答问题的意愿，如果答错，教师要用宽容的微笑或者眼神回应学生，耐心讲解，对学生下一次积极回答问题做好铺垫。如果回答正确，教师要及时提出表扬，从而帮助学生树立信心，逐渐改善学生的消极心态。

3. 教师的身势语可以激发俄语入门慢的学生的积极性

在高等教育机构中，俄语专业的学生在入学前通常已经学习过英语。学习第二种外语并将其作为专业课程无疑具有一定的挑战性。由于英语和俄语分属于两种不同的语言系，一些字母虽然形状相似，但读音截然不同，这可能导致学生混淆。在学习过程中，学生需要努力克服英语的"主导地位"，并尽快适应俄语的学习节奏。除了用言语鼓励学生外，教师还可以适当地使用身势语，如肢体动作、温和的表情和轻松的语调，以此来缓和引导学生，帮助他们平稳度过初学阶段的困难。

特别地，对于蒙古族学生，他们在学习俄语专业时面临着特殊的挑战。由于许多蒙古族学生的汉语水平较一般，并且经常在蒙古语和汉语之间切换，他们虽然拥有较强的语言转换能力，但语言接收和理解能力可能受到影响，从而给学习俄语带来困难。在这种情况下，教师不仅需要耐心地讲解，还需要通过坚定的眼神和积极的身势语传达鼓励和支持的信息，以帮助蒙古族学生克服对学习俄语的恐惧。教师应让他们明白，无论是英语还是俄语，语言学习方法具有通用性，一旦掌握了基础，蒙古族学生在学习俄语上将能够迅速赶上其他学生。

4. 教师的身势语为学习俄语有挫败感的学生指引方向

学习俄语有挫败感的学生，多是由于英俄语语法结构混淆、言语的思维转换能力受限制、单词记忆不牢等因素影响。俄语入门难，学习不得其法，内心产生落差，从而导致了俄语学习的挫败感。正确地使用教师身势语，可以缓解学生的焦虑、挫败，引导学生用积极的态度看待俄语学习。此外，在学生出现错误较多的地方，可以用眼神示意学生主动回答问题并攻破困难，学生学习俄语的积极性会明显提升。教师说话的语气和声调，会给学生心理情绪带来正面的推动，指引学生摸索适合自己的学习方法，增加学习俄语的自信，提高成绩。

### （二）教师身势语可以营造良好的学习氛围

教师的眼神和面部表情在塑造课堂氛围中起着至关重要的作用。通过眼神与学生建立的连接成为教师向学生传递情绪的渠道，而教师的肢体动作则直观地展示了这些情绪。

当教师以和蔼的眼神、温柔且平缓的语调授课时，课堂氛围变得更加活跃，学生的情绪变得平和，注意力更加集中，理解能力得到增强，从而提高接受知识的效率。通过教师的身势语，学生的心理焦虑得以缓解，他们能重新振作精神，继续在学习俄语的道路上前进。

学习语言往往是一个枯燥且单调的过程，而教师的身势语可以被视为课前的"热身操"。例如，当教师走进教室时，以微笑向学生打招呼，这不仅展示了和谐的师生关系，还能让学生找到自信。这是因为教师的微笑向学生传达了平等和友好的信息，这种信息能极大地激发学生的学习热情。他们会通过眼神向教师表达他们的好奇心，渴望知道今天将学到什么。

微笑和面部表情是教师身势语中最基本且最重要的部分。它们不但能增强语言的表达力，将抽象的概念转化为可感知的现实，而且通过微笑和丰富的面部表情，教师能在课堂上自由传播快乐，这对教师自身和学生都具有重要的意义。

### （三）拉近师生距离，走近学生

教师习惯性的站在讲台上讲课，讲台成为师生之间的距离的屏障。坐在后排的学生，会因为距离讲台相对远而出现走神，或者漫不经心的态度。例如，在学习字母发音和音节拼读的阶段，每个学生都要在课堂上进行反复的练习，针对学生发音有误或发音不准确的情况，授课教师不妨在讲课过程中，走到学生身边，近距离地与学生面对面交流。不仅使每个学生能清晰地听清字母的发音，掌握发音要领，还可以消除学生初学俄语的紧张情绪，让学生在心理上产生自我认同感，学生可以看到，单独接受老师指导发音，绝不是前排学生的"福利"，学生可以感受到课堂的公平和教师的一视同仁。

在进行单词和音节的听写练习时，教师有必要离开讲台，以全面地了解学生对所学知识的掌握程度。如果教师注意到某些学生在听写中出错，可以通过多次重复相关单词或使用强调的语调来即时提醒或暗示这些学生。当学生第三次听到教师重复的单词或音节时，他们通常会开始检查自己的答案并找出错误。而内心需要认同感的学生，会格外关注教师的神态，这时教师如果默不作声的走开，学生会产生自我疑问，有可能把写对的单词或音节再改错，如果教师点点头或者一个微笑，向学生传达正面肯定信号，学生就会信心倍增，听写质量也会大大提高。

较之课堂通用的"方形阵队"的课桌摆放形式，教师可以随意进行调整。比如，将课桌排成"U"形，避免学生上课时无眼神交流，彼此只看对方后脑勺或背影的尴尬和无趣，也方便教师走近每一位学生，营造不一样的学习氛围。每位学生站起来回答问题的时候，都可以近距离地与教师交流，此时，也是最大限度发挥教师身势语作用的大好良机。在课堂上，教师是学生唯一信任的引路人，师生"零距离"接触，会让学生的学习充满新鲜感，而教师的想法通过身势语的传达，会使学生更仔细地阅读题目和思考，避免在回答过程中出现错误。学生会通过教师身势语来判断自己的回答是否正确，如果教师的眼神、说话的语气传达的是否定的信息，学生会敏感地及时调整思路，重新作答，课后也会对课堂所学知识的不足之处加以关注并修正，大大提高了学生学习和复习效率，增强了学生学好俄语的信心。

教师在运用身势语的动作方面可以发挥创意。例如，在教授有关描述人物外貌特征的课程时，会涉及头部各个部位的俄语名称。教师可以离开讲台，站在学生中间，通过指向自己的头发、眼睛等部位，并说出相应的俄语单词来教学。接着，教师可以随机指向脸部的某个部位，让学生回忆并说出相应的俄语单词，以此进行反复练习。当学生对这类单词的掌握达到一定程度后，教师可以开始引入形容词，并教授如何将形容词与面部部位的单词搭配使用，例如："小小的嘴巴"、"棕色的眼睛"和"黑色的头发"，学生可以随意搭配，回答正确的时候，教师也要及时向上竖起大拇指或者做 OK 等动作手势，对学生的表现加以肯定和鼓励。而在讲到微笑的时候，教师一定配合着自己的微笑来讲解这个单词，如果教师的表情严肃或者僵硬，就使身势语失去了应有的功能。

### （四）教师身势语有助于学生俄语思维方式的形成

对于零起点俄语专业学生来说，他们已经习惯用汉语或者是英语的语法结构进行书面或者口语的表达。事实上，俄语很多的表达都受到非语言因素的影响，教师的身势语就是其中的一个因素。这就要求教师具备较强的模仿能力并真实有效的用身势语将语言的文化意义传达给学生。

俄语的思维方式与汉语和英语截然不同，而俄语的思维习惯的养成，对俄语教师使用身势语提出了更高要求，这也就意味着，在汉语和英语的共同影响下，教师需要更长时间地使用身势语才能帮助学生构建起俄语的思维模式。比起传统的教师在讲台念，学生在台下记笔记，教师正确地使用身势语，可以使学生更迅速地记住词汇，教师抑扬顿挫的语气，更会增加学生学习俄语的兴趣，激发学生的好奇心和求知欲，长此以往，学生会自然的、习惯性的用俄语的思维模式造句和翻译句子。因此，教师正确地使用身势语对学生构建俄语思维模式有着巨大的推动作用。

### 三、教师身势语之手势的运用

相比较眼神、面部表情等,教师在授课过程中,经常出现的各种手势是身势语中幅度最大的一种,具备很强、很直接的辨识度。教师适时的运用手势,可以传达自己的内在感受,也会烘托出所讲内容的主旨思想,突出重点,影响每一位听课的学生。俄罗斯是身势语非常丰富的民族,甚至身势语已经形成了一种文化,高校教师可以充分的对这些附加资源进行挑选和利用,既可以帮助学生深入地了解俄罗斯的国情和文化,加深学生对知识的理解,也可以活跃课堂氛围,提高课堂效率。

教师身势语在高校综合俄语教学中具有非常重要的作用。通过教师丰富的、不断变换的身势语,能够快速地提高学生学习俄语的兴趣和听、说、读、写的综合能力,也能够激发学生自主学习俄语的积极性。教师的身势语在课堂上的有效运用,是教师自身对课堂授课手段达到最佳的不断探索,帮助教师有效地完成课堂授课任务。教师身势语的使用就是将抽象的理论知识与实际相结合的灵活运用,这恰恰体现出教师不再是课堂的主角,身势语仿佛是教师的"指挥棒",为学生的学习进行指引,从而强化学生在课堂的主体地位,每一位外语教师应在课堂正确地使用身势语,不断总结经验,为达到课堂效果最优化而不懈努力。

# 第二节　俄语教师职业心理素质

教师心理是教育心理学研究对象之一。我们既要研究学生心理,也要研究教师心理,如果教师不具备职业心理素质则无法胜任教学工作。

俄语教师职业心理品质和各种类型的教师有共性的一面,也有自身的特点。这里我们将共性与个性结合起来对俄语教师应当具备的心理品质做一个概括的介绍。英国教育家洛克说过:"教师应当是学生心中的一座丰碑,包括人格、才能、学识等各个方面。"这里,他勾勒了教师形象的最主要的方面,"教师"是一个令人肃然起敬的称号,为人师表,集人类优秀品质于一身,他的职责是将有价值的东西传给下一代。然而,在不同国家,教师的社会地位不尽相同。我们认为,给予教师应有的地位是兴国之本。下面分别讨论俄语教师的人品、学识和才能。

### 一、人品

人品对教师来说就是师德,包括教师职业品德的许多方面,如科学的世界观、事业心、丰富的情感、坚强的意志力、良好的性格、朴实的作风等。教师的人品对学生的人品起着潜移默化的作用,是教师育人的一个重要内容。具体地说,俄语教师应当具有:

### （一）科学的世界观、正确的人生态度

俄语教师应当是一个辩证唯物主义者，重视哲学，尊重教学的客观规律，在教学中遇到困难和矛盾的时候能够运用矛盾对立统一的规律解决存在的问题。俄语教师不是悲观论者，能够正视教学现实，有目的地提高教学效果。教师是一个特殊的职业，工作复杂、精细、个体性强、周期长，个人劳动成果不易检测，日常工作不分8小时内外。俄语难教，俄语教师要付出更多的精力，然而，教师又是一个永远充满朝气、充满活力的职业，教师永远和年轻人在一起，从年轻人那里汲取力量。人活一世总要做点有益的事情，俄语教师献身于架设中俄文化交流桥梁的事业，是值得自豪的。

### （二）上进的事业心

事业心是教师工作的基本态度。事业心有强与不强之分。事业心意味着责任感，工作认真，全力以赴。事业心不强往往有两个原因：一是对教师这一职业认识很肤浅，没有认识到它的深刻意义而采取无所谓的态度；二是不安于教师工作，或是由于对教师职业没有兴趣，教书、教俄语非个人所长，或者有更好的工作条件可以调换，所以，现时则"做一天和尚撞一天钟"。教师的事业心就是敬业精神，严肃认真、一丝不苟的教学态度。事业心是教学实践培养起来的。只要一个教师对自己所教的学生负责，那么教学本身会逐渐将教师融入他所献身的事业中，使他感到一种幸福。

### （三）丰富的情感、坚强的意志力

俄语教师应当是一个情感很丰富的人，教师丰富的情感可以激发学生的学习兴趣和强化学习动力。可以使俄语学习轻松有效，可以促进师生的情感交流，建立友好的人际关系、健康的课堂气氛，从而提高师生合作的效果。

教师在自己工作中，就应当直接依靠，甚至利用情绪体验，以促使学生有效地掌握知识和技巧。语言教学（外语教学）比其他课程的教学更需要情感教育，不难想象，缺乏情感的俄语教学是怎样的，教师干巴巴地讲规则，学生干巴巴地记规则，是不会产生好的效果的。情感如同肥沃的土地，知识的种子就播在这个土地上。这句话生动地揭示了情感对知识的获得的制约性。对俄语教学的热爱是俄语教师的主要情感之一，对教学的热爱不是一句空话，凝结在教师不畏艰难的百折不挠之中，凝结在对每一个学生的热爱之中，也凝结在精心准备的和学生一起的每一次练习之中。教师将自己的爱洒向每一个学生是不容易做到的。好恶是人之常情，但是教师对学生不能有好恶、不能有亲疏，要用对事业的责任感来促进，使自己去爱每一个学生，热忱地帮助他们，使每一个学生在俄语学习上都得到进步。

俄语教师要富有激情。不苟言笑、不露声色、吝于夸奖和赞扬学生的教师在俄语教学中会遇到学生消极情绪的反馈。俄语有其独特的魅力，教师必须具备一定的情感才能将它传授给学生。许多教师在教授语言材料的时候，完全进入了"角色"，该喜则喜，该悲则悲，在富于情感的语言表述中使学生对课文的情景、人物、语言现象自然而然地有了较透

彻的了解。同时,在教师和学生积极思考如何解决问题的时候,教师自己也要表现出或不安、困惑,或兴奋、喜悦,以引起学生的共鸣,加强解决问题时的情感力量。

有不少教师不太重视"夸奖"的作用,似乎学生真的十分好的时候,才表扬几句。俄语教师要将学生看成自己的朋友,培养自己与学生同乐的情感,即使学生有不少缺点,但是只要有一点进步,也要由衷地为他高兴,这种"高兴"教师要充分地将其表现出来,而不是放在心里。学习俄语的学生要做到每一句话都无懈可击是很难的。教师对学习俄语的学生不是表扬多了,而是表扬得不够。在教师情感问题上,我们还要强调的是,教师要多多培养自己的积极情感,努力克服自己的消极情感,永远不把消极情感带进课堂,使学生见到的永远是开朗、乐观的教师。

俄语教师还应当是一个有意志力的人。这里有三层意思:①坚定原则。教师的果断与坚定性不是表情的严厉,而是对教学要求说一不二地执行,既不能冒失从事,也不能优柔寡断,拖拖拉拉。例如,教师必须按时收作业;教师不开"空头支票",自己许诺的事一定要按时兑现等。②沉着自制。教师遇事要沉着,抑制无益的激情和冲动。当教师见到学生学习上的消极态度,并且为教学中种种不良倾向而苦恼的时候,特别需要自制。教师要约束自己,学会应付局面,并且积极地去改变它。③知难而进。教师工作很复杂,以汉语为母语的俄语教师在缺乏自然语言环境下教授我国学生俄语有很多特殊的困难。没有充沛的精力和顽强的毅力是不能完成教学任务的。出现问题就"泄气"是意志软弱的表现。教师意志品质不仅为自己顺利教学所需,也是学生效仿的榜样。

### (四)良好的性格

教师各有自己的气质,是先天的、稳定的心理品质,教师应当发扬其积极的一面,抑制或逐渐改变其消极的一面。无论是胆汁质的教师(开朗、热情),还是黏液质的教师(沉着、踏实),(当然,许多教师为混合型气质)都能成为出色的教师,不过,他们需要克服急躁、粗枝大叶、冷漠、拖拉。俄语教师的性格各不相同,性格主要是后天培养的,教师应当审视自身性格,发扬为俄语教学所需要的性格特征。俄语教学和其他外语教学一样,以练习为主,讲解为辅,但是俄语教学中,特别是在基础阶段,机械练习,训练自动化技巧的练习占很大比例。下面,简单谈谈有益于师生合作,能很好地完成教学任务教师性格特征。

1. 热忱

热忱可以解释为教师对教学工作倾注极大的热情,对学生的需要敏感,表现出真正的关心。反过来说,教师不应当消极、冷漠。

2. 爽朗

教师应当性格直爽、开朗,办事不婆婆妈妈、不拖拖拉拉。这一性格特征意味着教师遇事乐观、大度、不斤斤计较、不耿耿于怀。教师应当有幽默感,以平息学生的紧张心理状态,使学生大胆尝试,不怕出错。课堂上应当有笑声,使学生感到俄语虽然难学,却越学越有意思。

3.谦和

谦和是指教师谦虚和平等待人，无师道尊严。在他看来，学生既是"弟子"，也是"先生"，教学相长，其乐无穷。平等带来了融洽的师生关系，增强了学生的参与意识。

4.公正

公正是指不偏爱，对学生一视同仁。有的教师喜欢反应灵敏、口齿清楚、发言积极、学习成绩优秀，并且能与自己配合的学生，对学生自觉或不自觉地偏爱的现象一直存在于俄语课堂教学中，一些学生被冷落，他们练习的机会明显少于他人。特别是在高年级，有的教师对某些学生抱有成见，认为他们的口头回答或表述会占去很多时间，或者认为他们错误百出，"不可救药"。偏爱使学生苦恼，甚至失去信心，偏爱对学生心理造成很大伤害。因此，有偏爱倾向的教师必须认真反思，端正态度，相信每一个学生的能力有大小，但是都可以在自己的起点上掌握所学，即使水平大不相当。教师要将爱的"天平"向弱生倾斜，坚持"人人平等"。公正的教师能挽救几乎掉队的学生，使他们重新评价自己，战胜弱点，渡过人生道路中学业上的难关。

5.严格

教师要严格地要求自己，并且严格地要求学生。教师有了错误要公开自责（如迟到，口语、笔语有错误等），教师随时欢迎来自学生各方面的意见和建议，以改进教学。对待学生的严格是为了培养合格人才，因为平日的姑息会给学生日后的工作带来危害。然而，在教师对学生严格要求时，要注意方式、方法，不要伤害学生的自尊心。

### （五）朴实的作风

作风是教师人品的外在表现。教书不是一项轰轰烈烈的事业，教师的工作是日复一日年复一年，一点一滴地付出心血，塑造人才，不能粗糙和浮夸。教师站在讲台上孜孜不倦地传授着科学知识，并且努力将它变成新一代立足社会的基础。教师应当着眼于真：真实、真诚，实实在在地做人，踏踏实实地做事这就是教师人品的含义。

## 二、学识

学识是教师的业务水平。学识渊博，特别是对本学科精深了解的教师受到学生的仰慕，教一知十，乃至教一知百的教师能够加深学生对俄语的情感，提高他们的学习兴趣和知识厚度。

### （一）俄语教师的学识要求

当今大学课堂里有一些年轻的教授，他们多为博士，他们才华出众，成果丰硕。但是这样的教师还不多。教师的学识和树木的年轮一样，与时间成正比，与学历相一致，也是日积月累的结果，个人不懈努力的结果。但也非一概而论，有的教师几年不见，当"刮目相看"，有的则"依然故我"。俄语教师的学识要求是：

1.精深的俄语语言知识，扎实的俄语基本功

这是教师对学生的基本要求，也是对自己的基本要求。例如，正确、清晰的发音、重

音准确，正确、自然的语调，正确遣词造句等。

2. 丰厚的知识储备

教师不同于流水线上的工人，后者熟练掌握工作段的工艺即可。在当今知识爆炸的时代，任何一门课的教师都有改造自身知识结构的必要。近代知识结构有一定的弥散性，从事社会科学的人要懂得一些自然科学知识，从事自然科学的人要懂得一些社会科学知识。

近年各类型的文化知识课、艺术课在理工大学开设，以本学科为主的教学及科学研究工作越来越需要深入了解若干交叉科学。而青年学生是渴望知识的一代，他们会产生各种问题，他们在求教于书本时，自然也会求教于教师。对于教师来说，知识面过窄是十分被动的。俄语工作者的职业特点是中俄文化交流，应当具备的知识面不是由个人决定的，其工作要求他是个"杂家"，"天下大事无所不知"。俄语教师的知识面应当包括哲学知识、美学知识、心理学知识、教育学知识、语言学知识、教学法知识、中国国情知识、俄罗斯国情知识（政治、经济、历史、地理、外交、军事、法律、文学、艺术、民俗等）、自然科学知识（数、理、化常识，医学常识等）。

3. 科学研究成果

俄语教师应当使教学与科研相互促进，通过科研提高自己的教学水平和学术水平。俄语教师应当既是教师，又是学者。

### （二）俄语教师提高专业水平的途径

1. 认真备课、书写教案

这是提高专业水平的第一步，是提高专业水平有效的途径。一些教材的使用对教师提出了很高的要求。教师备课时需要查考古字典，认真思考，真可谓"一步一个脚印"，来不得半点儿马虎，同时，教师还要在备课的时候精心设计练习，将自己的全部智慧投入"案头工作"。一些初登讲台的青年教师不知怎样备课，他们的备课时间过短，笔记本上写上几条就算大功告成。以《基础俄语》（1、2册）为例，绝非看几遍课文和练习就可以走上讲台的。我们认为教师必须详细书写教案（特别是青年教师）。从头写到尾，最好将自己要说的话全部落实于文字，因为全部写出来是最好的锻炼。优秀教师的经验证明，只有完全驾驭课堂时方可简写教案。我们教的是外国语，如果均为腹稿，往往顾此失彼，一片混乱。

2. 回顾教学

每一次上课犹如登上舞台，只有经过演出，成功与失败才一清二楚。教师上过课后应当抽出时间"独处自省"，并从中悟出道理，看出优劣。经常认真小结自己的教学工作，大有益处。

课余勤朗读、多阅读、练听力、练说话、自己排练自己的课都是好办法。

3. 读书、看报

教师必须挤出时间多读书、博闻强识，跟上时代的步伐。

4.争取进修机会

出国进修是提高教师自身业务水平的好机会。在国外提高业务水平的关键在于有针对性地、自觉地去实践。在选课和日常交际中要注意实践语言能力的提高，主要是听和说。在实战中不应满足于一般地应付交际任务，而要细心观察以俄语为母语的人的言语表达方式，并且经常进行比较，有意识地去学说话，优化自己言语表达的质量。俄语教师应当为自身俄语水平的标准化、规范化做出脚踏实地的努力。

## 三、才能

"才能"是指教师的教育能力，也指教学技艺，以及教师其他方面的活动才能。俄语教学才能就是精通和纯熟地运用俄语教学法，精通俄语教学的原理。首先，要把握好学生的学习动机和兴趣；其次，从学生的智力因素和非智力因素两个方面入手安排教学过程，在认知方面注意发展学生的观察力、记忆力、思维能力、想象力、创造力，在情感、意志力方面要强化非智力因素对学习俄语的推动作用。教学技艺有鲜明的个性特点，是教师职业素质的重要特征。"教育技艺不仅仅是天才人物的素质，教师经过若干年工作之后也可以获得技艺。"这就是说，教育（教学）技艺是教师才干的体现，也是任何一个教师可以得到的，只是需要经过一定时间的努力。

教师的教学技艺是教师的积极的动机、兴趣、知识、技巧、技能、情感、意志、气质、性格特点的统一和独特的体现。高超的教学技艺不但是熟练的、自动化了的（无须特别努力和集中注意），而且是完善的（在复杂的变化着的条件下可以自由地驾驭教学活动）。下面谈谈有突出个性特点的、水平有高低之分的俄语教学技艺特征。

### （一）言语表达

言语表达也就是口才，教师的口才为教学目的服务，贵在深入浅出、通俗易懂，而非追求华丽的辞藻。光有天才是不够的，还需要有技术。教师务必掌握无可指责的言语技术……教师应当吐字清楚，音色悦耳，在言语方面有表现力。通常，在上课时教师的讲话要比平时响些……俄语教师是言语教师，自身的言语尤为重要，言语应当纯正、优美，为学生所接受。教师的言语表达水平应当成为学生效仿的榜样（正确的、流利的、有丰富表达手段的），言语水平是教师习得、努力实践的结果。教师自己应当下一番苦功夫，抓住一切机会勤学苦练。

非言语技术（声音、面部表情、手势、交谈者双方的距离、座位安排等）也不能忽视。不擅长表情，或不能赋予自己的表情以必要的神态，或不能抑制自己心境的人，不可能成为一个好的教师。

### （二）组织才能

通常的俄语实践课2/3为练习，因此，教师出色的组织才能会给教学带来成功。例如，在时间安排方面应当有张有弛，节奏感强，一环扣一环，毫无多余的枝节。在活动的组织上要科学合理、难易搭配，调动学生的多种感官协调活动，紧张而愉快。此外，教师眼光要敏锐，能控制着学生的注意力，使学生精神专一。在练习中教师要善于分配任务，安排练习的角色，使每个学生既各尽其能，发挥所长，又弥补不足。初登讲台的俄语教师往往计划提前完成，而不知如何利用剩余的时间。因此，备课要深思熟虑，根据实践经验和现实的可能计划好每一项活动大约需要的时间。当然，这只是估计，所以最好教案中有备用的部分，以便有调整的余地。

### （三）分寸感

缺少教育分寸的教育者无论他如何学习教育理论，他都不是一个好的教育者。教育分寸实质上就是心理上的分寸感，作为一个教师必须在行为举止各方面受到教师职业的约束，从而体现出教师心理素质上的完美和平衡。如博学而又谦和；热情而不急躁；刚毅而不执拗；庄重而又可亲；亲切而非亲昵；幽默而非嬉笑等。

### （四）创造性

教师如同一个演员。他的技艺往往也表现在他的创造性上。两个演员同演一个角色，水平会各有不同，两个教师使用同一教材，水平也会各有不同。创造性的意义在于创造出最佳效果，而创造性来源于创造者对事物的精深地钻研与理解，对事物的潜力与自身的潜力的挖掘。人们常说："这个角色让演员给演活了。"我们也可以说："这堂俄语课让这位教师给上活了。"优秀教师的风采与魅力在于他们的教学是艺术品，给人以美的享受。总之，教师教学的创造性不是猎奇，不是无谓地标新立异，而是认真钻研业务后的新的发现，领悟到客观事物的真谛。

以上所讨论的俄语教师职业心理素质的三个方面（人品、学识和才能）应当统一起来，但是它们在一些教师身上发展不够平衡。我们不妨经常自我评估，同时，倾听来自学生的反映，不断地完善自己。

## 第三节　高校俄语专业应用型及"俄语＋机电"专业人才培养

### 一、高校俄语专业应用型人才培养路径

由于我国缺乏俄语基础教育，加上俄语教育的基础研究较少，整体教育质量不足，现有的教育模式无法满足社会对俄语专业人才的需求。这也就需要从教育的宏观布局出发，通过调整现有的第二外语教学模式，给予学生在第二外语的选择空间，从而以俄语教育为代表，促进各个小语种教育质量的提升。

### （一）社会环境对俄语专业人才培养的影响

1. 扩大对俄语专业应用型人才的需求

在全球化背景下，国家之间的交流合作愈发密切，近至泰国、俄罗斯等接壤国家，远至西太平洋沿岸、波罗的海等地区，已经形成了横贯欧亚大陆，甚至包括北非部分地区的庞大经济走廊，是中国与各国进行经济、政治、文化交流合作的纽带。其中，有至少12个国家使用俄语。此外，虽然部分国家拥有本民族语言，但一来国家独立后才开始本民族语言的学习，部分人只能用本民族语言进行简单的日常交流，读写方面掌握水平不高；二来独立国家的民族组成复杂，多民族之间的交流通常以俄语为主，因此往往更多人掌握俄语的使用方法。通过与其他国家开展经济贸易合作，必然要有相应的语言专业人才促成交流。市场对俄语专业人才的需求力度也会进一步提高，为俄语教育提供了良好的发展空间。

2. 政策对俄语教育的推动作用

经济发展方式的转变必然会招致社会需求方向的改变，全球化的发展深化了国家间的交流合作，作为交流合作的纽带，语言专业人才的市场需求程度必然会进一步上升，为弥补语言专业人才的市场缺口，国内各大院校必须深化语言教育模式改革，以培养具有实践价值的应用型人才，满足国家经济发展对人才的需求。因此，教育部门对俄语等小语种的重视程度进一步提升，需要通过调整教育结构以使得俄语教育符合社会发展的需求。在此背景下，俄语教育逐渐发生了显著转变，教育界对俄语应用型人才培养的研究量不断上升，部分学校增设了俄语文化学课程，甚至学校之间的跨国合作也越发丰富。最具有代表性的属于"中国——俄罗斯经济类大学联盟"的成立，该联盟由中国对外经济贸易大学与俄罗斯圣彼得堡国立经济大学牵头，整合了东北财经大学、国际经济学院、莫斯科国际关系学院、国立财政金融大学等专业对口的高校，在经济与俄语教育领域开展了深入交流，对培养俄语专业应用型人才发挥了重要作用。

### （二）俄语专业应用型人才培养策略

1. 调整俄语教育的整体布局

俄语教育的生源问题主要源于第二外语教育的布局不合理。我国过于重视英语教育，英语成绩在中高考中占据较大比重，导致学生需要花费大量时间学习英语，这使有俄语基础的学生较为稀少，大多数选择俄语专业的学生是零基础入学。为了解决这个问题，教育部门应调整第二外语教育的整体布局。

首先，在初、高中阶段应该开设俄语等小语种实验班，特别是在与俄罗斯接壤、受俄罗斯文化影响最深的北方地区，应适当增加俄语作为第二外语的教学比重。这样可以培养更多以俄语为未来就业方向的学生，为俄语教育高校提供更多优质的生源。

其次，教育部门应与其他相关部门合作，加大对俄贸易项目的开发，促进经济、旅游、文化等领域的发展。这将扩大俄语专业人才的市场需求，从需求侧影响供给，吸引更多学生自愿参与俄语的学习。

通过调整第二外语教育布局，加强小语种的教学，以及促进相关领域的发展，可以改善俄语教育的生源问题。这将有助于提高俄语教育的质量，培养更多具备俄语专业能力的人才，满足我国与俄罗斯及其他俄语系国家交流合作的需求。

2.制定实用的人才培养目标

俄语教育的目标是注重语言的实用性，培养能为各行业提供服务的应用型、复合型人才。为了实现这一目标，俄语教育应在确保语言基础的同时，培养学生的就业能力和职业素养，加强学生对俄语系国家文学文化的了解，提升学生对各行业知识的掌握水平，并培养学生的跨文化交际能力。为了达到这些目标，俄语教学需要在基础知识的基础上渗透俄语文学作品、文化观念等内容。通过这种方式，学生能够在俄语学习的氛围中体验俄语系国家的文化环境，激发学生对俄语的学习兴趣和积极性。学校可以组织中俄文化节、俄语辩论等活动，让学生在活动中锻炼俄语对话能力，学习更多课堂上难以获得的俄语知识，从而提高俄语教学的水平。

3.建立多种方式结合的人才培养模式

在俄语教学领域，建立多种方式结合的人才培养模式对于学生的语言能力提升至关重要。这种模式的目标是通过整合多种教学方法和资源，为学生提供更全面、灵活和有效的俄语学习体验。

首先，传统的课堂教学与现代技术相结合，为学生创造了更丰富的学习环境。教师可以利用多媒体教学工具、在线学习平台和虚拟课堂等技术手段，使课堂内容更生动有趣，并提供额外的学习资源和练习材料。

其次，实践活动在该模式中扮演着重要角色。学生将有机会参与到俄语语言和文化的实际应用中，如角色扮演、讨论小组、实地考察等。这样的实践活动不仅提高了学生的口语表达能力，还帮助他们更好地理解俄语语言和文化的背后含义。

再次，个性化学习和自主学习也是该模式的关键要素之一。教师可以根据学生的兴趣、能力和学习目标，量身定制个性化的学习计划，并提供个别指导和反馈。同时，鼓励学生积极参与自主学习，利用网络资源、学习社区和语言交流平台等自主拓展俄语学习的机会。

最后，俄语教学与跨学科学习的融合也是该模式的一项重要特点。学生将有机会将俄语与其他学科和领域相结合，如文学、历史、政治等，以拓宽他们对俄语的理解和应用范围。

建立多种方式结合的人才培养模式为俄语教学提供了更灵活、综合和个性化的学习路径。通过融合传统教学、实践活动、技术应用和跨学科学习，学生能够全面提升俄语能力，培养跨文化交际能力，并更好地应对未来的挑战。这样的人才培养模式将推动俄语教学的创新和发展，培养出更具综合素养的俄语学习者，也能提高俄语课堂教学水平。

## 二、"俄语+机电"专业人才培养模式探讨

根据中俄的区位优势和历史渊源，以及俄罗斯的科教强国地位，加强科技教育领域合作，培养适应合作要求的国际专业人才至关重要。伴随着中俄在各个产业合作更为密切，

并呈现出宽范围和高层次的特点，致使对人才的需求发生了巨大的变化，由单一语言类的人才需求转化为对复合型俄语人才的需求。所谓"复合型俄语人才"，是指一个合格的俄语人才不但要精通俄语，还要具备其他学科的专业知识。相关高校或是为适应国家政治经济发展的战略需要，或是满足中俄行业协同发展的需要，都在加速调整和优化人才培养模式，为培养合格、可靠的"俄语＋专业"人才积极努力。

### （一）现实需求

中俄战略协作引领俄语教育的多元化发展，复合型"俄语＋专业"人才培养将成为俄语人才培养模式的重要支撑点。依托我校俄语教育的办学优势，并结合机电工程学院的人才培养实际需求，提出"俄语＋机电"的人才培养模式。在改革实践过程中，对培养目标、课程体系、教学内容与资源、教考模式以及学生就业环境都提出了新标准和新要求。"俄语＋机电"的人才培养模式应紧跟机电领域科技发展前沿，充分发挥机电专业与对应产业行业关系紧密的优势，推动机电专业的发展与优化，进而通过俄语与机电人才培养方案的交叉融合、知识体系的构建、课程结构的完善、教育平台的更新、教考模式的创新等开展一系列的教育教学改革。

### （二）改革思路与方法

在中俄战略协作背景下，对"俄语＋机电"人才培养模式提出新要求，因此，要以改革思路与创新方法为主要抓手进行改革。在改革中，不应受限于传统的内容与形式的改革，针对复合型"俄语＋机电"的培养目标，依托学校的优质俄语教育平台和借助学院的优良教学科研实践平台，围绕知识体系、课程结构、教学平台、教考模式，"四维一度"的开展教学改革和实践，以适应中俄协作发展战略对跨领域、多层次、高素质"俄语＋机电"人才的迫切需求。教学改革的具体方法和策略如下：

1. 构建知识体系，整合教学内容

查阅机电类国内外经典教材和学科主流期刊，紧跟学科发展前沿，依据"俄语＋专业"专业基础课和专业课现实需求，倡导"学生为中心、任务驱动、持续改进"的工程教育理念。构建知识点到小节线再到章节面的知识体系，由学习与实践任务驱动教学，由学习与实践的重点、难点设计教学，同时将俄语的学习融入专业学习和实践的全过程，并鼓励学生参与"俄语沙龙""俄语 Seminar""俄语 Tea-time"等学术活动，让科研反哺教学。

2. 完善课程结构，突化核心模块

针对"俄语＋机电"的人才培养方案的培养目标，修订教学大纲、丰富教学内容、调整教学学时。构建以俄语基础课为本，以专业基础课为基，以专业课为核，以实践课为枝的四级课程群，适应"俄语＋机电"专业发展的需要。

3. 更新教学平台，扩充新媒体教学资源

通过依靠机电工程学院的重点实验室、工程训练中心等教学、实践和科研平台，创新性地开发和录制影音视频资料。此外，部分专业课程实施双教师授课模式，其中两位教师共同参与教材和教学辅助材料的编写，这样有助于增强"俄语＋机电"专业的特色。同时，利用工程项目中的实际问题，来引导和激励学生参与实践性学习。

为了进一步扩展和丰富学习资源，学校、学院和公共平台上的视频学习网站可以被充分利用，学生们可以通过这些平台获得更广泛的学习内容和分享学习经验。

课前准备。教师可以通过网络课程平台或社交媒体群组（如微信群）提供课前资料，以帮助学生进行充分的预习。这些资料可以包括阅读材料、视频或其他相关内容，以帮助学生为课堂做好准备。

课堂互动。在课堂上，可以使用"微助教""雨课堂"等课堂互动平台，以激发学生的积极参与并提高他们的主观能动性。这些平台可以让学生实时回应和参与课堂活动，增强学习的参与度和深度。

课后深化。课后，学生可以分小组在线进行自主讨论，深入探讨课堂内容，加深对所学知识的理解，并进行深入思考。这种小组讨论可以促进学生之间的交流和合作，同时强化他们对课程内容的理解。

这种综合性的教学策略，不仅强化了"俄语+机电"专业的特色，还激励学生积极参与学习过程，从而提高他们的学习效果和能力。

4.优化教学方法、创新教考模式

在教学过程中，针对不同类型的课程进行分类选择教学方法是非常重要的。

（1）通识选修课

这类课程的目标是为学生提供广泛的知识基础。因此，采用讲授灌输的方式，以知识点为单元进行教学，是适当的。通过这种方式，教师可以传授大量的信息，帮助学生积累知识。

（2）专业基础课

在这类课程中，重要的是激发学生的兴趣并引导他们理解知识的结构和联系。使用思维导图和其他工具，教师可以启发学生探究知识的深层结构，并理解各个概念之间的关系。

（3）专业课

这类课程的目标是培养学生在特定领域的深入知识和技能。通过小组讨论和自主学习，学生可以更加深入地研究主题。此外，鼓励学生积极参与课外拓展项目和创新实践，可以进一步增强他们的实际应用能力。

在学生成绩评定过程中，重视过程评价是非常重要的。通过将单元测试、课程表现、课外实践和线上评定结合起来，可以更全面地评估学生的表现。同时，根据学生的个体差异，综合参考教师评价、同学互评和自我评价，以建立一个多元化的评价体系。

特别是在"俄语+机电"这种跨学科的专业人才培养中，结合培养目标、专业建设、教学方法研究和教考模式改革是至关重要的。通过将线上和线下教学以及创新实践相结合，构建了一个多元化的教学模式。通过这种综合方法，可以提升"俄语+机电"人才的培养质量，增强学生的就业能力，并为中俄间的企业合作培养更多高质量的复合型人才。

# 参考文献

[1] 谷羽.俄语诗行里的中国形象[M].天津：南开大学出版社，2022.

[2] 宋端树，史磊，梁路.工业产品设计手绘技法与案例解析中俄双语[M].哈尔滨：哈尔滨工业大学出版社，2022.

[3] 朱亚伟.零基础标准俄语入门[M].北京：中国纺织出版社，2021.

[4] 陈佩佩，朱文哲.俄语词汇进阶训练教程[M].武汉：武汉大学出版社，2021.

[5] 陈佩佩，季娇阳.俄语基础词汇训练教程[M].武汉：武汉大学出版社，2021.

[6] 王利众，孙晓薇.全国高校俄语专业四级八级考试专项训练[M].5版.哈尔滨：哈尔滨工业大学出版社，2021.

[7] 张新卫.俄语语言世界图景多维研究[M].南京：河海大学出版社，2021.

[8] 于鑫.俄语简单句句法语义研究[M].天津：天津人民出版社，2021.

[9] 包桂川.思维导图超好用俄语口语书[M].北京：中国宇航出版有限责任公司，2021.

[10] 范娅囡，宋碧君，杨柳.俄语专八听力冲刺模拟练习16套[M].上海：东华大学出版社，2021.

[11] 曹静娴.俄汉词汇语义信息不对称现象研究[M].济南：山东大学出版社，2021.

[12] 王丽媛.20世纪俄罗斯汉学研究中的词汇学研究[M].武汉：华中科学技术大学出版社，2021.

[13] 王利众.科技俄语阅读1[M].哈尔滨：哈尔滨工业大学出版社，2020.

[14] 翟广伟.客户服务俄语[M].北京：对外经济贸易大学出版社，2020.

[15] 白庆华.俄语隐性语法范畴研究[M].南京：江苏人民出版社，2020.

[16] 张惠芹，于春芳.俄语导游教程[M].5版.北京：旅游教育出版社，2020.

[17] 肖圣芹.俄语语篇零形回指研究[M].成都：四川大学出版社，2020.

[18] 陈丹丹.现代俄语的分析化现象及其表现[M].广州：广东世界图书出版有限公司，2020.

[19] 万宁，顾运轩，陈茜.基于现代教育技术的俄语教学研究[M].长春：吉林大学出版社，2020.

[20] 祝品.多维视阈下的俄汉语言比较范畴研究[M].成都：四川大学出版社，2020.

[21] 刘岩肖.俄罗斯社会与文化[M].2版.上海：上海外语教育出版社，2020.

[22] 王晓捷.现代俄罗斯报纸标题研究[M].南京：东南大学出版社，2020.

[23] 夏军.晚清官办学校外语人才培养研究[M].武汉：武汉大学出版社，2020.

[24] 胡延新，商岳.俄语口语实践教程入门[M].北京：对外经济贸易大学出版社，2019.

[25] 张金兰.跟微课学俄语发音[M].北京：中国宇航出版社，2019.

[26] 刘长春，胡谷明.现代俄语无人称句研究[M].武汉：武汉大学出版社，2019.

[27] 王利众.考研俄语历年真题解析[M].哈尔滨：哈尔滨工业大学出版社，2019.

[28] 刘平.思维导图俄语金牌入门[M].北京：中国宇航出版社，2019.

[29] 邱鑫.俄语科幻小说的篇章范畴研究[M].成都：四川大学出版社，2019.

[30] 刘永红.俄汉小句比较研究[M].武汉：华中师范大学出版社，2019.

[31] 廖红英.加油！我的俄语[M].北京：中国宇航出版社，2018.

[32] 于春芳.商务俄语教程[M].北京：中国国际广播出版社，2018.

[33] 兰颖.一学就会说俄语[M].北京：中国纺织出版社，2018.